内堅熊一郎博士白壽紀念東洋學論文集

汲古書院

題字　田中東竹

内野熊一郎博士近影

白壽紀念論文集刊行の經緯

內野熊一郎博士は、明治三十七年六月十七日に香川縣三豊郡で生を受けられ、數え年で九十七歳に達し白壽も間近に迫っている。ただ平成八年四月十六日に最愛の道子夫人のご逝去という深い哀しみに遭遇されたが、それを乘り越えて現在もご健康で次女の允子様と西落合のご自宅と溫暖な吉濱の別莊を往來しながら悠々自適の生活を送っておられる。

去年（平成十一年）の六月下旬に、先生より突然「死後の際に殘す『遺著追悼論文集』などに就き、一應話し置きたい故に暇の折に一度來るように」との書狀を頂戴した。そこで七月四日（日曜日）にお尋ねすると、既に準備されていた「內野能朗《のうろう》若年時作成的（甲・乙・丙三篇）遺著熟慮爲追悼集」という部厚い原稿を手渡された。「能朗」は「たいろう」とも讀み、先生の嶽父で、私の恩師でもある臺嶺先生の「臺」に因んでいるとのこと。そこで早速、『米壽記念論文集、日本漢文學研究』（名著普及會）の出版の時も主として奔走された先生の日本大學在職中の愛弟子、立石節子女史と、夫君の廣男氏に如何にすべきかを相談した。その結果、先生の白壽も近いのでやや早いが、お元氣のうちに「白壽記念」として刊行し、その出版は、先生と私の受業生である汲古書院の石坂叡志社長にお願いしてはどうか、と言うことになった。私は七月下旬に先生の原稿を持參して汲古書院に行き、石坂社長に刊行のことをお願いした。幸にも直ぐに快諾を得、その上、および、雜務まで引き受けるとの申し出があった。この旨を立石女史に報告すると、八月六日には女史が來宅、前回と同じく「刊行發起人會」を設置することになり、まず世話人には、石坂叡志・立石節子兩氏と私のほか、茗溪會關係より特に親交のある功刀正・田中有・安居總子・謠口明の四氏と日本大學關係から立石廣男・丸山茂の兩氏になって頂くことになった。そして內野先生と世話人のご意向を聞き發起人を引き受けて頂けそうな先生を選び、八月下旬には立石女史より依賴狀を發送して頂いた。「米壽記念會」の時に發起人として名を連ねておられる先生の中には、既に鬼籍に入られた方もおり、この十年の時の流れをしみじみと感じた。發起人には茗溪關係者、日本大學關係者のほか、日本中國學會、私が增上寺の三康文化研究所で一緒に道教關係の書を讀んでいる方々にも加わって頂いた。ご依賴申し上げた先生方は、二・三の病氣療養中の人を除き、米壽記念の時よりも多い六十名の方より快諾のご返事を頂戴した。八月末には汲古書院より本論文集の見積書が送られて來、刊行のためには發起人の方より相當額のご寄附を仰ぎ「內野熊一郎博士白壽紀念論文集刊行委員会編」として刊行いたし度い旨の申し出があった。そこで世話人から發起人の先生方にその要望を申し上げたところ、當初の目的を若干越えるまでのご芳志を受けることができた。これは先生のご仁德と、發起人の先生方のご厚情によるものであり、世話人の一人として感謝の念で一ぱいである。

內野先生は、この論文集の刊行には大變な情熱を示されている。甲篇は、先生が未だ東京高等師範學校在學中の昭和二年に「茗溪」という研究誌に發表された處女論文であり、乙篇は、比較的最近の論考ではあるが、長い間に熟讀された廣範な著書・論文を總轄されて中國學に對するご意見を記された論であり、丙篇は、昭和十年、東方文化學院東京研究所より、支那・滿州に出張された折、朝鮮の京城に立寄った時に思い掛けず閲覧することが出來た書物に對する研究成果である。この書に就いての思い出は常に拜聽していた。これらは何れも若き日に心血を注いで書かれた力作である。これを晩年、手許に置いて溫められ、幾度か推敲を繰り返された論考である。世話人の方々と相談して「追悼論集」ではなく「白壽記念」として出版することになった旨をご連絡すると、直ぐ八月下旬には、その書の題名を「內野能朗白壽記念論集」とし、その目次は「(乾篇)能朗若年期作成的甲・乙二篇論文、(坤篇)能朗成年期作成的丙篇熟慮再考的『申綽氏詩次故』乃論考」として欲しい旨、石坂社長と私の處に書狀が屆き、また續いて「あとがき」と寫眞が私の處に送られてきた。更に九月には「內野能朗白壽記念的論集」と題名を改めるようご指示があり、今年二月には「內野熊一郎博士白壽記念甲乙丙三篇的申綽詩次故論攷集」と題するよう石坂社長の處に書狀が來た。これらのことに據っても先生が若年期・成年期の論考に愛着の念を懷き、且つ自信を持っておられることが分かる。これは研究者は如何なる態度で論文を書くべきかを私達に身を以て敎示されたのである。

本書の「年譜」「著作目錄」の整理と初校は全て立石女史が擔當した。戰前の論考が多いため初校で舊假名を新假名に改めることと、先生が晩年に幾度か推敲を重ねられているので、その校正の作業は大變な勞苦であったと推察する。再校は功刀正先生にも助力を請うた。題字は「米壽」の時と同じく田中有(東竹）教授の揮毫による。事務的なことは全て石坂叡志社長が自ら處理した。この四氏と六十名の發起人の方々には衷心よりお禮申し上げたい。そして內野先生の益々のご健康を祈念して筆を措く。

平成十二年三月十日

中村璋八

目次

內野熊一郎先生年譜

明治三七年　六月一七日　香川縣三豐郡二宮村羽方原一二六二番地に生まる
明治四四年　四月　一日　三豐郡二宮村尋常高等小學校入學
大正　八年　三月二七日　同校高等科卒業
大正　八年　四月　五日　三豐郡立教員養成所入學
大正　九年　三月二〇日　同教員養成所卒業
大正　九年　四月　五日　香川縣師範學校第一部本科入學
大正一三年　三月一九日　同校卒業
大正一三年　三月三一日　丸龜市城乾尋常高等小學校訓導を拜命
大正一四年　三月三一日　休職
大正一四年　四月　五日　東京高等師範學校文科第二部入學
昭和　四年　三月一五日　同校卒業　教育・修身・國語・漢文科中等教員免許狀を受く

昭和　四年　四月二〇日　東京文理科大學文學部漢文學科入學
昭和　七年　三月一五日　同大學卒業　文學士の稱號を受く
昭和　七年　五月　四日　同大學研究科入學
昭和　七年　六月一四日　丸龜市城乾尋常高等小學校訓導休職滿期自然退職
昭和　七年　九月一二日　東京高等師範學校附設退職軍人將校講習會講師を依囑せらる
昭和　七年一〇月七日　漢文科につき高等教員免許狀を受く
昭和　八年　八月三一日　東京文理科大學研究科を依願退學
昭和　八年　八月三一日　東方文化東京研究所研究員として「秦代に於ける經書經說學」の研究に從事
昭和一二年　七月二五日　東方文化研究所より資料調査蒐收のため中國に出張（凡そ二ヶ月）
昭和一五年　三月一五日　東方文化研究所より資料調査蒐收のため中國に出張（凡そ二ヶ月）
昭和一六年　三月三一日　東方文化東京研究所研究員を依願解囑
昭和一六年　四月　一日　陸軍經理學校漢文科教官を依囑せらる
昭和一六年　九月一〇日　陸軍教授に任ぜらる　高等官七等に敍せらる　陸軍經理學校教官に補せらる
昭和一七年　五月　六日　上野帝國圖書館講習所漢文講師を依囑せらる
昭和一八年　九月二八日　高等官六等に敍せらる
昭和二〇年　九月　六日　陸軍經理學校廢止により自然退職

昭和二一年　四月　八日　上野帝國圖書館講習所講師解囑
昭和二一年　四月三〇日　東京文理科大學講師を依囑せらる
昭和二一年　五月一五日　日本大學法文學部講師を依囑せらる
昭和二三年　二月一五日　神奈川縣立川崎工業高等學校教授を依囑せらる
昭和二三年　三月三一日　同校教授自然解囑
昭和二三年　四月　一日　同工業高等學校講師を依囑せらる
昭和二五年　四月　一日　日本中國學會評議員に選任せらる
昭和二五年　六月一六日　東京文理科大學より「今古文源流型の研究」により文學博士の學位を受く
昭和二六年　一月　一日　文部教官に任ぜらる　東京教育大學東京文理科大學助教授に補せらる　同講師を免ぜらる
昭和二六年　一月一三日　神奈川縣立川崎工業高等學校講師依願解囑
昭和二七年　三月一五日　東京教育大學東京文理科大學教授に補せらる
昭和二七年　四月　一日　東京教育大學文理科大學漢文學會委員長に選任せらる（三九年三月に至るまで連續選任）
昭和二八年　四月　一日　東京教育大學教授　文學部に配置換　東京教育大學東京文理科大學教授併任　大學院文學研究科授業擔當　日本中國學會專門委員に選任せらる（四

六年三月に至るまで連續選任）
昭和二九年　四月　一日　東京教育大學補導連絡協議會委員に任命せらる
昭和二九年　八月　二日　東京教育大學現職教育講座講師併任
昭和二九年　一一月六日　昭和二九年度學園祭實行委員會委員に任命せらる
昭和三〇年　四月　一日　日本中國學會理事に選任せらる（三三年三月まで）
昭和三三年　四月　一日　日本大學文理學部非常勤講師を依囑せらる
昭和三四年　四月　一日　斯文會評議員を依囑せらる（平成二年六月まで）
昭和三五年　六月　一日　大阪樟蔭女子大學講師を依囑せらる
昭和三六年　四月　一日　東京教育大學就職斡旋委員長に選任せらる
昭和三七年　四月　一日　東京教育大學就職斡旋委員長に選任せらる　東方學會評議員に選任せらる
昭和三八年　四月　一日　東京教育大學圖書館運營委員に選任せらる　日本中國學會理事長に選任せらる（四〇年三月まで）　日本中國學會理事（四一年三月まで）
昭和三九年　四月　一日　東京教育大學圖書館運營委員に選任せらる
昭和四一年　四月　一日　東京教育大學教授依願退職　日本大學教授に任ぜらる　文理學部勤務　日本大學中國文學會會長
昭和四五年　九月　一日　日本大學藝術學部講師を依囑せらる

昭和四六年　四月　一日　日本大學大學院文學研究科分科委員會委員に任ぜらる
昭和四八年　四月　一日　日本中國學會評議員・理事に選任せらる
昭和四九年　六月一七日　日本大學教授定年退職、日本大學文理學部非常勤講師を依囑せらる
昭和六〇年　三月三一日　日本大學非常勤講師定年退職
平成　二年　六月二十日　斯文會名譽會員となる

內野熊一郎先生學術著作目錄

【著書】

『秦代に於ける經書經說の研究』（二册）（東方文化學院、昭和14・3・30）
『支那古代生活史』（清水書店、昭和16・11・1）
『儒教道德と日本』（研究社、昭和16・12・5）
『漢初經書學の研究』（清水書店、昭和17・4・15）
『墨子』（東洋思想叢書）（日本評論社、昭和17・8・30）
『儒教論理の基本問題』（清水書院、昭和23・2・15）
『論語評解』（有精堂、昭和27・7・10）
『東洋哲學史』（1〜4）（日本大學通信教育部、昭和27・10・30）
『孟子評解』（有精堂、昭和28・1・30）
『今古文源流型の研究』（內野博士著作刊行會、昭和29・3・31）

『中國思想文學史』（敬文社、昭和29・6・25）
『漢文漢字の教育』（新思潮社、昭和29・6・25）
『論語』（中國學藝選書）（アジア出版、昭和33・4・15）
『孟子』（中國學藝選書）（アジア出版、昭和33・4・15）
『孟子』（新釋漢文大系）（明治書院、昭和37・6・15）
『漢魏碑文金文鏡銘索引』（隸釋篇）（極東書店、昭和41・3・30）
『對校經典釋文集成』（序・論語篇）（綜合研究釋文班、昭和44・3・23）
『漢魏碑文金文鏡銘索引』（隸續篇）（極東書店、昭和44・5・10）
『對校經典釋文集成』（周易・穀梁篇）（綜合研究釋文班、昭和45・3・23）
『對校經典釋文集成』（孝經・老子篇）（綜合研究釋文班、昭和46・3・23）
『對校經典釋文集成』（毛詩篇）（綜合研究釋文班、昭和47・3・23）
『漢魏碑文金文鏡銘索引』（金文鏡銘墓誌磚文篇）（極東書店、昭和47・3・30）
『呂氏春秋』（中國古典新書・共著）（明德出版社、昭和51・3・30）
『中國古代金石文における經書讖緯神仙說攷』（汲古書院、昭和62・6・10）
『日本漢文學研究』（名著普及會、平成3・6・17）

【論文】

「墨子思想の體系的論究及び兼愛に關する批評の史的考察」（茗溪會誌「茗溪」、昭和2・10）
「先秦時代に於ける散文の發達」（東京文理科大學學友會雜誌「學藝」1號、昭和6・3）
「墨子引經考（墨子引經相を論じて先秦時代に行われたる或る派古經書の性質系統に及ぶ）」上・下（卒業論文　昭和6・12）
「劉家の論語家學と論語正義」上・中・下（斯文、昭和7・6）
「墨子引經考について」上・中・下（斯文、昭和7・10）
「韓非子書經學考」（東洋文化、昭和8・8）
「韓非子所引老子句の成立年代私考」一・二（東洋文化、昭和9・6）
「月令諸文考」（東方學報第5號、昭和9・9）
「韓非子所傳春秋經考」一・二・三（東洋文化12の6〜8、昭和9・10）
「申綽詩次故の學の詩説史上に占める地位」（東方學報東京6、昭和11・4）
「詩經毛傳月令句考」（東方學報東京6、昭和11・4）
「敦煌出土本論語鄭注殘卷について―字句篇―」（東洋文化140―141、昭和11・5）
「周秦時代に於ける師法に就いて」（斯文18の2、昭和11）
「秦代に於ける五行句説の形態と其影響」（斯文18の9、昭和11）
「秦代經書學に於ける法家の傾向―特に呂氏春秋によりて見たる―」（斯文19の4、昭和12）

「秦代經書學に於ける儒學の傾向」（漢文學會會報、昭和12）
「毛傳の成立及び今古文詩説根の古在に關する一考察」（東方學報東京8、昭和13）
「伏生大傳經說考―尙書今古文說根周秦古在の論究―」（東方學報東京9、昭和13）
「漢初經書學の分立傳行」（一）（東洋學報27の1、昭和14）
「秦代に於ける諸家思想に就いて―主に呂氏春秋より見たる―」（東洋文化178・179、昭和14）
「史記に於ける史遷の詩說」（東方學報東京10の1、昭和14・10）
「漢初經書學の分立傳行」（二）（東洋學報27の2、昭和15・2）
「今古文學の二・三の問題」（東方學報東京11の1、昭和15・3）
「九條家藏唐橋本毛詩寫本に就いて」（東方學報東京11の3、昭和15・11）
「古代日本の精神と支那經書學」（斯文25の12、昭和18・12）
「敦煌出土論語鄭注殘卷について―註說篇―」（東洋文化144・145・146、昭和18）
「弘決外典抄の經書學的研究　一・二」（日本學士院紀要8の12、昭和25・3）
「敦煌本尙書釋文殘卷の研究―特にその文字學的究明により『隸古定』の定義を再檢す―」
（中國文化研究會會報2の2、昭和26・10）
「五行原始抄記」（中國文化研究會會報2の4、昭和27・7）
「今古文源流考要旨」（文學史學哲學學會連合編集研究論文集4、昭和28・3）

「緯觀念の發展と緯書説の生成竝びにその源流」（中國文化研究會會報3の2、昭和28・10）
「日本上代に於ける禮説の二・三」（內野臺嶺先生追悼論文集、昭和29・10）
「奈良興福寺本禮記釋文殘卷私考」（中國文化研究會會報4の2、昭和30・3）
「日本古代（上古より平安初期）經書學研究」（東京教育大學文學部紀要2、昭和30・6）
「大念佛寺本鈔寫毛傳私攷」（漢文學會會報16號、昭和30・6）
「漢碑漢簡の資料性」（中國文化研究會會報5の1、昭和30・11）
「漢魏の碑簡」（大安12、昭和31・10）
「民國初・中期の經學觀」（日本中國學會報9、昭和32・10）
「禮樂について」（兒童心理12の6、昭和33・6）
「戰國時東西二土文字分立説摘錄」（日本中國學會報11、昭和34・10）
「漢族原始的思惟文化の特質についての一究明」（漢魏文化1、昭和35・6）
「易卦爻辭彖象傳成立に就いての一卑見」（漢文學會會報19、昭和35・6）
「漢碑漢鏡に現はれた道教的資料」（福井博士頌壽記念東洋思想論集、昭和35・11）
「鑑鏡と民俗信仰」（漢魏文化2、昭和36・6）
「漢魏思潮の底流としての民俗思想の研究」（漢魏文化3、昭和37・6）
「六朝唐宋鏡背八卦方位圖を究めて周子大極圖の來源に及ぶ」（東方學、昭和38・3）

「兩漢碑文畫象石類に現われた人間像」（漢魏文化4、昭和38・10）
「後漢畫像石類に現われた人間理想像」（日本中國學會會報17、昭和40・10）
「五行說主要觀念の淵源形態」（日本大學人文科學研究所「研究紀要」9號、昭和41・12）
「淸原家相傳論語抄本書キ入レの論語釋文考」（漢學研究5、昭和42・5）
「淸原家相傳論語抄本（三本）に書キ入レ『才本』考」（漢學研究6、昭和43・6）
「隸續瞥見」（漢魏文化7、昭和43・12）
「漢魏碑文字形と當用漢字」（學叢、昭和44・10）
「五君栢桙文私考」（東洋文化論集、昭和44・12）
「經學の本質（特に易經學）」（日本大學人文科學研究所「研究紀要」13、昭和46・5）
「漢魏金文鏡銘の詩形詩趣考」（漢學研究9、昭和47・3）
「敦煌本周易釋文私考」（東方學論集、昭和47・12）
「經緯觀念の形成と經學・緯書說の成立」（日本大學人文科學研究所「研究紀要」15、昭和48・3）
「殷周古代『教學』の教科『六藝』より『六經』へ」（漢學研究11・12、昭和50・1）
「中國文字學研究方法と特にその活用によって獲られるもの」（漢學研究16・17、昭和53・9）
「中國哲學形而上學の眞質一致」（漢學研究24、昭和61・3）
「道教的仙祖の生態信仰相源流型と現行本堯舜二典一源分割型との一私考」（漢學研究31、平成5・3）

「唐卜天壽抄寫鄭氏注論語と日本古存諸文との比較學的一私考」（漢學研究32、平成6・3）
「中國學（Sinology）の意義・形質本領と解明方法」（東方學會創立五十周年記念東方學論集、平成9・5）
「中國哲學の殷代原始的二元對應融合觀」（日本中國學會創立五十年記念論文集、平成10・10）

內野熊一郎博士白壽紀念『東洋學論文集』刊行會發起人一同

發起人氏名

青山　宏　新井　勇治　飯田　吉郎　飯田　利行　池間里代子
石坂　叡志　伊藤　虎丸　今井宇三郎　今西　凱夫　上木　永生
謠口　明　內山　知也　鏑木　博視　川口千恵子　衣笠　勝美
楠山　春樹　功刀　正　兒玉　六郎　坂井　健一　佐藤　成順
佐藤　孝　志賀　一朗　篠原　壽雄　清水　浩子　新庄　勝助
神藤　末吉　菅原　信海　菅野　禮行　鈴木　總一　瀨尾　邦雄
竹田　晃　橘　純信　立石　節子　立石　廣男　舘野　正美
田中　有　田中麻紗巳　田部井文雄　谷川　英則　中野　達
中村　璋八　中元　孝一　新田　福栄　根本　正紀　畠山　一郎
服部　千春　平井　宥慶　福井　文雅　藤川三代子　藤原　高男
古田　朱美　堀池　信夫　丸山　茂　水澤　利忠　宮澤　正順
向嶋　成美　森山　秀二　安居　總子　山本　賢二　渡邊　一雄

（敬稱略　五十音順）

I　若年時作成甲・乙二篇的論說

〔甲編〕墨氏「愛・智思想」（擇務・従事・力行）の生態相考

一　其の生態《できざま・できかた》《いきざま・いきかた》相考

新會梁啓超氏の言葉を借りれば、墨子學の全體は「曰愛、曰智」（墨子學案、七章（二）墨家知識論）の二字に包括されると言う。墨子を對象とする考察に於て、此二者の生態進展は蓋し必然やむを得ないかと思える。

而して、梁氏の所謂「愛」とは、惟うに、墨子思想の倫理的政治的全關聯或は全體系を意味するものの様に考えられるのであり、從って、墨子思想の根本觀念もここにありとする様に思われる。或は又、それは所謂「兼愛」を意味するかも知れない。又事實、古來そう見なされている様である。

かくの如く見る以上、兼愛に對する無差別論は墨子思想の根本を衝く非難的批評として、當然蒙るべきものと言えるかも知れぬ。が又一方、それは單に、「兼愛」の語形に拘み過ぎて、墨子全的意義の眞相に達し得ない皮相の批評かも知れないと、言い得ないだろうか？

がとにかく、非難の如何に拘らず、「兼愛」が墨子の主要な思想的要素だった事は明らかである。又、張純一氏の如きは、兼の優位を認めるものの如く、老子の「道以生一」や、孔子の「道一以貫」などの「一」と「兼」とを同視し、「一與レ兼名異實一、兼者天地一體、萬物齊勸之謂」（墨子閒詁箋）と言っている。之らに至っては「兼」とは少くも墨子思想の全的生態根本勸念と見るよりほかないであろう。

處が、之について問題がおこる。卽ち墨子兼愛と言うも、畢竟「利レ己」のためではないか？と言う事であり、それにも根據はある樣である。又「利レ己」ではないが、極めて實利的功利的なものでないか？というのも由ないことではない樣であるし、更に、自他共生の境地に於ける廣義な人生の爲の大利（現代支那學者陳顧遠氏は、社會底仁政國家或は社會底全體的幸福と言っている）ではないか？とも見られる樣である。尙又、從來は說かれる事が稀だったが、「天下之大義」の如きも、併せて考慮に入れられるべきであろうか。

果して然らば、梁氏所謂「愛」や「兼愛」等は、墨子思想の根本観念とは考えられない事になろう。之を如何に解決すべきか？

此の根本勸念生態（できざま・できかた）究明の問題は、當然その思想體系の考察を必要ならしめるであろう。是に於て、墨子の倫理的政治的思想内容は、どんな構成を有つであろうかという一面を考究してみたい。之について、まず諸家の所說を參照すると、淸の張惠仁は、「墨子經說解後」に於て、やや聞くべき說をなしている。曰く、

墨子之言、誖レ理而逆二人心一者、莫レ如二非命非樂節葬一、此三言者偶識之士、可二以立レ折、而孟子不レ及者、非二墨之本一也。

と。右の三者は、墨子思想の根本、本質ではないとし、さてその「本」を指摘して曰う。

墨之本、在二兼愛一、而兼愛者墨之所二以自固而不レ可レ破、—墨之所三以自託二堯禹一者、兼愛也。

と。卽ち兼愛こそ墨子の「本」であるというのである。而して又曰く、

　尊天明鬼尙同節用者、其支流也、非命非樂節用激而不㆑得不㆑然者也。

と。蓋し、尊天、明鬼、尙同、節用は、墨の支流とみなす。その他に至っては、激して自ずとそうなったのであるとする様である。

惟うに、張惠仁氏の見解は、本支關係を見とどけてはいる。しかし未精であり、殊に、尊天尙同の如きものと、節用とを同等に、しかも同類に、入れてしまっている事には、不十分さを憶うのである。

而して胡適之氏に至ると、流石に、墨子思想の生體形は、よほど深く省察されている様である。

　他看㆓‐見當時征戰的慘禍㆒、不㆑忍、所㆔以倡爲㆓非攻論㆒、他以‐爲從前那種弭㆑兵政策、都不㆓是根本之計㆒、根本的弭兵、就是墨子的兼愛論。（中國哲學史大綱六篇第一章）

と。卽ち「非攻」の根本に「兼愛」を置いている。之には何の異論も出來ない。が、興味はその「兼愛」を「天志」によって規律するところにあろう。曰く、

　他的天、却不㆓老子的自然㆒、也不㆓孔子的天㆒、墨子的天是有㆓意志㆒的、天的「志」就是要㆓人兼愛㆒、凡事都應㆘‐該以㆓「天志」㆒爲㆗標準㆖。（同）

と。よし、墨子の「天志」を以て、一部神權說の如く見なす事にはなお多大の反對を憶うものであるにもせよ、とにかく、兼愛の規範付けの標準に「天志」が存在する事を、洞察した功を多とせねばなるまい。

而して此の天論については、高瀬博士はつとに、その著「楊墨哲學」において、次の如き說をのべられて

いる。

天
- 有象的天＝形體的天＝（天覆地載、天高地厚、天界等の如し。）
- 無象的天＝
  - 有靈的天＝主宰的天（帝、上帝、上天、皇天、造物主等。）
  - 無靈的天
    - 命（運命、宿命、因緣等。）
    - 理法（自然之法則、原則、理性等。）

と。

右の中、墨子の「天」は勿論主宰的天であり有靈である。としていられる様である。胡適氏の所謂「有意志的天」も博士の之と異るものではなかろう。且又、胡適之氏は「明鬼」を體系內に位置づけて

明鬼、也是爲二實際上的應用一。（第四章）

と言っているが、論理的にはやはり、先行的生態的概念となるものであろう。明鬼に次いで非命を論じ、

非命、墨子不レ信二命定一之説——禍福全靠二個人自己的行爲一、全是二各人的自由意志招來的一、並《シテ》不レ由二命定一——若人信二命定説一、便沒レ有二人努力、去《キテ》做二好事一。

と。卽ち各人の積極的人爲動作を重要視している。無論これらの立場からいえば、明鬼も天志も共に、墨子思想の成立上、利用されているとも見えるが、之はむしろ、思想的にその規範的方面と見なすか、或は根本的假設と見なすか、でなければならないであろう。墨子の此方面は唯單に之らだけには止まらない。

がとにかく、以上の如くに、氏は、「天の意志」を優越せしめ、その天的意志の發現として、兼愛以下の

墨子思想を體系化せんとしているのは、ごく小部分の天志觀の不備をのぞけば、墨子思想の眞相に近づいたものであろう。氏は又、墨子「尙同」を以て天志とし、曰く、

所三以ナリ我說ク二天志、就是尙同、尙同、就是天志ト一。

と。蓋し「上之所レ是必皆是レ之、上同而不二下比一」が如く、天子をして「壹二天下之義一」にせしめるのみでは、

―爲二天子一若レ成二了至高無上的標準一、又沒レ有二制限一、豈不レ成二了專制政體一、

を憂うるからであるらしい。まこと、尙同、尙賢は、兼愛と共生するの境地に於て見らるべきであり、從來この方面を沒却して顧みられなかったことの如きは、明らかに不當である。もし、墨子觀察の最初に於て、之らを妥當に位置づけて理會するという綜合的態度が行われていたならば、忌むべき墨子非難の聲は、その大半を聞かずしておわったであろうものを。

墨子の本領は兼愛だといわれる。然もそれは、思想として內容空虛のものではない。墨子は又熱心に、その實踐力行を唱導した。胡適氏は此の方面をも論じて曰く、

墨子一個實行的宗教家、他主二張節用又廢樂一、所以他ニ教三人要二喫苦修行一、

と。又曰く、

墨子的宗教以二自苦一爲レ極、因レ要二自苦一、故不レ得レ不三反二對一切美術一、

と。多少の語弊はあるが、一面又、力行精神を見出しており、尙その力行の當然な過程として、兼愛・交

利・非攻・節用・廢樂等を考えなしている樣である。又胡氏が、兼愛の大目的的考察として、

墨子的利、不二自私自利一、是最大多數的最大幸福、這是兼愛的眞義也、

と言ったのは、猶修正される餘地はあるけれども、墨子體形上の大問題となるはずの「利」なる觀念と、兼愛と、の關係付けとして、墨子體悟の深まれる洞見なるを思うのである。

かくの如く觀察をすすめた胡氏は、翻って曰く、（第四章）

上兩章所レ講之墨子學說的根本觀念。其餘的兼愛、非攻、尙賢、尙同、非樂、非命、節用節葬、都是是這根本觀念的應用。墨子根本觀念、在二人生行爲上的應用一、——

と。「上章所講」とは何ぞ？ 魯問篇に說くところの「擇レ務而從レ事焉」なる一條文、所謂「擇務力行主義」であり、急務とする所を擇び、兼愛交利・尙賢尙用・非攻・節用非樂を力行してやまぬの意であり、卽ち曰く、

凡入レ國必擇レ務而從事焉、國家昏亂、則語尙賢尙同、國家貧則語之節用節葬、國家憙音湛酒、則語之非樂非命、國家淫僻無禮、則語之尊天事鬼、國家務レ奪侵レ凌、則語之兼愛非攻、故曰擇レ務而從レ事焉、

と、いうものが、それであり、墨子思想の根本體調は、此の「擇二急務一而從レ事力一行、」である。此れを汎論して、梁啓超氏は又、「墨氏學案」第二章に於て曰く、

墨學所二綱領一、雖レ有二十條一、實只從二一個根本觀念一出來、就是兼愛《ナリ》。——「非攻」從二兼愛一衍出來、最易明白、節用節葬非樂、也出二於兼愛一——天志明鬼是借二宗教的迷信一來「推行二兼愛主義一」

と。兼愛を根本觀念とし、諸項を分ち、一は之より衍出されるとみ、他は之を根據づけるとみる點、比較的穩當中正なものであろう。而して、非命は

非命、因レ爲三人々信二有命一便不二肯做レ事不二肯愛レ人了、

と觀て、やはり、兼愛力行中の一面とするらしい。しかも愛をみるには例の「實利力行主義」をとり、

墨子所謂愛是以二實利一爲二標準一、

と言っている。但し實利とは墨子「天下之大利」・「天下之大義」の謂である。胡適氏と大體同趣と言えよう。

王桐齡氏の言にきくべきものは、「天志對二兼愛一の關係」であるが、兼愛と實利主義との調和を天志においた點も、亦見のがせぬものである。曰く、

墨子所三以言二天志一者、凡以爲《テス》二兼愛說之前提一云《ト》爾《のみ》、（第二章第一節）

と。又曰く、

道德與二幸福一相調和、此墨學之特色也、所謂道德者何、兼愛主義是已、所謂幸福者何、實利主義是已、

而所三以《ノ》能調二和之一者《ハ》惟恃《ムノミ》二天志《ヲ》一——

と。以上の如くみられている墨子思想の體形は、之だけでは未だ精ではない。之をまず大成（とはいえないにしても少くとも現在の所では）した人に、陳顧遠氏がある。が氏に聞くまえに、倘、淮南子と兪樾とにみておく必要がある。

淮南子の脩務訓には曰く、

墨子無レ煖レ席非二以貪祿慕位一、欲レ事下起二天下利一而除中萬民之害上、

と。蓋し「墨子力行」と「その目的、理想としての天下之利」とを關聯づけたものというべきであろう。胡氏は兼愛と最大多數的最大幸福とを關係づけている。しかも、墨子理會の深さの上から見て、淮南子の如きは異數だといわねばならない。所謂「天下之大利」とは、單なる實利と見なしてはならぬ。

愈越は又墨子閒詁序中に曰う、

墨子惟兼愛、是以二尙同一、惟尙同是以二非攻一、惟非攻是以レ講下求二備禦一之法上。

と。又兼愛の本たるを認めるものだ、と言い得よう。而して、兼と尙同と非攻とを連結したものは墨氏に始まると思う。

今や三原陳顧遠氏の所説を考察してみよう。氏は「墨子政治哲學」なる著書に於て、專ら墨子研究の蘊蓄を披瀝されているが、その態度といい、その洞見といい、優に古來を總決算して餘りあるものであろう。氏は、「第二爲二什麼一發二墨子底政治哲學一」に於て、發生的考察を行い、周末亂理の間に處して、

墨子知下‐道用二孔子底正名主義一是沒レ效的、不上レ如下從二根本一解決上、使二他們甘レ心去向レ善、不一レ用二人奬勵恭維一、便可レ做二起來一。這就是墨子「尙同」學說底起源、也就是實利主義發生底引線。

と、說き、且墨子の心事に進んで曰く、

他以‐爲藉《ヘラク》二尙同底學說一、一面可三以尊二重周天子一、一面可三以維二持各諸侯一。

と。蓋し、孔子正名主義の適用をはかり、亂世に處すべき部分を加え、「尙同說」を立てたとする。從って、墨子尙同には孔子正名の他に實利主義の引線があるとみるのである。然も、彼墨子の目ざす處は、孔子の理想と隔たるものではなかったろう。陳氏も亦墨子理想を論及し、「禮運上」に於ける孔子大同の世界と比照して曰く、

他認下定做《ス》レ到二大同世界一是個《レノ》「兼」字上、他說《ク》――今吾將《ニ》下求レ興二天下之利一、而取レ之以レ兼爲《サント》上レ正《ト》――、

と。大同世界は兼の行われたる境地であるとする様である。それは正しい。唯、「大同」を孔子の理想とするには、俄に贊しがたい。「禮運」なるものが問題書だからである。

しかし、それにしても、間接的には、孔子理想が墨子兼愛の世界と絕對に相反矛盾するものではないであろう。がむしろ、氏が第七章で說く、

我就把《リ》二他這《ノ》理想《ヲ》一、叫《ビ》一二做《ス》社會底仁政國家學說《ト》一。

の「仁政國家」を以てするならば、その目的理想の點では、より意味深く相關係するものではあるまいか？
（墨子所謂「天下之大利」が陳氏所說の「社會底仁政國家」に假に非常に近いと見ている）

さて、陳氏の墨子思想的目的理想は、大體此の如くかと思うが、尙同說の進展について氏の所說をうかがうと、曰く、

墨子又恐下怕人雖レ知二道有利一、却不レ肯二去做一、或天子因二這個緣故一專制起來上、所一以《ニ》他倡二出「天志」底議論一。

と。即ち、「尚同」は、人民は有利を知れども却って行って爲すを肯んぜず、或は又、天子は尚同思想を以て専制政治を起す、というような事があるのを恐れる故に、尚同の本として「天志」を説いたのだ、というのである。又氏は曰く、

在㆓這時候㆒、大攻レ小、實在《ニ》沒レ有㆓正義公理㆒、——墨子《ノ》意《ハ》在レ弭レ兵、所以《ニ》倡㆓出「非攻」底論調㆒——但恐㆓怕人不レ能㆓做去㆒、所以在㆓「非攻」底根本意見上㆒又標㆓出兼愛㆒、

と。即ち「非攻」の根本思念として「兼愛」を連結論説するのである。かくて氏は此の二流を大束して曰く、

墨子尚同非攻論、都是由㆓當日社會情形逼㆒出來的。至㆓於天志論㆒、却是、補㆓充「尚同」底意志㆒。兼愛論却是㆘主㆓張非攻㆒底後盾㆖。若《シ》是《レ》沒《ケレバ》レ有《ルコトノ》㆘這尚同和《とノ》㆓非攻㆒兩個主張㆖、恐怕《ハ》這《ノ》天志和《とノ》㆓兼愛㆒兩學說《ハ》不レ會《あたハ》㆓發生《スル》㆒的《ナリ》。

と。しかし、「尚同非攻」、「天志兼愛」の關聯づけが試みられていない。又「社會底仁政國家實現」なる墨子理想と兼愛について陳氏は曰く、

社會底仁政國家便《チ》實現《セルモ》了、但《ダノ》這政治進行底方法是《ハレ》什麼、深《メテ》㆓一層㆒說《カバ》就《チ》是《レ》兼愛主義《ナリ》。

と。意味明らかである。又義と兼愛について曰く、

好《ク》像《クナラ》㆓義是政底標準㆒、和《と》㆓兼愛㆒是《レ》一樣底性質《ナリ》、義實《ハ》非《ニ》㆓一個《ノ》利字《ニ》㆒、不レ過《ギ》㆘義字《ノハ》偏重《ニ》レ名底一面《ニテ》、利字《ハ》便《チ》重レ實底一面《ニ》㆖了。貴レ義、貴レ利也、這《ノ》利《ハ》指《ス》㆓社會全體《ノ》幸福底利《ヲ》㆒、是《レ》屬㆓兼愛底方面㆒的、是《レ》由㆓兼愛

主義㆒而發生《スル》一種《ノ》應用《ナリ》——「愛」和《とハ》㆑「利」是《レ》一體《ナリ》。貴㆑義必《ハズ》是《レ》兼愛主義底使者了《ナリ》——實㆓行兼愛㆒底法子《ハ》、是《レ》貴《ブナリ》㆑義《ヲ》——、

と。大體「義」或は「利」は兼愛に屬する樣である。併し「義」或は「利」を、こうのみに見るのはどうであろうか。實際この何れを上位概念におくべきかは、複雜している問題であろう。墨子書の中に於ても、その何れにも見誤られ得る場合がある樣である。その詳密な論證考究は、實に、全章をまって靜觀せんとする所である。が唯、結果に似たものを想定の形で言ってみるなら、兼と義に就いては、

(A) 兼（或は兼愛）と言われるものの中には、禮記禮運篇に所謂「人之義」（荻原教授は、本務感を表す道德法とみてもよいと言っておられる）に同趣なものが見出される。のみならず、却って義をも內包せしめんとする傾さえ有つ樣に思われる。

(B) が又やはり、廣義の義の下に含めらるべきだ、と考えられる兼愛（或は兼）もある。

(C) 以上二つの場合は、「義」に於ても同樣であるが、第三の場合も存する如く見える。卽ち、兼も義も、實は同內容を有つものの如く、思われる事がそれである。但し、その場合、兼は廣義の義の如く、全本務感として、說かれている樣である。從って、義が優位になって、よいとも思われる。

の樣なことが考えられるかと思う。次に、「利」に就いてはどうであろうか。之にも、單に物質的利或は利己の利と見る見地と、功利と見る見地と、尙此のほかに、精神的方面をも加え廣義における人生の爲の利、或は自他共存の境地、（陳氏は社會底仁政國家とよんでいる）等の見かたが行われている樣である。從っ

て、最後の如き「利」は、人生の最高價値乃至は目的と見られて、墨子全思想體系の究極目的に位置づけられてよくはないだろうか？　實際又、

　利所得而喜也、（經上）

という語の中には、價値（卽ち目的觀念と欲望との合一體）なる意味が可成に定義せられていると考える。故に、「天下之利」や「遵レ道利二民本一」等の語は少くとも、人生の先高次的なる大價値を表徴するに足ると信じられないであろうか？　が、それが實踐的なる點で、公利的であるのは、支那古代思想皆そうである。

　墨子兼愛主義是他各種主張底根據——墨子因二兼愛底原故一、便主二張非攻一。因二非攻底原故一、便主二張尚同一、因二尚同底原故一、便尚賢、因二尚賢底原故一、便有二社會底仁政國家底理想一。

と。その兼愛を原故として、非攻を立て、非攻によって尚同、尚同によって尚賢、而して之によって社會底仁政國家を説定すると言う。之らは理想的理論方面の體形化であるらしい。次の所説は其の理想實現の方面とする樣である。卽ち、

　因《リ》レ想《フニ》レ使二這《ノ》理想實現一、便《チ》利一レ用天鬼一使レ得二政治進行一。

と説き、更に曰く、

　因レ利一レ用天鬼一、便主一レ張非命一。因三非命意《ノ》在二力行一、便《チ》和二他的實利主義一相近了。因レ講二實利一、有二節用底論調一。因レ講二節用一、就有二節用非樂底言辭一了。

と。天鬼を利用し、力行、非命を以て實利を講ぜんとすると言う。節用、非樂は此の故に論じ出されてくる、と。些かおちつかなさを覺えるが、大體の意のある所は測り得る。かくして氏は、兼愛の優位を結論するのである。曰く、

所‐以我《ニ》說《ク》、墨子若沒《シ》レ有二兼愛主義一、全部政治哲學可三以無二從發生一、——兼愛主義是《ハレ》他的政治學說底根本《ナリ》——。

と。蓋し、理想實現上の原理を以て、そう言うなら、先ず兼愛を墨子の根本觀念と見なしてもよかろう。しかも、理想實現上の原理中に、なお尙同（或は尙賢も）の在る事を考えねばなるまい。一を脱して他をのみ言うのは、便利上はともかくも、嚴密にいうならば穩當でない。墨子誤解の一歩は確かにこんな所にもあるのであろうか。けれども、極く一般的の意に於て言うならば、敢えて、兼愛優位を說こうとも、異を立てようとはしない。

もし亦、その目的立場から言うならば、墨子の所謂「天下之大利」であり、「天下有レ義則生、治、云々」の境地であろう。之を陳氏所謂「社會底仁政國家」と見なすこともできよう。但し此場合、仁政國家とは倫理的政治的自他合一を意味することは勿論であろう。

とにかく、墨子思想の根本觀念は、此二方面の中に求められてよいであろう。結果主義とか、實利主義とか言おうのは未精の感がふかい。

さて陳氏は、兼愛の利用方面として天鬼をあげる樣であるが、そして事實利用したものとも見えるが、

論理的思想的には、そんな事は問題にならないで、やはり天鬼は規範とか標準とかの意に於て、兼愛の根據或は前提と見るべきではないかと考える。かと言って、その天鬼は、所謂「神權説」そのままのものではない様である。即ち、「仁」とか「天行厚」とか、「天明久」とか、「天德の自發的で、その報を得たり功を誇ったりはしない」とか、を以て、天を法儀に認定する消息が、法儀篇等に見出せる様であるから。尙又、法儀となった天は、天下之大利や天下之義や兼愛等を常體とする、規範である。

氏は又、非命の意は力行にあるという。それはよい。が、墨子の力行は、唯それだけではなく、既説の如く、むしろ兼愛等墨子全根本理念の實踐努力の凡てが力行の名に値するものである。彼がその躬行を重視していた事は、全篇にみちみちているが、それだけに、墨子力行は、その思想的原理と相俟って、優に墨子全體系を價値あらしめているものである。――「茗溪」誌稿――（恩師故內野臺嶺教授の勸奬によりて試論せるものを、先生の指令により、昭和二・一〇・一〇「茗溪」誌に掲載せらる）

要するに、畢竟『「愛と智」思想卽ち兼愛』と見るのは本質に就てであるべく、次にはその兼愛が可能であるか？ 可能なら何故に可能であるか？ 又、何故に發生したか？ その歷史的には卽ち思想史的には如何なる淵源があるか？ 或は、兼愛が、規準となるのは如何にしてであるか？ 及び兼愛と各部關係は如何？ 等々が、夫々題目として顯れ來るであろう。

二 其の批評相考

而して今、兼愛批評の歴史的考察一攷に就いても、大體前述の如き部門が存するかに思われる。論を簡にするため、便宜上、古來兼愛批評を類別表示して見ると、少くも左の如きものになる樣である。

- (一) 本質的批評
  - 1 否定的（無別摩頂放踵故に兼愛不行とするもの）
  - 2 肯定的（無地而爲君とし、又兼愛眞義の理會に努むるもの）
  - 3 否肯二派の評言を批判せんとするもの。（但し依然として二派あり）
  - ← 漸次、歴史的批評史的考察となっていった。
- (二) 兼愛可能に關する批評
  - 1 人間本具の性情に於て—（心理的）
  - 2 彼我一體論に於て—（論理的哲學的）
- (三) 發生に關する—社會的事情
- (四) 出自に—堯舜祖述 / 出典に—詩 書 經
  - 〔儒教をうける、（史角淸廟官に出ずる）〕と。
- (五) 兼愛規範化（或は當爲化する所以）
  - 1 天意、鬼神によって… 義—大利を行う事
  - 2 具體的顯現—先聖王之事、

（六）兼愛と他部との關係について——

1　義利との關係に就ての批評
2　その他との關係に就ての批評

兼愛の體系的批評ともいえよう。而して之は墨子の體系的批評中に含むとも見得る

從って、その各部に對する批評も存在する。例えば、「節用葬」評などの如き。がこれらは暫く殘す。但輕く見るのではない。

無論、此の如くに、機械的な分類に於て取扱われることが、當を得ているか否かは別として、少くとも、兼愛批評の質的展開或は垂直的流動は、かくの如くする事に於て、より一層具象的に、概觀せられるだろうと信じるからである。併し又、此の方法は如何なる人が兼愛批評の如何なる部門に亘って論究しているか？　という如き綜合的な（然もその中に各批評家の個人的特色をも持っている如き）觀察を行い難い不便がある。

故に私は、右の如き垂直的質的概觀に加えて、各個人の批評を横に大括していく如き方法をも採入して見たい。之を前者に對して水平的量的概觀と呼ぼうとも大誤はなかろうと思う。

先ず、右の分類各項の批評が、何時誰によって表出せしめられたであろうか？　を大略管見し、その各項批評が所謂垂直的展開を如何様にしているであろうか？　を觀察しようと思う。

やはり兼愛の内容的本質的批評は、兼愛批評史上、最も古くから存するというよりもむしろ、墨子批評

は此の部門から始ったと言ってよかろう。勿論此の方面は、否定的、肯定的、及び批判的、の方面に分化している様である。肯定的批判的の味を漂出したものは、孟子と前後する莊子、(疑篇があるともいわれるが) 或はまた、列子惠盎、韓非子よりは、どうしても降りようはない。

次に、可能についての批評は、孟子の語の中に (それ意識的では、恐らく、なかったであろうが) 見出せる。もし又之を除くとしても、列子には之が見えている。而して、それらは、私は心理的に見たる可能かと考えるのであるが、之を論理的に說いたものに、先ず淮南子がある樣である。

而して次に、その發生についてては、ずっと後れて、淮南子を待たねばならぬ樣であるが、出自に關しては莊子が之を暗示している樣である。もしその後を見るならば、韓非子があり、淮南子がある。

又、規範化については、ずっとおくれて、宋代の黃慈溪を待たねばならない程であり、容易に批評の鍬がおろされなかった如くである。

最後は、兼愛とその他の部分との關聯についての批評であり、之は或は兼愛思想の體系に關するものとも見らるべきであろうか、とにかく淮南子はその第一人者である樣に思う。且淮南子は「義利に關する關聯」を評したと言おう。畢沅は「その他との關聯」を暗示するものであり、汪中、張惠言の如きは明らかにその第一步を進めたものである。それにしても、之ら卽ち體系的批評の大成は、やはり、現代を待たねばならなかった。

さて之らの各項は、どんな垂直的展開の跡を見せているであろうか? 且右の類別表の說明をも大體附説してみようと思う。

第一、本質批評は否定的に始った。孟子の所謂「無父禽獸」「二本」或は「摩頂放踵」の如きがそれである。此一脈は二流を生ぜしめた。莊子の「以此教人、恐不愛」荀子の「優差等」「見於齊、不見於畸」の如きはその正統紹述であろう。蓋し「(是)説墨子看見人類平等的方面、忘却他不平等的方面、確能中墨子之病」(梁氏墨子學案、論荀子的批評)との語は、之ら否定系の評言を、よく語るものである。それは正しい。が、之らも、完全に兼愛本質を批評する事は出來なかった。どこかの一點或は數點に徹しない憾があった。さればこそ、孟荀等の兼愛評上所謂正統と言われよう立場に、反對なる命題を提げて起ったものがあるではないか。莊子の「自矯而備世之急」或は「雖然墨子天下之好也」の如きは其の一例である。勿論、莊子は、墨子の缺點を非している。しかも、その中、探るべきはとって價値を與えようとする態度に、學的ゆかしさが見えるではないか。從って之を、無條件肯定とは言うまい。又無條件否定とも言うまい。凡ては批判的であり價値的である。兼愛本質評は、此莊子に於て、肯定的批評と批判的批評の萠芽を見出している。之らの萠芽が伸長し成生する處に、墨子理解の白道が横たわっている。前者孟子の否定を讃美して、「――不攻其流而攻其本、不誅其説而誅其心、被之以無父之罪――辨嚴而審――」(張惠仁氏經説解後)と言う人はあった。が、現代墨子理解者の一人、梁氏は、「古今論墨子最好的、莫如莊子天下篇」(墨子學案)と言っている。その風尙の變遷は又實にその研究態度の向上を意味しはせぬだろうか? 私は誤って梁氏の態度に陷ろうとも、張氏のそれには陷入せざらんことを欲したい。

以上の如くして、本質評には、既述の三傾向が在る様である。而して、中、否定的傾向は、列、韓、尸、呂には見當らない樣であり、之らの兼愛本質評は肯定的、批判的を表している。例えば列子惠盎の、「孔丘墨翟無地而爲君云」の如きは、莊子の「備世之急」の進展したる境と言うべきだろう。此語は屢々引用せられて、墨翟理會の文獻になる樣である。呂春淮南子の如きはそれである。が、之は寧ろ、墨子力行評とも見るべきかも知れぬ。けれど、それにしても惟うに墨子力行は、兼愛を離れ得ない。從って、又兼愛精神の評言として見て差支あるまいと考える。此の兼愛をば韓非子は次の如く評して價値付け、むしろ神聖視する。曰く、

墨子之說傳先王之道、論聖人之言。(韓非子外儲說)

と。勿論、肯定する處の多大だった事を知り得る。而して尙「不能定儒墨之眞」とさえ言っている。之を推進めて尸子は「墨子貴兼、孔子貴公、實則一也」と言って孔墨同一論の先鞭をつけた。後代韓愈の孔墨相用論は、旣に此尸子によって啓蒙せられている。但全稱的に全等とは言うまい。けれど、全然相反するものだ等とは、その心事に於いては言い得ないことではあるまいか? 賈誼新書は、「心兼愛人謂仁」として、之を高調している樣である。

もし、呂氏春秋に至っては、「以身爲人如此其重也」と說き、兼愛精神を稱えている。恰も宋代王安石が「爲人者學者之末也」と言ったのに比べると、興味がふかい。安石は「爲人」の眞義を誤りつかんで、彼一流の勝手な論理を立てている。取るにも足りない厄介者であろう。

淮南子に於ては、久しく聞かなかった兼愛否定の聲が、復活している。がそれは「猶不能行也、其道外也」であって、孟荀のそれとは系統を異にする老荘的見地からである。この一傾向は、桓寛の鹽鐵論及び葛洪の抱朴子等にも現れて「晩世之儒墨不知天地之昭曠」となり「儒墨執末、老執本、孔墨之道會不行」となる。(尚現代でも張純一氏の如きは老子の立場から見ている)

が、淮南子には又「墨子無煖席」等の語もあって、墨子理會の度も深いことは前にも言った。而して、孔墨孟楊の相非するを調停せんとしているようである。曰く、「各有曉心、故是非有處」と。荘子齊物論の「彼亦一是非是亦一是非」と、同趣な點が多い。

史記に至っては、又「尊卑無別」となって、現れた。が、直接に兼愛を指すのではない。節用、節葬、を指すのであるが、之亦兼愛の部分と見る時、それは又兼の評言ともなるのは當然であろう。けれども、流石に司馬遷は「其彊本節用、不可廢也」とて價値的批判的態度を失わなかった。漢志、隋志の「兼愛所長也、蔽者爲之無別」及び「愚者爲之則混親疏」の如きは、皆、史記の爲に啓發されている所が少くはあるまい。まこと、之らの評言は、穩當で比較的公正を失っていない。

尚、抱朴子は「儒墨不行」を説くけれども、又其の傍、「布兼帝業克成」などと言っているのを見れば、やはり「兼愛」に對する見解は又特別で、肯定氣分も見のがせないかと思う。

又、韓愈は、唐代で「同是堯舜、辨生於末學」とて孔墨相用を高潮した人なる事は前にも一言した。この退之の評言と孟子の所評との對立は、韓退之が孟子以後の大儒だっただけに、よほどの反響が喚起されたらしい。即ち以後の墨子批評家は必ず此の韓文所語を論じ、孟子に馳せるか、然らずば韓愈に參ずるか、或は二者を二本の軌道として、その上に車を押すかの何れかであった。前者に従えば、墨子批評史上の所謂否定的正統派になり得たろうし、其次によれば肯定派として、異端視されたであろう。最後は、比較的公正な學的良心を持ちさえすれば、儒家であっても、之をよくする事ができたに違いない。その言に、

其流遂至於無父無君、是本學仁——孟子欲正其本、推而至此、退之之意好、言不謹。(程子遺書)

といった程子も、亦實に、この最後の軌道を行った人である。その批評的態度は、流石に奥ゆかしくも堂々とも見える。所がやはり、安石の如き皮相に迷う批評家もあって、既に述べた如き妄評をなし、尙且「墨子廢親疏之別」等ともいった。

而してこの流は、朱子によって益々激奔せしめられ、黃慈溪、晁公武、等及び馬端臨、王應鱗、洪邁、はまず餘り極端になっていないとしても、陳振孫の如きは最も偏見を持し、批評が感情の炎に包まれているのを發見するのである。

例えば朱子は「愛無差等、此自難遵」とか「墨子說尤出於矯」とか「孔墨竝稱退之之語」とかと、語っており振孫の如きは、

孟子非之諄々焉、異短之學安抗吾道乎、韓吏部謂孔墨相用、何也。(直齊解題)

と極論している。宋代の奇觀ではあろう。が又、流石に「不過謂墨子兼愛孔子汎愛親仁、孔子非兼也」と冷靜に批判する黃氏や「荀孟非之、而愈獨謂辨生於末學」と說く晁氏や「孟子排之、雖不闢可也、唯言近

乎僞、行近乎誣」とする高似孫氏は、學的にも批評そのものからしても、穩當な點に立っていよう。又漢志以下諸家の說を集めた馬氏、王氏、洪氏等は、歸納的批評法の採用に於て、一の特色を持ち得よう。洪邁は尙「後謂墨者失其眞也、孔孟非之、亦知末流必弊而嚴之歟」ともいっている。但し「孔孟非之」の「孔」は省かなければなるまいと思う。

朱子以來の矯激さを、批判的價値的に批評付けようとするのが、宋濂であろうか。彼は曰く、

倹孔子所不棄也、孟子之辭之何也、曰本二。

と。之によれば、倹卽ち節用であるとすれば、それの精神は孔子も亦棄てまい。と言うのであるらしく、その難點はやはり「本二」「無差等」に返って行った樣である。節用の眞精神が理解容認されるまでには、かなりの曲折があった。

莊子に、「其道大觳」といい、荀子は「荀於用而不知文」「節用也、使天下貧」といった。之を理會肯定したのは史記であり、「節用不可廢」と價値を見出している。而して之が宋へつながる邊に、其の展開の跡が見られようか。けれど後世、孫星衍の如きも「周禮尙文貴賤有法、與「墨子」節葬節用之旨異、——勢則然也」という如く、節用の方法に於ては、必ずしも孔墨同異を云爲する必要はあるまい。唯その精神に於ては、少なくとも「禮與其奢寧倹」又「道千乘之國節用」を引いて「是孔子未嘗非之」を說く孫子の境地までには達したいと思う。が、謝無量氏は「倹の太過」を說き、美德ではあるも、「不能實行」と評している。

而して「儉孔子不棄」とする眞精神理會の態度は、又「本二」を以って非難する「兼愛」の眞相理解上にも齎らさるべきではあるまいか？　否事實、こうした傾向が極めて濃厚に顯れそめている。即ち諸子彙函中で、明人歸有光は蓋し其の先驅者ではないかと思われる。

兼愛儒墨相悅、自有條理、不如後世駁。（兼愛篇）

と評している。相用論は、こと古い。自ら條理ありとし、後世、徒らに駁する如き樣なものではないとて、內容的に深まっている眞摯な態度に至っては、氏にみる獨自點である。此の脈流は、李卓吾の「其言可用而言則其罪大矣」に連續し、茅坤の「賈誼、韓愈孔墨竝稱宜也」に伸びるであろう。が、之らには尙一種の危っかしさと氣兼とが漂っている。勿論、こうした間にあっても、「推兼之意而不殊親疏此其弊也、莊生曰天下如何、賈愈往々以孔墨竝稱」を說く焦竑や「孟子辭之詳哉、孔墨竝稱不可也」を言う陸弘祚や「荀之非是也、無倫常焉」「楊墨仙佛異端也」を高調する顏習齋、等が對立はしている。又四庫總目の、「佛取慈悲於墨、韓愈稱儒名墨行、以佛爲墨得眞」という如きは、大膽ではあろうが李氏等のゆきかたに同じものを見得よう。

けれども、眞の墨子本質研究理會は、此の流を汲んで更に猛進したる淸の畢沅あたりから始まり、孫星衍、汪中、兪樾に至り、孫詒讓に於て一段の高調と深化を示し、黃紹箕、王闓運、等を呼びおこしている。が、敢えて言うならば、之らは、本質研究理會の上に、必要不可缺な素材の整頓確立を主としたるものと言えよう。之らの眞摯な研究成果を礎石とし、その暗示に沈潛悟了して、開拓すべき眞の墨子理會批評の曠野は、現代を待ち将來をも待って人々の前方に割然と廣がっている。胡適之はその現代の開拓者であった。梁啓超氏も之に相竝ぶ一人者といえよう。そのほか張純一氏及び陳顧遠氏も亦、肯定的或は批判的の有意義なる批評家であった。殊に陳氏は、記憶すべき成果を示していられる。

以上の諸氏に比しては、幾分否定的色彩が濃厚かも知れぬが、清代に張惠言、兪正燮、と陳澧、現代に梁漱溟氏王桐齢氏、陸懋徳氏、謝無量氏等がある様であるが、張惠言・兪正燮のほかの人々は、比較的批判的態度を失わない様に思われる。

今之らを少し詳察せば、どうであろう。孟子の評言に對しては、「蓋當時孟子嫉之也」と斷じ、韓愈に對しては、「其知之也」と論じ、扨曰く、

國家侵略則語兼愛、是通經權、不可皆議。（墨子序）

とするのは、畢沅であった。經權に通達すると見る兼愛観は、よくも評したるものかな。墨子全精神を探求して、全的意義を把捉した氏でなくては、斷論しがたい観察であろう。まこと、そういえば、墨子全思想――兼愛も節用も尙同も乃至は非樂節葬等も、――は、之を大きく一丸として「權の道」を具象しているものとも言えようか。事實、墨書中には「權正也」（經上）等々、所謂「權道」を説いている箇所は隨分見出される。畢沅の鋭察は故なきわざではなかった。畢氏秋帆の此の方面の展開は兪樾に於て見られはせぬか。「達天人之理、熟事物之情」とは又それと同趣だと思うのである。

而して星衍は「兼愛是盡力溝洫之義」として實行的兼愛の一面を論ずるものの如く、汪中に至って「若

兼愛是墨之一端、所謂兼者欲國家愼其封守無虐隣人也」との様に、狭い兼愛觀を出す素因をなしているように思われる。之らは、寧ろ、力行とか非攻とか呼ばれる方が適しているかも知れない。廣い兼愛とは、之らを包含している事の裏書ともなるであろう。汪氏と雖も、直ちに、之以外の兼愛を説き出している點を見ると、廣義の兼愛を沒却していたのではないらしい。

而して、曾て一寸ふれたが如く、星衍は、墨子兼愛節葬の周禮のそれとは旨異なるを言い、孟子の非するのは勢だと言っている。又汪中は、此の流をうけて、孟子所評を駁擊し、

以兼愛教人子、使以孝其親、而謂之無父、斯汪矣、後人習孟子之說、未見墨書。

とのべ、更に墨子精神を高調して曰く、

其述堯舜、陳仁義、禁攻暴、止淫用、感王者之不作、而哀生人之長勤、百世之下、如見其心焉。

と。所論切實なるを思うのである。此の方面には尙「尸子謂孔子貴公、墨子貴兼、實則一——唐以後愈之外無知墨子者」及び「稍雖詭而實千古有心之人」という兪樾、同じ所評を唱道して「其立論不能無偏失中、哀世變而恤民殷之心宜可諒」という黃紹箕、などがある。莊子天下篇の展開とも言えよう。

又孫詒讓や王闓運は莊子、孟子の所說をあげているのみで、消極的に默しているが、張、兪正燮、二氏は、何れも否定的であり、前者は孟子が「被之無父之罪」ことを以て「嚴而審也」と贊しており、後者は「兼愛非攻、宋讓之弊」と評しておる。又兪樾も「稍詭於正」とは言う。が却ってここに、時代的墨子の存在價値があったのであろう。「兼愛無父實然——荀莊曰——墨子比禹狂也」といった陳澧も否定派の正

統に入るべきであろう。が唯彼は、否定のみに終始せず、「兼愛非攻、人攻則我守、墨子所長」を認めただけに、今も生きよう。

一個の墨子を正當に理會し、彼自らの思想體系の中に、彼の眞相を投影させ、その苟くも價値あるものは、價値を認容してやろうが爲に、支那思索界は、古來幾多の批評家を拉し來り、二千有餘年の歳月を重ねねばならなかった。今やその機運は動きつつある。それは支那現代の、社會的指導原理を建設する革新期的要求が、少なからぬ關心を此の思想體系中に見出すが爲ではあろう。之によって墨子理會が促進されるのは喜ぶべき事である。が、儼に戒むべきことは、それが爲に墨子理會の道程に不純な功利的分子が、混入させざらんことである。又、新研究法は必要なるも、妄に外來主義と迎合させようなどとは斷じて試むべきでないことである。

胡適之氏は、現代墨子批評研究家の木鐸であった。氏は曰う

孟軻道「摩頂放踵——」本有責備墨子之意、其實極恭維他的語、試問中國史上可曾有第二個「摩頂放踵——」的人麼、

と。而して又

墨子心中不忍、爲非攻論、根本的弭兵是兼愛論。

と説く。その兼愛精神は、此の如くして、春秋戰國の慘禍を見るに忍びず、之を救濟せん事を欲したのである。兼愛を以て、畢竟「利己」の爲だと强辯する根據は、二三箇所に見られる樣であるが、それは眞精

神ではなかったろう。所謂大乘佛教に對する小乘教的一時の方便が、墨子の本領を禍したのでなかったか？
胡氏の「心中不忍」とは、之らを考うる上に、少からぬ暗示を與えるであろう。但し、氏も亦徒に、實利應用主義を以て墨子全體系を説明せんとしているやに見えるのであるが、之は一層考究を深めてみるべきだと私は考える。むしろ、

墨學精微、比肩易老、非僅可以實用稱。（閒話箋自序）

と言う張純一氏の見地が、多少の誇張はあっても、依據すべき大道であると信ずる。

胡氏の「心中不忍」論は、梁氏に於て一歩を進められ「墨教根本義在肯犧牲自己、互助精神」と論定された。卽ち兼愛は「心中不忍」の至情に發し、同類意識の下に、小自我を犧牲にしても大我を立てようとし、互助の道を確保して大目的に至ろうとする、之が墨教の根本義であるとするらしい。勿論、此の兼愛を理論と見、その實行法を交利だとしている。此の如くであるから、例の「摩頂云々」に對しては、「却眞傳出墨子精神」と論じる。が流石、荀子の「見於齋不見於畸」に對しては、「結實多了、能中墨子之病」と言っており、又、莊子所評については「古今論墨子最好的莫如天下編」と評するのであった。が又氏は「愛以實利爲標準」と解している。之は現代に於て、殆ど共通する特有點である。

以上二氏の、共に、評定していった兼愛精神を、張純一氏も亦説いている。卽ち「本於性不能已、非爲用人始愛人、猶非爲用己始愛己」と説いているのはその例である。つまり、實際上には幾分の小乘經的教化方法も必要であろうが、しかも其精神に於ては、性に基いて已む能わざる底の自發的愛こそ兼愛の眞相

である。と見るらしい。而して氏は、「仁合體而復於兼」とし、兼とは「天地一體、萬物齊觀之謂」と説く。従って「兼愛、人己兩忘、直視天下無人」となってくる様である。ここにおいて氏は「所謂愛無差等」と論じている。且その理由をば、

蓋墨本于天、儒本于人者異也。（閒話箋附錄十五頁）

としている様である。惟うに、氏の無差等論の迷は「兼愛人己兩忘、直視天下無人」の理會に在る。「人己兩忘」といっても又「天下無人」といっても、無理由的に何時もそれを持するかどうか？　墨子はそんな意味ではない様に思われる。此點を看過すると、氏の如き論決が迷い出る。但し、氏の眞意は否定的ではなく、却って無差等愛を高揚せんとして、その論理的意味付けを行ったのではあったが。勿論氏には、老子的見解が色濃い。

かくて兼愛精神批評の流れは、陳氏顧遠にも入り込んでいる。氏は、兼愛發生當時の社會上、甚だ有價値だったとし、「後世社會主義、也不逃出能他的範圍」と説く。又氏は「兼愛子要愛父、父也要愛子、臣要愛君、君也愛臣——小是會有價値的」と論じて、兼愛の內容に深まっている。かくて、孟子の例の批評を評して曰く、

兼相愛交相利、但對於孝、仍然主張、孟子罵他無父無君、拿現在的眼光看來、簡直是給墨子拍起馬來！

と。又荀子については、「是子墨學說底强敵」と。

且又、節用については「救衰世之敝而起的」と言うのであるが、その反面「反對物質文明」を缺點とみ

なすのである。氏は、かくの如く、長所と缺點との兩面から批評していこうと前提するだけに、比較的穩當なものも多い様である。

一方又、梁漱溟氏の如く、否定的批判を試み、繼紹する一脈がある。氏は實用主義的傾向を非斥する。曰く、

墨子講兼愛說「用而不可雖我非之――」是說能應用的善的、利的義的。

と。實用主義の不當を說くは正しい。墨子のこんな語を以て實用主義と斷ずるのは早急でないか？ 墨子の意味したる本念の相に於て論議し理會を深めるべきである。私見によれば、此の語は決してそんな意味ではなかったと言い得るだろうと思う。氏は又、

像墨家兼愛任情所至、不知自返。

とも評している。

而して王桐齡氏は、無別論を以て進んでいる。「墨子以平等愛爲兼、僅爲一至善之理論、而斷不可行於實際、無待辯」と。之らの評言は、孟荀以來の皮相な語である。墨子の愛の何たるかをも理解せざる俗見であるとも言えよう。陸懋德氏も無差等論をとき、且「此不主動機是爲巧利主義」をも言う。結果論とみなすのは、精見でない。「經上、下」等の言葉を、今少し理會したいものである。同じく、謝無量氏もつまりは無差別、不能行をいうのであろうが、その批判的態度を見るべきであろう。氏は莊荀孟の所評につき曰く、

愛與儉雖通常美德、自然也要有分際。（古代政治思想研究）

と。しかし、墨子に全く之がないと言うならば、吾人は肯じ得ない。氏は逐に

一節儉愛人的格言、不能實行。

と論定するのであった。しかし、格言として容認さるべき人生規範が容易に實行されないから、との理由で、顧みられぬというのは、どうした事であろうか。それは批評乃至は思想批評家の進むべき正道とはいえないのではないか。

以上に於て、所謂「兼愛の本質批評」の展開は、略雜然としながらも、見おえられたかと思う。而して批評態度よりすれば、獨斷的創造的より漸次歸納的乃至批評的にいたり、價値をも見出さんとする價値的方法は、畢竟、沒價値的態度を征服し去ろうとしているらしく思えるのは、喜ぶべき現象なると共に、むしろ思索の進行する自然の數であろう。但し、より一層深く、綜合的に深化すべきものなることを望みたい。

吾人は「第一」の場合に於て、「墨道不行」という聲を例えば莊子等にも聞くのであるが、此の「墨道不行」なる命題の解決を求めて、古來の批評は如何に展開しているであろうか？　を見ようと思う。之が「第二、兼愛可能（或は可能の根據）に關する批評」を存置する所以である。實は、兼愛本質の中に含有されてよい問題であろうが、便宜上之を獨立させていきたい。第三、以下第六までの各項も、亦同じ意味を有する事、勿論で、廣義の兼愛本質評は之らの總てを大括するであろう。

之についても、やはり孟子をあげねばならぬ。但しそれは、意識的兼愛可能評では勿論ない。もしそれ、意識的のものを求めるのであれば、ずっと後世、明の焦竑あたりの、

墨子見天下無非我者、故兼愛。（墨家小序）

等にまで下らなければならぬ様に思う。而して之は、論理的哲學的に、兼愛可能を考察したものだと考える。此展開は、現代、張純一氏の「人己本兼而分爲體也」等に見られるであろう。而して又、胡氏の「墨子心中不忍、故爲非攻論」を以て、一面、兼愛可能評とも見なされ得ようならば、こは心理的考究觀察であると言わねばなるまい。此心理的發生的可能評の展開は、やはり張純一氏の

兼愛人者愛己、本於性不可能已—。（閒話箋）

などに見出さるべきであろうか。以上考究の結果、心理的論理的の二様が顯れている事を見うける。ここに、私は曾て、無意識的な兼愛可能評ともいうべき一群言を、保留しておいた事を憶出す。よしそれは、有意識的ではなかったにもせよ、不知不識の閒に吐ける語ならば又却って、之を此頃の中に取入れて考察するの必要さがあるのでないだろうか？　よしそれは、積極的論據としては堪えないかも知れぬ。しかも、消極的にも採入れないが如きには、不當を思うのである。此の意味において、胡、張氏にまで流れ降された焦竑の見解を、ずっと上代にまで引き伸ばして、無形成混沌の時における可能觀を跡づけるならば、それは最初に表出した如く、孟子を以て嚆矢とすべきである。曰く、「愛人者人恆愛之、敬人者人恆敬之」と、勿論、かくの如きは、性やむ能わざる心事が具有することを信じるのであり、やはり心理的可能を語っ

ていよう。又列子關伊も曰う「人愛我我必愛人」と。異なる點を見出しかねる。而して同じ傾向は「其施厚者其報美也」という淮南子にも見出せよう。且又論理的可能評とみるべきものを、淮南子も有つ。「天下與我豈有閒哉」と。張純一氏の見地とは殆ど一般である。卽ち之を以てみると、孟子の如きも、無父禽獸とは言うけれどそして否斥しようとはするけれども、本來具わる人間の至愛の共鳴（この語は、中庸や孟子の「至誠感神」「至誠不動者未有也」を共鳴性で説明される內野先生の語に暗示をうけている）に至っては容認するものと見得る。之を容れる立場は、當然「兼愛可行」を認め得る立場でなくてはならぬ。但し、之には一の條件がつく事は考えねばならぬ。卽ち、兼愛が純粹にその愛の本領に徹し、卽して、行った場合に於てである、という事であろう。ここに於て「墨子兼愛不行」と「兼愛可行」との對立論爭は、墨子本領の愛が純粹であるか否かの問題に變形されよう。之については、旣に、墨子理會の深まったる研究家には、本念の姿相に於て理會せられた事であるから、蛇足を加える要はないであろう。若し又「無差等」の點が人情に卽せないから「不行」を言うのだと言おうならば、それは極めて俗見に於て尤もな點もあろう。がそれにしても、兼愛そのものの內容を今一度精察するだけの親切さを持合せる人々には、絕對的に無差等愛ではなく、又「兼愛」とは如何なる事を意味しているかが、一そう深い意義の世界に於て了解されてくる樣に思われてならない。ここに於て、始めて、墨子理會は、妥當の大道を進むことになろう。

然らば此の如き兼愛は、何故に發生したのであろうか？　之について古來引かれるものは、淮南子要略訓の「其禮煩擾而不悅、厚葬靡財而貧民、服傷生而害事、故背周道而用夏政」である。之によれば、精微人工を加え盡して完成を期したる周道は、漸く破綻を見せている。弊害續出だったらしい。さればこそ、その末弊を矯めんとして改革が行われたと説く樣である。卽ち過文の社會的弊害は、當然、相反する質實簡素の生活方法によって、救濟されるよりほか途はなかったであろう。まさに、社會的必至の勢であった。淮南子の評言は、この間の消息を傳える樣である。之を發生に關する批評――第三――と言おう。然るに淮南子は又同時に、「墨子學儒家之業、受孔子之術」と言っており、尙又「背周道而用夏政」とも言う。之らを以て兼愛思想の出自觀だと言ったら閒違であろうか？　孔子思想から分派し、禹道を紹述する事少くはないと言ったら、何等かの誤を侵すであろうか？　淮南子は又實に之を論評したのだと思う。之を第四、出自に關する批評と言っておきたい。但し、發生と出自とを、わざわざ分離獨立せしめて、第三、第四と設定することは必要でないかも知れぬ。が私は便宜上、假にこうして見たのである。まず第三發生批評における淮南子の展開を見とどけたい。之については、淸の畢沅に至るまで、大體、他に見出すことは、すくない樣に思う。畢沅は曰く、「國家侵略則語之兼愛」と。表現は局限されているけれども、その意味に於ては、淮南子を布演するのであり、兼愛の社會的發生を明らかにするのである。又、愈樾も曰う、

深察春秋之事變。

と。而して黃紹箕は、

當春秋之後、憤文勝之極敝――乃以爲儒爲詬病――。

と。何れも亦一見解ある評言であろう。之らを綜括する程度から、更に深化していったものは、胡適氏の

「看見戰國的慘禍心中不忍、見怪現象不得他要反對儒家、自創一種學派」である。即ち文意は明らかなる如く、戰國時弊を救おうが爲であったとするらしい。之は梁啓超氏も同じであり、又陸懋德氏も、而して陳顧遠氏も亦同趣意だと見える。參考の爲に例示したい。梁氏曰く、

眼看見戰國的慘狀、提倡愛、從兼愛建設非攻、反儒家而起。

と。又陸氏は曰う、

要略訓曰—是墨學發生之理由。

と。而して「受當時社會上的影響、對儒家哲學底反動」と評するのが陳氏である。此一脈は、比較的平凡に、何の對立異説もなく來っている樣である。

第四、の出自については、前述の淮南子を、なお上世に押上せて展開を眺め下らねばならない。莊子天下篇（僞書だといわれるが）には、「墨子稱禹道——」の評がある。大禹の道を祖述するのだというのは、全く故ないことではない。卽ち墨子書中の理想は、多く禹以下の先王にある樣であるから。而して韓尸、及び史記は夫々、「道堯舜」といい「舜兼愛百姓」と説き、「尙堯舜」と評する。漢志は新たに、「墨家者流出於淸廟之守」と言っている。が之は、禹を祖述するという事と何等の抵觸も示すものではあるまい。韓愈は「同是堯舜」と說き、晁公武は「儒墨先王之敎」といい、馬端臨は漢志の言を引き、孫星衍は淮南子を引き、汪中は呂春當染篇、漢志、淮南子を引いている。而して曰く、

——是皆謂墨之道與禹同耳、非謂其出於禹也——九流以興、於是諱其從出、而託於上古神聖、以爲名

高――謂墨子背周而從夏者非也――淮南子著之書稱、雖然謂墨子之學出於禹、未害也――。

と。蓋し、汪中の此評言は、出自論を深く洞察して行った古今獨特の名評と言うべきであろうか。而して黃紹箕は漢志をひいているが、恐らく汪中の過去所謂の一切を批評的に見、精周に論定した處は、淮南子以後の一人者でなければならない。現代に於ける何人も、亦かかる程度以上にぬき出ていない様である。即ち例の胡適氏すら、淮南子をひき「墨子所受的儒的影響一定不少」と言うにすぎなかった。又張純一氏の如きも「墨宗夏禮也、淮南子曰――」と言い、陸氏は「其學說由來又必與大禹晏子有關」と說き、謝氏は、「墨子書中多稱禹、淮莊也說墨子學出於夏禹」と論定する。之皆、汪中の所評によって統綜さるべきものであろう。而して謝氏の「墨子書中多稱禹」は、少し以前に、王桐齡氏が、其著「儒墨之同異」に於て、集收指摘し、對詩書關係を實地に究明する處の甚だ多かったものである。而して氏によれば、墨書に引用されている「詩」は十一、今、兼愛下篇に一例を求めるならば、「周詩曰」として、「小雅谷風之什大東篇」の一節をあげ以て墨子兼愛の之に基くものであることを言う。曰く、

所謂兼者、於文武、取法焉。

と。即ち文王武王は又墨學の理想とする處であったらしい。勿論之は、後墨の所言であるが、又、文武兩王を捨てない――從って周道を絕對に斥けていない――ことは、墨書中に二十七箇所の引例を見る（王桐齡氏說による）という書經に於ても明らかに見られることである。且また、兼愛中篇を見るに、明瞭に、文王武王の治政を以て兼也とし、「吾行兼也」と言っているが、又、同時に禹の兼をも說き且、「吾今行兼

也」と言っている。而して尙「湯」その他を說くのであって、要するに、「背周道而用夏政」とは言っても、それは禹道に固執するの謂ではないであろう。當時に用いて、その宜を得んが爲、比較的病弊と見られる諸點に更革を加えたに過ぎなかろう。勿論その中には、時宜に中らんとして特に力說高潮する焦點は存したに違いない。此の焦點にあたっているという意に於てならば、「用夏政」と言っても吾らには了解がつく樣に思われる。此の點「先王之敎」だとみる晁公武の見解が、漠然とはしていても、却って含蓄があるかも知れないと考える。

第五に、然らば此の兼愛が普遍の當爲として、庶人の行爲に君臨し「ネバナラヌ」を强い得る所以は何故にであるか？　之を私は假に、兼愛の規範化と名づけ、之に關する批評を「第五」の順序に設定したのであった。けれども、之については、今私の知る限りに於て、宋の黃慈溪まで待たねばならなかった。氏は、「兼愛惟當法天、與孔門所謂孝爲仁之本者、正相背」と說く。興味に富む所評であろう。但し、所謂儒家の孝とか仁とかと雖も、其の人性の善であることを前提とする樣であり、尙又、その人性の善すら、「天所命」と見なすのではないであろうか。天道が人に入り來って云々と說く場合が、もしあるのだったら、儒家も亦、五十步六十步である。且又、墨子「法天」といっても、それは必ずしも、人閒本性の作用を沒却して天にのみ從うという所謂神權說の如きものではないのではあるまいか？　之は法儀篇等の理會によって、今少し徹底し、周到に論究さるべき問題であるかと思う。とにかく、兼愛は「法天」に於て規範化さるということは、認容されよう。而して之は、胡適氏に至って、明確な判斷となっている。卽ち

天的志就要人兼愛。—凡事應該以天志爲標準。

と。意義展開の跡は明らかである。梁啓超氏も亦曰う、

墨子斷定天志是兼愛。是用來做兼愛主義的後援——。

と。又張純一氏にも「以天爲最高之標的」の說がある。が氏の一歩廣く踏出た處は、「以天爲法——一同天下之義」と論じていった點であろう。此項に於ても、兼愛と天下之義とは、蜜接不離の關係を有っと言うべきであろうか。王桐齡氏は胡、梁二氏と殆ど同趣である。最後に陳顧遠氏は又一種の特色を出した樣である。卽ち、

天志就是一種法儀、我們作事情底正當標準。

と。之には異彩はまだ存しない。次に、

墨志底天志和現在民意是一體的。

と。之に異色を見出すのである。天意は之、民意に顯現するとは、支那古代よりの特色であろう。天人合致の思想は、當然之を生み出した。陳氏はそれを以て見るのである。

而して墨子は、天に法るのであるが、それの具體的一方法として、先王之事を持出した。蓋し先王は、順天の先聖であるからである。けれども、兼愛の規範化に關して、「先王之事」を說いた批評家は未だ見出さない樣に思う。(むろん、あるけれども、寡聞にして、そこまで到らないのかも知れない。大方の御教示を仰ぎたい點の一つである)

第五は、第六と共に、墨子思想の體系を暗示するものであろうから、之はむしろ一括さるべきものかも知れない。が私は、便利上、こう分立してみたのである。第六は、明らかに兼愛の體系に關する批評考察であり、その「兼と義、利との方面」は、主として、兼愛の目的及びその目的實現の原理或は方法に關するものであり、「其他との關係」とは兼愛實行の各部に關するものを意味するつもりである。が、之については、「墨子思想の體系に關する史的考察」なる稿初の一章に略說したから、再び繰返す要はあるまい。唯言うならば、此の「第六」の如きは、現代墨子研究乃至批評家が、好んで論ずる傾向のあるものらしく思われる。とにかく、墨子批評研究史上に、特異な一進展を殘留するものの一として、注目すべきものであろうか。

以上兼愛批評の展開を、幾期に分ちて考えるか？　は又實に、墨學發達及び盛衰史の一部を暗示する點に於て、是非試みらるべき懸案である。而して之が劃期に當り、その標準は何にとるべきであるか？　之を先ず設定しておかねばならぬ。然らば如何なる劃期標準が考えられるであろうか？　私は古來の批評流を參照して、試みに、次の二種を提案してみたい。

(A) 第一、その墨子批評の方法的態度からすれば如何であるか？　——主として獨斷的か歸納的かの問題——。

(B) 第二、その墨子批評の質的大勢の上からすれば如何であるか？　——主に否定か肯定かの問題——。

而して之を検するに、兩者相伴っている樣態を見出すのである。今まず第一の立場から見ると、孟子より唐代韓昌黎までを第一期、宋代程子遺書以下、高似孫子略、或は陳振孫直齋書錄解題、より清代に入って畢沅の墨子註釋及び研究がなる以前までを第二期とし、畢沅以後民國八年胡適之氏「中國哲學史大綱」が現れる以前までを第三期と見、胡氏以後現在を一括して第四期とみなし得る樣に思う。

蓋し、其批評方法上の態度が、大體この四期に於て變遷している樣だからである。卽ち孟、荀、列韓、尸子、皆共に主觀的獨斷的である。此特色は、周、漢、晋、唐を通じて略一貫するものの如く、その略末は、昌黎の韓文あたりに止むべきであろうか。

が、こう一括してしまうと、小數の例外が生じてくる。周末呂氏春秋、漢淮南子、等に旣に列子惠盎の語が引例されており、隋志には漢志の評言が引かれているなどが之である。勿論之らは、歸納的の方法の顯れそめたものと見るべきであり、且又、見ようによっては「無父」といい、「慢差等」といい、「不別親疏」というなど、皆異技同根とも言えようし、「孔墨相用」も「傳先王、道堯舜」と相逕庭する所極めて少いのではあるまいか？

こうみると、嚴密には劃期しがたいが、比較的の意味からは、右の如きも亦容るされてよいのではないかと思う。而して尙、呂氏春秋、淮南子、史記、賈宜新書、漢志、論衡、鹽鐵論、抱朴子、隋志、韓文等、もこの中に在るわけである。

第二期は、宋明より清朝の一部に至る時期を含むと信ずるのであり、宋の程子遺書等より王安石揚墨辯、朱子語類黄慈溪日抄分類、晁氏郡齋讀書志、高氏子略、陳氏直齋解題、馬氏文獻通考、洪邁容齋隨筆、王應鱗漢志考證、等を經て、宋學士全集、諸子彙函、墨家小序（焦竑）墨子批撰、墨子序（茅陸氏）顔李叢書、四庫總目、邊に終るかと思う。今、其批評法上の特質を考えると、綜合的に近づく歸納的進向である。而して第一期中例外と見えたる諸々とも、やはりその程度の上で差異を見出すことができる。

第三期は、第二の一そう深化した形であり、着實眞摯な學的作業があらわれた時である。唯單なる評言ではなくして、其根本から理會しようと、試みるものであり、畢沅、孫星衍、汪中、張恵言、兪正燮、陳灃、兪樾、孫詒讓、黄紹箕、王運、等は此期の人々である。

第四期は胡適之氏以下、梁啓超氏、梁漱溟氏、張純一氏、王桐齢氏、陸茅德氏、謝無量氏、陳顧遠氏及び其他を含む時代で、眞に綜合的な研究理會は現代即ち第四期の特色であろう。

以上の四期に、夫々「第二の質的批評の大勢」を入れて考えると如何であろうか？

先ず第一期に於ては、孟荀の痛駁、莊子における否斥の間にも價値を見出そうとする價値的批評、之らを對立として、列、韓、尸、淮、賈、等は價値的に、史記、漢志、はその二傾向を併せ採り、鹽鐵論、抱朴子は、老子的立場から非議するものの如く、韓文は儒墨相用を説いて調停を試みている。

第二期においては、程子の如き深き洞察者をのぞけば、他は概して、第一期孟荀の信奉者であった。その批評は往々感情的嘲笑に走って、學究の白道を逸している。陳振孫の如きは最もその弊に富む。但し模倣に陥っていた代りに、歸納的に先人の評言を集收して行ったことは注目に値しよう。が、流石に、明、清の初めから、歸有光を始め多くの背定洞察にとむ批評家が顯れ始め、孟荀盲從家の蒙に對し、一大對立を示して來る。

第三期は二期末の背定的價値的傾向の一そう完成にまで進もうとした時期である。畢沅以下の諸家の努力は、多難未墾の新天地を開拓し悲痛壯烈な奮鬪の中に、強く孟荀に對立している。幾千年埋れ果てていた人類愛の鬪士は、此の期に於て、再び人間性意識の上に、蘇ることができたのであった。「淸」から「民國」の一部に及ぶ。

而して第四期は、第三期の礎石の上に更に明徹の殿堂を築き、墨子精神の肯定に到らんとするひたすらの精進だった。否、である。

胡氏はその先覺であり、梁氏はその充實を計り、陳氏は之を略々大成の域にまで上せていったと言えようか。張氏の如き、その一部を擔當する。第四期の此の特殊的價値的肯定は同情に富む。然も親切な質的關心であり、之の他に墨子を理解する途はないであろう。但し、現代でも尙、孟荀の信徒たらんとするに急であって、靜かに定視諦觀する遑なき人々も若干ないではない。

以上により、劃期標準（一）（二）は、四期を通じて相伴隨し、適用するに足る如くである。故に私は、之によって期劃し、その四期の中に、各批評家を主としての、兼愛批評史的考察を試みたい。或は之を水平的、横の、概觀と言ってもよいと思う。右の敍述を便利の爲に表示しておきたい。

——次の表例は、畢沅、孫詒讓等の研究、或は高瀨博士著「楊墨哲學」の附錄、及び牧野氏「漢籍國字解」の附錄等によって暗示された所少なくない。批評の系統とも見るべきものを六分したのは、不徹底な私の試見である。——

表例一

時代		名稱	兼愛本質の批評〔一〕 1 否定的	2 肯定的	3 批判的	可能の一〔二〕 1 心理的	2 論理的
第一期	（周末）	孟子	無父摩頂放踵二本			愛人者人恆愛	
		莊子	無別不愛人。	備世之急。	天下之好也。		
		荀子	慢差等見齊不見畸				
		列子		無地爲君(A)		人愛我我必愛人。	
		韓非子		道堯舜論聖人之言。	道堯舜取捨不同。虞夏二千才不能定儒墨之眞。		
	（漢）	尸子			墨子貴兼孔子貴公實一也		
		呂氏春秋		以身爲人如此其重也(A)。			
		淮南子	孔墨弟子以仁、義教於世、猶不能行也、其道外也	A墨子無煖席欲起天下之利而除萬民之害也	墨非孔楊非墨孟非楊趨捨人異各有曉心故是非有處。	其施厚者其報美	天下與我豈有間哉
		史記	尊卑差別（但し節用節喪を直接に指す）		其強本節用不可廢也		
		賈誼新書			心兼愛人謂仁		
		漢志		養三老五更是以兼愛	兼愛所長也。蔽者爲之無別也。		
		論衡（王充）			孟傷楊墨奪儒家論、引平直說抑非		
		鹽鐵論（桓寛）	晩世之儒墨不知天地之昭々				
	（晉）	抱朴子（葛洪）	老執本、儒墨執末孔墨之道昔曾不行	布兼帝業克成			

〔三〕發生— 社會的事情	〔四〕自出—	〔五〕規範化— 1 天意により	〔五〕規範化— 2 具體的には先王之事	〔六〕他との關聯— 1 義利との—	〔六〕他との關聯— 2 その他との—
	墨子稱禹道				
	道堯舜				
	舜兼愛百姓。				
背周道而用夏政。	背周道而用夏政學儒業受孔子之術			墨子欲起天下利除萬民害也	
	尙堯舜				
	墨家者流出於淸廟之守				

例表 二（第二期におけるものの年次については、尙疑われるもののあるだろう事を附加して御教示を乞います。）

時代	種類	兼愛本
第		否定的
（唐）	隋志	
（唐）	韓文	
（宋）	程子遺書（二程子遺書）	
（宋）	楊墨辯（王安石）（國字解附錄による）	爲人學者之來也、墨子廢親疏之別
（宋）	朱子語類	愛無差等此自難從。墨子之說尤出於矯。孔墨竝稱退之之誤
（宋）	黃慈溪日抄	
（宋）	郡齋讀書志（晁公武）	
（宋）	子略（高似孫）	
（宋）	直齋書錄解題（陳振孫）	孟子非之諄々焉、異端之學安抗吾道乎。韓吏部謂孔墨相用何也

〔一〕質の批評		〔二〕可能の一		〔三〕發生一	〔四〕出自一	〔五〕規範化一		〔六〕他との關聯	
肯定的	批判的	心理的	論理的	社會事情		天意による	具體的には先王之事に	義利との	其他との
	墨者爲之則守於節儉不達時變推心兼愛而混於親疎。								
	同是堯舜孔墨相用辨生於末學				同是堯舜				
其流遂至於無君文是、學仁孟子欲正其本推而至此。退之意好言不謹									
	不過謂墨兼愛孔子汎愛親仁孔子非兼愛也					兼愛惟當法天與孔門背	天子所是是之與孔門反		
	荀孟非之而韓愈獨謂辨生於末學				儒墨先生之教。				
	孟子排之雖闢可也唯言近乎僞行近乎誣。								

表例 三 備考（容隨筆は文獻通考の前におくべき筈のを忘れました。漢志考證は容齋隨筆に續かせる考でしたのを忘れました。）

時代	種類		兼愛本質の批評			可能—		發生—	
			否定的	肯定的	批判的	心理的	論理的	社會事情	
二	（宋）	文獻通考（馬端臨）			漢志曰晁氏曰韓文曰高氏曰、陳氏曰、孟子曰、孟子非之流弊至無父高氏之言得之韓文言知似同而實異乎				漢志曰墨家出於清廟之守。
		漢志考證（王應麟）			以兼愛無父孟子闢之漢世以酒孔惠益賈宜皆以孔墨爲一等列鄒宜不足議韓文孔墨必用何也				
		容學士全集（洪邁）			略同上。なお、後謂墨者、失其眞也、孔孟非之亦知末流必弊而嚴之歟				
	（明）	宋學士全集（宋濂）			儉孔子所不棄也。孟子辭之何也、曰本二。				
		諸子彙函（歸有光）		兼愛儒墨相悅。自有條理不如後世駁。					
		墨家小序（焦竑）			推兼之意而不殊親疏此其弊也。莊生曰天下如何、賈愈往々以孔墨竝稱。		墨見天無非我者故兼愛		
		墨子批撰序（李卓吾）			其言用可而言則其罪大矣。				

表例四

〔一〕

時代	種類		兼愛の本質 否定的	兼愛の本質 肯定的
期	(明)	墨子序（茅坤）		賈愈孔墨竝稱宜也
		同（陸弘祚）	孟子辭詳哉、孔墨竝稱不可也。	
		顏李叢書（顏習齋）	荀之非是也矣、無倫常焉、楊墨仙佛皆異端也	
	(清)	四庫總目（紀昀等）		
第	(清)	畢沅 墨子序		國家侵略則語兼愛。是通經權不可此言議
		星衍墨子後序		兼愛是盡力溝洫之義。
		汪中 墨子序		兼者欲國家愼其封守無虐隣人也陳仁義百世可見
		張惠言經說解後	孟子不攻其流而攻本、以無父之罪、嚴而審也。	
		癸巳類稿（俞正燮）	兼愛非攻宋讓之弊。	

規範化— 天意——	規範化— 先王之事	他との關聯 義利との	他との關聯 其他との

批評	〔二〕可能一		〔三〕發生一	〔四〕出自一	〔五〕規範化一		〔六〕他との關聯	
批判的	心理的	論理的	社會事情		天意により	具體的には先王之事により	義利との	その他との
佛取慈悲於墨愈稱儒名墨行以佛爲墨得眞								
孟子曰——蓋當時孟子嫉之也。愈曰——其知之也。			國家侵略則語之兼愛。					兼、是通達經權。
周禮尚文貴賤有法、與墨兼節葬之旨異、孟子非之、勢然也。				淮南子曰—。				
以兼教人子、使以孝其親、而謂之無父、斯枉矣後人習孟未見墨書。				呂春當染曰、漢志曰、淮南子曰。				若兼愛是墨之一端。
								墨本在兼尊、天明鬼尚同者支流也。

表例五　備考（東塾語記は、兪樾閒詁序の前に置くべきを忘れて、ここに入れました。）

時代	種類	兼愛本質の批評			可能—		發生—	出自—
		否定的	肯定的	批判的	心理的	論理的	社會事情	
第三期（清）	兪樾 閒詁序	稍詭於正。	達天人理熟事物情稍雖詭而實千古有心之人也。	尸子謂孔子貴公墨子貴兼、實則一。唐後兪之外無知墨子者。			深察春秋之事變	
	孫詒讓 閒詁序			莊子曰、持平之言孟荀皆排詰之。			國侵略則教兼愛。	
	黃紹箕—			反儒其立論不能無偏失中、哀世變而恤民殷之心、宜可諒。殷荀之斥、其本師之說不盡如此也。			當春秋後憤文勝之極病。	漢志曰
	王運 墨子敍			莊子稱墨子才士也夫。孟子詆爲禽獸邪說。				
	東塾讀書記（陳澧）			兼愛無父實然。荀、莊曰、—。比禹狂。兼愛非攻、人攻敗我堅守、墨子之所長				
民國	中國哲學史大綱（胡適）		心中不忍爲非攻論、根本的兵是兼愛論。	孟軻道「摩頂放踵—」本有責備墨子之意、其實極恭維他的話、試問中國史上可曾有第二個「摩頂放踵」的人麼。	心中不忍故爲非攻論。		見當時戰的慘禍心中不忍。見怪現狀、不得他要反對儒家、自創一種學派。	淮南子曰——墨子所受的儒的影響一定不少。

規範化一		他との關聯	
天意——	先王之事	義理——	其他との——
			惟兼、是以尙同、惟尙同是以非攻。
天的志就要人兼愛。凡事都應該以「天志」爲標準。		墨子說義便是利、兼是義的。墨子的利不是自私自利。兼愛的眞意義也。	應用實利主義墨子的根本觀念、其餘的兼愛、非攻尙賢尙同非樂非命節用節葬是根本觀念的應用。

表例 六

時代	種類		兼愛本質の	
			否定的	肯定的
四期	(現代支那)	墨子學案 墨經校釋 (梁啓超氏)		墨教根本義在肯犧牲自己、互助精神、兼愛是理論、交利是實行這理論的方法。
		東西文化及其哲學 (梁漱溟氏)		
		墨子閒詁箋 (張純一氏)	所謂愛無差等也。	本於性不能已、非爲用人始愛、猶非爲用己始愛己。
		儒墨之異同 (王桐齡氏)	墨子以平愛爲兼。僅爲一至善之理論而斷不可行於實際無待也。	
		周秦哲學 (陸懋德氏)	愛無差等。此不主動機是爲功利主義。	
		古代政治思想研究 (謝無量氏)	無差等、不能實行、を說くものでもある。	

批評	可能―		發生―	出自―	規範化―		他との關聯	
批判的	心理的	論理的	社會事情		天意――	先王之事	義利との――	其他との――
墨子曰「摩頂放踵―」却眞傳墨精神。荀子曰「見齊」結實多了。能中墨子之病。莊子愛曰愛以實利爲標準			眼見戰國的慘狀提倡兼愛、從兼建設非攻反儒教而起。		墨子斷定天志是兼愛是用來做兼愛主義的後援――。		兼愛是理論、交利是實行方法。愛以實利爲標準。	根本觀念是兼愛、非攻從兼出來、節用葬非樂也出于兼愛。天鬼推行兼愛主義。
墨子講兼愛說「用而不可雖我非之」是說能應用的是善的。利的義的。像墨家兼愛任情所至不知自返								
兼愛人己兩忘、直視天下無人。所謂愛無差等。蓋墨本于天儒本于人者異也。仁合體而復於兼。	兼愛人者愛己、本於性不能己。	人己本兼而分爲體也。		墨宗夏禮也。淮南子曰――	以天爲最高之標的以天爲法――一同天下之義。			力行兼愛故非攻。明兼而墨道明。天志兼節用無不明。
				墨書對詩經書經の關係を明らかにしている	以天志爲一切事物之標準。以爲兼前提。		道德與幸福相調和、道德者兼愛幸福者實利。以實利主義爲兼愛之後援。	
此不主動機、是爲功利主義。			淮南子要略訓曰「―」是墨學發生之理由	學說由來又必與大禹晏子有關。			義知自己應盡之責任、爲義在力行。利爲一切行爲之標準。	主張兼愛。故非攻。
莊荀說墨子儉太過孟說他的兼愛無差等。愛與儉雖通常美德、自然也要有分際。一節儉愛人的格言不能實行。				墨子書中多稱禹。淮莊也說墨子學出於夏禹。				非攻是無非兼愛的道理。非樂薄葬的道理是節儉。

表例 七

時代	種類	兼愛本質の批評			可能		發生	出自
		否定的	肯定的	批判的	心理的	論理的	社會事情	
四期（現代支那）	墨子政治哲學（陳顧遠氏）		兼愛主義在當時是很有價値的、就後世的社會主義、也不能逃出他的範圍。兼相愛交相利但對孝慈仍然主張。兼愛子要愛父也要愛子臣要愛君君也要愛臣。是很有價値的。	兼相愛交相利、但對於孝仍然主張、孟子駕他無父無君、合手現在的眼光看來、簡直是給墨子拍起馬來—。節用救衰世之敝而起的反對物質文明。			受當時社會上影響。對儒家哲學底反動。	
				孟子攻擊墨子一派比莊子一層凶。荀子批評墨子、是墨子學說底勁敵。				

規範化一	天意——	天志、就是一種法儀、我們作事情底正當標準。墨子底天和志現在民意是一體的。
	先王之事	
他との關聯	義利との——	利、社會全體幸福底利、義底標準就愛、利底化身、就義。兼底效果就是社會仁政國家實現。
	其他との——	兼是運動政治底唯一主義、方法上的實行就是貴義。利是狹義的。兼愛各種主張底根據。

以上の如く、墨子兼愛思想批評の變遷を、大別して、四期を假りに設定するとせば、之と考合して興味に富み、且少なからぬ暗示をも與えられるところのものは、梁啓超氏著「中國古代學術思想變遷史」の所說であろう。彼は第一章總論に於て、

吾欲畫開我數千年學術思想界爲七時代、一胚胎時代、春秋以前是也、二全盛時代、春秋末及戰國是也、三儒學統一時代、兩漢是也、四老學時代、魏晉是也、五佛老時代、南北朝唐是也、六儒佛混合時代、宋元明是也、七衰落時代、近二百五十年是也、八復興時代、今日是也。

といい、八期に分ちている。その期劃標準は、思想特質にあるらしい。一般學術思想の變遷史としては、勿論妥當のゆきかたであろう。ただ限定された特殊思想の場合にあっては、自ら趣を異にするものもあろうと思う。しかし、その間、また實に意義深い關聯を見出すことも可能である。此の意味から、他日、私見による四大期劃に更に幾つかの小期代を立てようとするに當って、梁氏の此卓れたる作業に暗示なり或

は補助なりを仰ごうとするのは、勿論、有意義な事であると考えられるのである。

今少し、私見による墨子批評史上の期代と梁氏の中國學術思想變遷史の期代とを比照せば、

一、胚胎時代＝春秋以前
二、全盛時代＝春秋末及戰國
三、儒學統一時代＝兩漢
四、老學時代＝魏晉
五、佛老時代＝南北朝、唐
六、儒佛混合時代＝宋、元、明
七、衰落時代＝近二百五十年
八、復興時代＝今日

第一期　第二期　第三期　第四期

備　考
(1) 横線より上は梁氏の中國學術思想變遷期劃。
(2) 横線より下は墨子兼愛批評變遷の期劃。(私見ではあるが)

の如くである。而して墨子批評は、周末戰國の頃以後に屬するが故に、梁氏の所謂「全盛時代」に濫觴がある。且又、梁氏は全盛時代を分ちて、

第一期｛北派／南派｝

第二期｛孔學／老學／墨學｝

第三期六家｛儒家／墨家／名家／法家／陰陽家（以上北派）／道家—南派｝

第四期 分裂 混合｛儒家—(略)／道家—(略)／墨家—(略)／名家—(略)／法家—(略)／農家—(略)／雜家—(略)｝

の四期としているが、之によれば、墨子批評は少なくとも「全盛時代」の「第二期」以後に於て現れたものだというべく、流石に梁氏が學術思想の全盛時代という其意に背かず、墨子批評史上に於ても亦、私の所謂第一期、殊に第一期中でも周末時代は、獨斷の弊はあっても溌喇たる批評を有する時期である。

而して、兩漢は梁氏の儒學統一時代であり、晉は老學時代であり、唐代は佛老時代であるわけである。しかし、この三期代に於ける墨子批評には、格別に、學術思想變遷史における程の差異は見出されないと思う。勿論、淮南子にしてからが、老莊思想をも含むものである。從って老學時代は、少なくともこの墨子兼愛批評史上に於ては、魏、晉を待つものでなく、旣に漢代に於て極めて濃厚に現れ、儒學の見解と共に混淆して存するかと思う。且又、佛老時代だとする唐代にも、儒學の見方よりする墨子觀は存していた。從って、漢、晉、唐と鼎立させる程のものではないと考えるのであり、この點は一般學術變遷史との主なる相異點だと思う。卽ち私見の所謂「第一期」は、大體、前半後半の二期に考えられるのではないであろうか？

次に、梁氏が所謂、宋、元、明の儒佛混合時代は、私見では、之に淸の一部を加えて、墨子評上第二期とするものであるが、むしろ此期は、儒佛混合の時代の影響を受けることきわめて薄く、單に一二の老佛的見地を持する外は、やはり儒學の立場をとるが如くである。但し、同じ儒家でも、比較的理會にとみ價値をも見出そうとする立場と、全然沒價値的に邪說視するものとの重要なる區別は存していた。而して此期は歸納的綜合的なる特色をもつ有意義な期間だといわねばなるまい。

而して、清朝二百五十年程を、梁氏は衰落時代とみるが、墨子批評史上からみての第三期は、實に注目すべき作業の、續々行われてきた黎明時代だと言えよう。或は墨子批評研究史上の新生期は、蓋しこの時代にありとすら考えたい。

此の第三期に、更に光をさしそえたものこそ、現在であり、胡適氏以來の第四期であった。

以上、要するに、相出入する部分は若干あるにしても、その綱領は、概して、墨子兼愛批評の變遷を語るものと、相一致する點が多い。これ、梁氏所説に、暗示力の多い所以である。

尙又、墨子批評家を見れば、何といっても儒家が大部を占め、老荘、或は墨家等は次第に少ない、ということが、前記の表によっても知れる。

或は墨子批評の源泉は、大凡どのあたりに在るか、而してそれが如何なる人に如何様に分派し採入れられているか等は、次に述べようとする、横の、卽ち各個人の、評説に於て見得る所であるが、前記の略表は、之らを簡明に示していようかと思う。

――惟うに、一と二とは、粗雜ながらにも、冒險的な方法的組織をも採入れてみたい程に思った事であった。私は、いざとなると、流石に困難な問題と矛盾や錯誤や、それから尙、甚しいことには、論理的飛躍のあまりに大なる要所をも、未來に殘す懸案とせねばならなかった。私はふるえながら、未來を見詰める。

三 各批評家の批評内容

今や、既述の方針に従って、各批評家の批評内容に、水平的に進入すべきの機會にある。

「至孟子始云、能言距揚墨者、聖人之徒」とは、畢沅の墨子敍における言である。此のまこと孟子批評は彼の墨子に至って始ったといえよう。孟子は此の先人未踏のツンドラを開拓してたった第一人者である。此の開拓者の後には、實際多くの踏査者や探險家やが、引きもつづいた。しかも或る意味では、後人の誰人として、彼以上に出る者もなければ、又出る事もできなかった。しかし之だけで、彼の偉大を一も二もなく承認する輕卒は愼むべきである。後世の誰一人として、また或る意味では、彼を凌いでいないものがあるだろうか？

清の張惠仁が、「孟子不攻其流而責本、嚴而審」と稱贊したが如く、彼の墨子批評は主に兼愛——墨子思想の全體とも觀得よう——の本質指摘のあったといえよう。特に、本質指摘でも、公平透徹に理會するための本質指摘ではなくって、缺陷高調、否、でき得べくんば其の思想撲滅をも目指そうとする本質評であった。從って、兼愛を否定してたつは勿論である。卽ち彼は曰く、

且天之生物也、使之一本、而夷子二本也。（滕文上）

と。有名な「墨者二本」の評言である。又、盡心上では、

墨子兼愛、摩頂放踵、利天下爲之。

と。亦本質指摘の名評である。よし後世（否、莊子、列子には、すでに獻身的兼愛道を稱える意に轉用しているかに思われるのであるが）梁啓超氏の如きは、その著墨子學案第八章に於て、

孟子以詎揚墨爲職志、他說的「摩頂放踵、利天下爲之」却眞能傳出墨子精神、不是罪案、倒是德頌了。

と述べるに至ったにしても、孟子の原意は、やはり、兼愛否定にあったこと明らかであろう。

而して彼は今一つ、凡らく彼の墨子批評中、最高なる評語を吐いている。曰く、

揚墨之言盈天下、天下之言不歸揚則歸墨、揚氏爲我無君也、墨子兼愛是無父也、無父君是禽獸也、揚墨之道不息、孔子之道不著、是邪說誣民、充塞仁義也――吾爲此懼閑先聖之道――能言詎揚墨者聖人之徒也。（滕文下）

と。彼の意圖は悉く見得よう。つまり兼愛は、「二本」「無父」が故に「禽獸」であり、「邪說」であり、「充塞仁義」である。之を詎止するのは、「聖人之從」たる所以である。彼はそう信じた。信ずる以上、彼は敢えてする事に躊わなかった。まこと、論辯暢達なる儒家の鬪士、彼が當代思想界の分野に鑑み、吐露した言々の中に、銳い本質喝破そのものの含まれたことに不審はあるまい。けれども、それが、精微を極めつくしての本質評であったろうか？　卽ち其の絕對的妥當に至っては、自ら別問題とならざるを得まい。吾等は此意味に於て、彼を觀察すれば足りるのであり、偉とすべきは偉となるのである。

右は、孟子の直接的な墨子評である。が又、閒接に探って、墨子兼愛に關する見解を見得るものもあろ

うと思う。卽ち離婁下廿八章の所說、

仁者愛人、有禮者敬人、愛人者人恆愛之、敬人者人恒敬之。

の如きは其の一だと考える。公平に考えて、「愛人者恆愛之、敬人者恆敬之」とは、愛或は敬の作用の、人閒本來的に具存する事を肯定しているものだと言ってもよかろう。然る時、之は旣に孟子が愛の可能を認めるものである。卽ち「眞の愛を施されて孤なるものはない。何人も亦自ずと眞愛を報いないではいられなくなる」という人閒本具の共鳴性を道破したものであろう。而して今、墨子兼愛が此の大愛をその生命としている限りに於て、之は實に、兼愛可能の條件となろう。所謂墨子の「夫愛人者亦從而愛之云々」の如きも、畢竟之に他ならぬと考える。然るに、兼愛不可能は「無差等」なる故であるとは、尙言うかも知れぬ。しかし、旣にそれが、不可能の絕對的理由とは斷じてならない事位は、何んでも知っているであろう。

要するに、孟子はとにかく、以上の二方面に於て兼愛批評に關聯を有つと思える。而して後世、それが否定的であるにせよ、肯定的であるにもせよ、深い暗示と方向とを投げ與えているのは、少なくとも偉觀であり、此の批評道の第一人者であろうか。

唯惜しい哉、依然彼には、思想批評上、眞摯な態度と理會と精周と同情とに、幾分かけている。卽ち、何等かの爲にせんとする後世末儒の我田引水的な自己陶醉がちらついて見える。

吾等は次に、彼と前後したる老子派の書「莊子」に見ようと思う。莊子には、第三者として、持平の見が多々含まれているのが心強い。先ず、齋物論で子綦は曰う。

故有儒墨之是非、以是其所非、而非其所是、欲是其所非而非其所是、則莫若以明、物無非彼、物無非是、自彼則不見、自知則知之、故曰、彼出於是、是亦因彼——。

と。その態度のより調和的なことを見得よう。或は又曰う「是以聖人不由、而照之于天、亦因是也」と。即ち、天を準則と見る。この天は一に、一切存在の規範であり、當爲である。論理的には眞となり、道德上にあらわれては、善ともなろう。墨子の所謂「法天」を辿るものと同軌であろうか。且又、曰く、

彼亦一是非、此亦一是非。

と。吾等はこの語に興味を覺える。即ち既に、墨子と墨子評とを對象として、それを批判的に見、且何らかの調停を持來らしめようとするからである。勿論莊子その人の言ではないが、齋物論は莊子の自著なる智識論だとする渡邊秀方氏の見解を借りれば、莊子と同時代なる此一派が含まれている點で「莊子」は意義深い。後人の作と言われているが、在宥篇には又曰く、

今世殊死者相枕也、刑戮者相望也、而儒墨乃始離跂攘臂乎桎梏之閒、意甚矣哉、其無愧而不知辱也甚矣。

と。黄老の立場より、儒墨を非難している。或は天地篇の「楊墨乃始離跂、以自爲得、非吾所謂得也」という如き、皆無爲を高調し、無爲を本とする見地である。

併し、天下篇には、「不侈於後世、不靡於萬物、以繩墨、自矯、備世之急」といって、兼愛行爲を稱え

ている。尙、盜跖篇ではいう、

仲尼墨翟窮而爲匹夫――勢爲天子未必貴也、窮而爲匹夫、未必賤也、貴賤之別在行之美惡。

と。が、之は滿苟得に答えたる儒家子張の言である。孔門七十子の如きは、またかくの如く墨翟を見ていたと思えば、興味ある言といわねばなるまい。

けれどもやはり、滿苟得の如きは、次の如く、兼愛無別を論難している。曰く、

周公殺兄、長幼有序乎、儒者僞辭、墨者兼愛、五紀六位將有別乎。（盜跖篇）

と。且又例の天下篇には曰く、

以此敎人、恐不愛人、以此自行、固不愛己。

と。その流弊指摘は孟子の「無父」にも比適しよう。但、莊子に見るべきは、それが單方的に走っていない點にある。卽ち、

雖然墨子眞天下之好也、將求之不得也、才士也夫。（天下篇）

と。墨子如實の一面を洞察したことである。

要するに、比較的公平な第三者として、觀察し得る便宜があったし、又實際その傾向を持ってもいるが、それでも「いざ」となると、黃老主義を本とする片見があらわれてくる樣である。その例證を裏書して、なお一二あげてみるとまず、

老聃曰請問何謂仁義、孔子曰中心物愷兼愛無私、此仁義之情也、老聃曰、意幾後言、夫兼愛不亦迂乎、

無私焉乃私也。（天道篇）

というのがある。勿論、所謂老荘趣味が紛々としている。此の意味で「不迂乎」と宣せられようとも、吾等は餘り多くを悲観しないつもりである。而して、天下篇に所謂「意則是、其行則非也」とか、或は「墨子獨雖能任、奈天下何」とかが、右の意味からであるならば、亦多くを悲しまない。吾人は「不迂乎」を説くと同時に、その「可能」にも考え至って欲しかった。

而して天道篇の一節は、今一つの暗示を與える。卽ち「孔子曰、中心物愷兼愛無私、此仁義之情也」の一條である。孔子が實際こう答えたか否か？　は疑問であろうが、それでもやはり、兼愛無私が仁義之情と見られる程、二者の本質には相交錯する點が多くあったことを、推量することができる。少なくも、兼愛と仁の相用は、此の頃に於ても考え易かったと見ねばなるまい。墨子の後圖を正しく繼承して起つ志ある者がなかったのは、墨家にとって、否、墨子思想の完成にとって、甚だ悲しむべきことといわねばならないであろう。

以上、老荘につづいた孟子批評家に、荀子がある。彼は前二者に比して、より精緻明快である。唯惜しいことに、やはり單方的偏俠が感ぜられる。

彼の兼愛批評は、「優差等」を指摘する處に主要點がある。而して之を、その他の部分にも及ぼしたことを注意する必要がある。彼は曰く、

不知壹天下建國家之權稱、上功用大儉約、而優差等、縣君臣——是墨翟宋鈃也。（非十二師篇）

と。又天論に曰く、

墨子有見於齊、無見於畸――有齊而無畸、則政令不施。

と。流石に、聞くべき深みがあろう。過平等の缺點指摘は、孟子に始まる「無父」「二本」の本質批評展開として、「有見齊、無見畸」の語を形成せしめた。この一流の批評は、略このあたりで、その極頂を見とどけていよう。以後、史記、漢志に至るまでの數箇の著書には、大體、是に言及するものがない樣である。

荀子は、此の過平等評に提げて、「禮論」の中に、薄葬を攻めている。曰く、

禮者謹於生死者也、生人之始也、死人之終也、終始俱善、人道畢矣――棺槨三寸衣衾三領、不得飾棺、以昏殣凡緣而往埋之、反無哭泣之節、無親疏月數之等――。

と。節葬も亦、兼愛の一部である以上、之にも「優差等」と言うのは正當でないとはいえない。「無親疏」という評語を、節葬の上に於ても述べ出たもの、荀子についで、史記がある。之は後に殘そう。

荀子は尙、「禮論」で五養を說き、さて曰く、「君子旣得其養、又好其別」と。然らば「別」とは何であるか？

曰、貴賤有等、長幼有差、貧富輕重皆有稱者也。

と。卽ち差等を力說し、「別」の必要を認め、墨者は、之をうしなうものだと言う。從って、墨法は天下を亂し、貧にし、宜を失い、却って、爭わしめる、と見る。故に「墨子之言、昭々然爲天下憂不足、特墨

子之憂過計也」とする。

併し、彼の信ずる如く、何等の畸に見るところなきか？　は、少なくも、此一派の批評流に反問するまっ先の言である。之については、墨子思想の積極的考究觀察に俟たねばならぬと信じるから、これ以上深入りすることを暫くひかえたい。けれども、私は考える。彼荀子が、所謂「有見於齊無見於畸」ということを、假に全部肯定したとしても、しかもなお、墨法行われず、と說く理由は見當らない。何故なれば、「見於齊」という「齊」そのものこそは、又實に、兼愛可能、墨法能行、の基礎とはならないか？　ということである。事實又彼は、富國篇で、

若夫兼而覆之、兼而愛之、兼而制之、歲雖凶敗水旱、使百姓無凍餧之患、則是聖君賢相事也。

と言い、兼覆、兼愛、兼制等の語を用いている。墨子兼愛だけ、不當に意味づけておいて却って之を使用するというのは、不可解である。況して、墨子の眞想は、必ずしも此の如きものではないに於て、吾等の遺憾は、いやまさるのである。

今假に、荀墨比較を考えるなら、兼制を尙同、尙賢と竝立すれば、案外、容易に事は足りるのではないかとも思われる。それでも「兼足天下之道在分明」（富國篇）は如何というならば、墨子にそれが全然缺如している事を立證指摘してほしいのである。

此の外、非十二師篇では、舜禹を稱し「兼利天下」等の言葉をも使用している。卽ちいう、

一天下成萬物、長養人民、兼利天下、通達之屬、莫不服、六說者立息、十二子者遷化、則聖人之得埶

者、舜禹是也。

と。之らによってみるに、荀子と雖も、亦墨子兼愛の多面を是認していた事であろうし、従って、こうした影響をも蒙ったのであったろう。しかし、それを無視して行った處に、荀子の單方的弱點が在ると信ずる。

而して最後に今一つ、正名篇における兼愛論評を見ておこう。荀子は「聖人不愛己」を評して曰く、「此惑於用名以亂名也、驗之所爲有名、而觀其孰行則能禁之矣」と。形式論理に泥んだ評であり、「不愛己」の己を、多義に解した迷論である。眞に此の命題の表す意義は、自他合一愛の境地であり、兼愛の本領でもあると確信する。

要するに、荀子は、過平等を以て墨子兼愛を觀、更に之を以て兼愛の部分にも、批評の鋤を入れていった墨子批評家であった。よし、その批評が全稱的には肯定されるものではないにしても。

次に列子も亦莊子の如く雜然としたる書ではあるが、その中には又、見逃し得ない墨子批評と批評家とを含む。就中注目すべきものは、黄帝篇における惠盎の言である。彼は曰く、

孔丘墨翟無地而爲君、無官而爲長。

と。孔墨夫々の熱烈な人間愛より出る獻身的行爲を讃美するのであった。曾て莊子の盜跖篇中で、子張が言った。「窮而爲匹夫、爲匹夫未必賤、貴賤、之別在行之美德」と相對して、又實に誼を得た言葉ではないであろうか？　兼愛行爲を正視して得る本質肯定の心象は、最も理會ある人間らしい同情となって、此

の語に凝結していった。
而してかの兼愛可能についての立言と見得るものに、説符篇に於ける關尹の言がある。曰く、

度在身、稽在人、人愛我必愛人、人惡我、我必惡之、湯武愛天下故王、桀紂惡天下故亡、此所謂稽也。

と。墨子が兼愛可能を高調する口吻と恰好である。孟子の所謂「愛人者人恒愛之」の一脈と照合して、興味が深い。列子には、以上の如き二方面の批評言が含有されている。が、列子自らの評言は遂に見出せない様である。

次に、韓非子を見ようと思う。彼を概括すると、まず大體、兼愛本質評に觸れ、その出自或は淵源にも及んでいようし、後墨分派にも關與している。この後墨分派については、暫らく省くとしても、尙これ以外に見逃し得ないものがある様に思われる。卽ち兼愛批評の批判的考察或はその史的考察が、僅かながらにも、見うけられる様になったことである。

故に、右の三傾向を、大體辿ってみようならば、その外儲說に曰く、

墨子之說傳先王之道、論聖人之言、以宣告人。

と。之、その淵源を批評したものとも見得よう。又、先王之道を傳えるものなるが故に、兼愛必ずしも異端邪說にあらずと見て本質評とも考えなす事ができるであろう。又顯學篇には曰く、

孔子墨子俱道堯舜、而取舍不同、皆自謂眞堯舜、堯舜不復生、將誰使定儒墨之誠乎、殷周七百餘歲虞夏二千餘歲、而不能定儒墨之眞――。

と。相批相非することを批判し、「取舍不同云々」とある意味において調停を試み、歴史的に眞僞確定不能を考え、比較的批判的な立場に立っているのは、韓非子の長所だと信じたい。

尙彼は、その相非とし、自己のみを正當づけようとする不必要な爭を戒めて曰う。

無參驗而必之者愚也、弗能必而據之者誣也、故明據先王、必定堯舜者、非愚則誣也。（顯學）

と。卽ち彼は、我執をすて、持平にして冷靜なる立場に歸らんことを忠告する。彼自らも亦、「世之顯學儒墨也、儒之所至孔丘也、墨之所至墨翟也」と、兩者の位置を認容している。

周末尸子も亦、諸家相非を調和しようとした様である。廣澤篇に曰く、

墨子貴兼、孔子貴公、皇子貴衷、田子貴均、列子貴虛、料子貴別、囿其學之相非也、數世矣而己、皆弇於私也、天帝后皇辟公弘廓宏——十有餘名而實一也、若使兼公虛——平易別囿一實則無相非也。

と。卽ち、兼公、衷均、皆實は一である。これ、兼愛の眞に具有する普遍妥當性を見究めて、肯定せんとするものである。而して君治篇では、兼愛、務利、等の語を用いて曰う。

舜兼愛百姓、務利天下、其田歷山也荷彼耒耜。

と。兼愛交利に影響をうけているものである事は、荀子の「兼利天下」と同様だと思いたい。

是に、兼愛と務利（或兼利或は交利）との關聯について見るに、もとより明らかには批評されていない。しかし、「舜兼愛百姓、務利天下」という中には、自ら、それらに、引離し得ない脈絡を認めているのではあるまいか？

次に、呂氏春秋の觀るところを考えるに、兼愛行爲の貴ぶべきを力說している。卽ち曰く、

天下輕於身而士以身爲人、以身爲人者如此其重也、桀紂天子也、而士皆去之、孔墨布衣之士也、萬乘之君與之不能爭士也。（不侵篇）

と。列子惠盎、及び莊子に說く所と同じ價値付けといえよう。且、順說篇には明らかに、「惠盎曰」として、例の「孔丘墨翟無地爲君、無官爲長」を引いている。これ、墨子批評史上、先人の評語を引き來たる始めかと思う。

或は批評法の上に、歷史的歸納法を導入する機緣となったともいえよう。或は消極的に、他人の模倣を事として獨創味を失うに至る萌しともいえよう。實際以後の批評には、このいずれもが含まれていった點から、注目すべき新傾向であろう。

槪して呂氏春秋は、墨子兼愛の妥當性を認めた點に特色がある。不二篇には曰く、

聽群衆人議以治國、國危無日矣、何以知其然也、老聃貴柔、孔子貴仁、墨翟貴廉、（墨子閒詁後語下曰、案呂覽云墨子貴廉、廉疑卽兼之借字）關尹貴淸——故一則治、異則亂、一則安、異則危。

と。之又、兼愛を以て貫く墨子思想の妥當性について考察したものであると思う。

かくて周末墨子批評は、漢代へと流れていくのである。

漢代の劈頭、まず觀るべきものは、淮南子である。之には獨り、墨子兼愛をだけ斥けている所はない樣に思う。よし斥けるならば、孔墨仁義の說を目指していくのである。例えば俶眞訓の如き、

孔墨之弟子、皆以仁義之術、教導於世、然而不免於僞身、不能行也、又況所教乎、其道外也。

と。老莊の「無爲」を以て本とする見地からである。しかし、泰族訓の如きは、

治之所以爲本者仁義也、所以爲末者法度也、事生本、事死末。

という。論理不一貫は、此書の性質上、已むを得ないことではあろう。

道應訓では、列子惠盎「無地而爲君」を引き、やはり兼愛行爲に贊し、且曰く、「由之觀此、大勇反爲不勇耳」と。而して諸家相非については曰く、

夫爲樂、修禮、厚葬孔子所立也、墨子非之、兼愛上賢——墨子所立也、楊子非之、全性保眞——楊子所立也、孟子非之、趨捨人異、各有曉心、故是非有處、得其處則無非。(氾論訓)

と。願わくば、自己に偏した相非を捨てんことを說くのであり、各々に夫々長所あることを述べるのであった。卽ち之を換言すれば、夫々の批評を批判的に見、各個の中に特殊的存在理由を認めている。以上は兼愛本質の否定評、及び肯定評の二方面、及びそれら批評の批判的考究の大體を淮南子に見たのであるが、更に吾等は、所謂、

非仁義儒墨不行、非其世而用之、則爲之擒矣。

という人閒訓中の語に注目したい。卽ちすでに、「非其世而用之則爲之擒矣」という。然らば、適當な時世を得ることが、問題となるのであって、兼愛自身については、假に否斥すべきではあるまい。ということも考えられよう。勿論この言が生じた所以は、後世墨家が、時世と沒交渉に、兼愛の眞意を次第に誤ら

せて行ったことに對してであったろう。が、それはどうあるにしても、兼愛の俄に否斥さるべきものではない理由は如何？　之が今淮南子に聞こうとするものである。

之に就て淮南子は、二方面から説くにちがいないと思う。一は心理的、他は論理的に。卽ち曰く、

其施厚者其報美、其怨大者其禍深、薄施而厚望畜怨而無患者、古今未之有也。（繆稱別）

と。墨子の所謂「夫愛人者人亦從而愛之」と同趣旨に出るものと信じる。之を心理的可能と私は考える。又、原道訓には、論理的に愛の可能を説いていると思われるものがある。卽ち、

夫天下者吾有也、吾亦天下之有也、天下之與我豈有閒哉、夫有天下者、豈必攝權持勢、操殺生之柄、而以行其號令邪、吾所謂有天下者非謂此也、自得而已、自得則天下亦得我矣、吾與天下相得則常相有己。

という如きは、それである。惟うに、天下と吾との相互的に依存することをいうのであろう。所謂「有天下」とは、「攝權」「持勢」「操殺生之柄」「行號令」如きをいうのではないと明言している。彼の意味するところのものは、「自得而已」である。漢高誘註によれば、「自得其天性也」とする。卽ち之によってみれば、その天性に覺醒し、自我の本領に徹することは、つまり天下卽ち大我と相卽する所以である。自他合一の境である。としている。この見かたは、愛の上において、墨子の所謂「愛他不外愛己」となるであろう。之、兼愛可能の論理的根據と見て差支なしと信ずる所以である。

此の心理的可能を說く一條は、まず淮南子を以て主とみてよかろう。但し、彼も亦、直接的意識的に兼

愛の可能を論じたのではなかった。けれども、自らその天性を徹するのは、天下と相有する所以だという。これ自他合一の大理想可能を論ずるものでなくて何であろう。この意味から、自他相愛の可能に關する評言を以て、之を見ようとも、私はゆるさるべきことだと信ずる。

而して次に、兼愛の出自に關する方面をうかがってみたい。且、之は、つまり墨子思想の出自と一致するものであろう。要略訓には曰く、

墨子學儒者之業、受孔子之術、以爲其禮煩擾而不悅、厚葬靡財而貧民、服傷生而害事、故背周道而用夏政。

と。又曰く、

孔丘墨翟修先聖之術、通六藝之論、口道其言、身行其志。

と。先王と關し、儒家と連鎖をもち、而してその高調する特色を、之らの源泉より得たことをとく。けだし、從來の「道堯舜」の程度を越えること深いものがあろう。此方面に於ても淮南子は、主位を占め得よう。

而して右の要略訓の一節は尙一二の暗示を與える。一は、兼愛發生の事情についてである。當代社會相は、墨子の主旨——兼愛——を要望した。彼は之を以て、敢て彼の主張を高唱した。周道にそむくとも、それは、やむを得ないのであり、否、思想進化の道ゆきであろう。その二は、一を考えれば當然意識に上りくるもの、即ち兼愛の目的方面に關してである。修務訓に曰く、

孔子無黔突、墨子無煖席――非以貪祿慕位、欲車起天下利、而除萬民之害也。

と。卽ち天下の利を起そうとする積極目的と萬民の害を除こうとする消極目的。淮南子は之を以て墨子の目的とみているらしい。勿論、淮南子に「利民爲本」の考は、汜論訓における「治國有常、而利民爲本」にも現れている。この利は、天下の公利なることはいうまでもあるまい。

而して主術訓には、堯德を稱え、「堯乃身服節儉之行、而明相愛之仁、以和輯之」と。「節儉」、「明相愛之仁」、を重んずる樣である。

かくて、淮南子には、見るべき數種の批評が存している。漢代を飾る、最も意義深い、墨子批評家といわねばならぬ。而して、周末諸家によってなされたる「兼愛無差等」の評言は、彼にあっては見られない。所謂「仁義」を說いている俶眞訓に於てすらも「無差等」の墨子評は存しない樣である。卽ち、

夫積惠重厚。累愛、襲恩、掩民百姓、使之訢々然、人樂其性者、仁也、擧大功立顯名、體君臣正上下、明親疏、等貴賤、存危國繼絕世、立無後者、義也――孔墨弟子、皆以仁義之術、教道於世。

と。事實、墨子思想に世俗の所謂「無差等」をいうものは、唯皮相にのみ見て、その眞相を諦視したとはいえなかろうと考える。

次には、史記を見るべきである。が之には、直接兼愛關係を評したものは見られない。唯多少の關聯あるものを、いうならば、「自序論六家要指」に、

墨者儉而難遵、是以其事偏不可循、然其彊本節用不可廢也。

と。「彊本」とは何を指すのであるか？　兼愛思想だとするならば、達見といえよう。而して「墨者亦尙堯舜、道言其德行」というより見て、やはり容認する所もあった様である。

が彼は、節喪を以て「則尊卑無別也」と切言している。兼愛無別とは、多數の批評家の口癖であった。節喪を以て無別とするのは、荀子に始るが、史記も亦之をうけた。節葬も兼愛の一部とすれば、この評があてはまるのに不審はなかろう。

要するに、史記の墨子批評は、甚だ恵まれたものということは出來なかろうと思う。

ついで賈誼新書は、公然と「兼愛」の語を用い、壹通篇に説をなすや曰く、

行兼愛無私之道、罷闕、一通天下、無以區々獨有關中者。

と。平和主義を高調する。然らば兼愛無私之道とは何か？　道術篇で曰く、

兼覆無私謂之公、反公爲私。

と。兼愛無私は公である。而して兼愛と仁とにつきていう、

心兼愛人謂之仁。（道術篇）

と。彼によれば兼愛も仁も、公たるに變りはないであろう。かくて彼は、兼愛の本質を肯定的にながめている。

こう考えた愛は、全道德目の主要素となっている。卽ちいう、

親愛利子謂之慈、子愛利親謂之孝、愛利出中謂之忠、心省恤人謂之惠。（道術篇）

と。愛と利とを併用したのは、墨子の「孝利親也」の心に通ずるものがあると思う。是では、この愛利は、慈、孝、忠、惠等の根底をなすとみられている。

之らを綜合して、彼が兼愛をどうみていたかを、察することができようと思う。

私は次に漢書藝文志をみる。まず彼は、出自を論じていう、

蓋出於淸廟之守。

と。淮南子の説と相對して、不朽の興味を覺えされられる。次いで曰う、

茅屋采椽、是以貴儉、養三老五更、是以兼愛――此其所長也、及蔽者爲之、見儉之利、因以非禮、推兼愛之意、而不知則親疏。

と。持平の所評といわねばなるまい。唯、惜しむべきは、墨子兼愛を妥當に祖述すべき後墨の存しなかったことである。漢志はまさに、よく評した。實際兼愛本質評は、此語以外に出ることは不可能であろう。もし吾人が肯定的努力を拂うものありとせば漢志の所謂「及蔽者爲之」より以前の本質に就いてであろう。

而して王充論衡をみるに、之には兼愛に直接關したものは殆ど見當たらない。だが對作篇に於ける「孟子傷楊墨之議大奪儒家之論、引平直之說、褒是抑非」の如きは、又一に、孟子の墨子評を賛したるものといえよう。

論衡の墨子評は、むしろその立言の方法論上に於てきくべきものがある。卽ち、

儒道傳而墨法廢者、儒之道義可傳、墨之法議難從也。（案書篇）

とて、薄葬右鬼の論理的矛盾を指摘する等、秩序整然たるものがある。尚又、

墨議不以心而原物、苟信聞見則雖效驗章明、猶爲失實。(薄葬篇)

という如きは、思想方法として、價値高きをおぼえるのであるが、之は當面の問題外に屬するから、省かねばならない。

之についでは桓寛の鹽鐵論がある。さしたる發言もないが、論鄒篇に於て「晩世之儒墨不知天地之弘、昭曠之道將一曲而欲道九折守一隅而欲知萬方、猶無準平而欲知高下」というが如きは、後墨に向けられたる全般評として忘れがたい。

かくて時代は晉に入る。葛洪抱朴子は、ここで見ようとする一である。彼は「明本卷十」で曰く、

黄老執基本、儒墨治其末耳、道德廢而儒墨重矣。

と。やはり黄老無爲を持する立場である。これらの見解に、映ってくるものは、孔墨否定を旨とする。同じく「明本卷」に、

儒者博而寡要、勞而少功、墨者儉而難遵、不可偏修。

といい、呉失論中に、「孔墨之道昔曾不行——」という如き、皆、無爲を本とせず仁義を努めるより「不能行」と説くのであろう。

同じく、「不行」を說きながら、儒家のそれとは違い、獨特の見地から之をいう。此の一派は、莊子を祖とし、淮南子などにもその傾向を見得べく、抱朴子の如きは、まず著しかったものといわねばならぬで

あろう。而して大體、老莊無爲を以て本とする立場からする墨子批評は、この抱朴子に終焉をとどめていた、と、見て大誤はなかろう。但し現代にあっては、老子思想をとり入れて、墨子の解釋に深く徹し、或は便せんとする張純一氏の如き研究家もあることは注意すべきである。

が、一方又抱朴子には「任能卷」の如く、兼愛の偉大を認めたかに思われる節もある。卽ち曰く、

漢高祖決策於玄幃、定勝乎千里則不如良、平治兵多而益善、所向無敵則不如信、布兼而用之帝業克成——。

と。征戰の術には劣る。しかも「布兼而用之」を誤らなければ、王者の業は克く成る、と說く。兼こそは至大の德である。

次に唐代に於て、隋志と韓昌黎集とを見ようと思う。魏徵等の隋志は漢志と異なる所はない。「推心兼愛而混親疏也」とは兼愛本質評であり、「述堯舜禹」とは出自評であり又本質評でもあろう。

而して注目すべきは、出自について、漢書を明らかに引き來ったことである。卽ちいう、

漢書以爲、本出於淸廟之守——。

と。之また、批評方法の上に、歸納的色彩を現したものといわねばなるまい。

こうして、私の所謂第一期に於ても、歸納的方法は、極僅少の度に於ては、現れている。今その第一期の批評曠野を旅し了るにあたって、最後のもの、昌黎集を眺め入りたい。

莊子以來、「備世之急」といい、「無地爲君」（惠盎）と言われなどした一傾向は、妥當の位地に於て墨

子を眺め兼愛を論じようとする比較的穩健な行きかたであった。この愛着の中にこそ、眞の兼愛理會は生まれて來、且、展開するに至るだろう。

思えば此の流れは、ずい分長い時を、暗渠の中に流れすごした。發見してくれる達識の少ない割に、壓迫を以て虐げようとする批評家は、世に多かった。が思想は永久に生きる。唯その人と時とを待つばかりである。唐代は之であり、韓昌黎はその人であった。

彼は、韓文讀墨子において、「孔子必用墨子、墨子必用孔子」と說き、孔墨相用論を唱え出ている。殊に兼愛については曰く、

儒譏墨以兼愛――孔子泛愛親仁、以博施濟衆、爲聖、不兼愛哉。

と。孔子の仁、墨子の兼愛、この兩者の本質上に於ける交錯關係を究明している。その主要部分よりみるならば、仁は又兼愛であろう。が、その中にも異なる點があるというならば、それも亦本當であろう。唯、兼愛と仁とが完全に合致せぬ故に、「墨子無父也」と、墨子思想を異端視するのには、俄に同じがたい、といわねばならぬ。墨子は、仁の中核たる兼愛を強く高調したが故に、それのみをしかみない者によっては誤解される傾向があったかも知れない。けれど、墨子の本領は、尙他の部分をも熟視した上でなくては、わからないのでないかと思う。が、それはともかくも、兼愛精神と仁とは、少なくとも相容れない如きものではあるまい。大部分に於て合致する性質を有つと思う。この意味において、孔墨相用論は、より深い洞察と理會とを含む樣に思われる。

此の如く、積極的に孔墨二者に一致を認め、且力説したのは、彼を以て始とする。而して彼が之を唱え出す迄には、過去の墨子批評、殊に儒家の墨子譏誹を省察したものとみえる。即ち「儒譏墨云々」の如きは、その一證だと思われる。之によれば、韓氏も亦、歴史的歸納的な批評態度を持したといえよう。その如何なる程度に於てであるかは、なおよくはわからないが、相當に進んだ程度であったろうとはいえようと思う。

彼は又、漢志の、所謂「無別親疏」が蔽者にあった、事に贊し、同趣の語をなしている。曰く、

餘以爲辯生於末學、各務售其師之説、非二師之本然也。

と。末派に至って道を誤り、流弊を生じるのは、何れの場合にも、そうである。韓氏も亦之を道破し、末學に見て直ちに墨子そのものの否定を想うのは、妥當でないとするらしい。

又彼は「儒墨同是堯舜、同修身正心、以治天下國家、奚不相悦如是哉」といって、儒家非墨の必ずしも理由なきことをいう様である。

要するに、彼の墨子批評は、洞察包容竝に理會に秀でたるものというべく、後世に投げた波紋も大きいだけに、その評言は屢々後人によって問題にされている。而して彼が唐代の大儒なるだけ、又一しお注目に値したのであろう。

今、第一期を總括すると、本質批評は否定、肯定、批判的の三つながら、現れている。又可能についても、心理的論理的の二方面が現れ、發生に關しては、社會的事情の、まさにここに至らなければならない

理由に及んでいるし、出自に關しても亦有意義な評言が存在している。尙、所謂「天下之大利」をも論評に上せて、兼愛の目的或は墨子の目的理想についての立言を試みているものもある。卽ち之は又、利と兼愛との關聯とも見られるだろうと思う。唯此の期に缺けているかと思われるのは、所謂「規範化」の方面について、と、兼愛對各部關係、との批評であろうか。而して前者は、第二期宋に於て出現し、後者の體系的批評は尙第二期に於ても生じない如く、逐に第三期淸を待たねばならなかったらしい。こう見る點に於て、批評の史的展開が明らかになってくると思う。而して、之らが、獨創獨斷的から次第に歸納的模倣的になっていく所に、第二期への進展が見得るのである。

四　程子・朱子の批評內容

元來第二期は、歸納的否定評が大部を占めていた。而して、韓文を批判し、そこに墨子批評に對する態度を見出していったものに、程子と朱子とがある。前者の比較的穩當なるに比べて、後者は稍偏激口を極めている。程子は曰く、

此篇（韓文）意亦甚好、但言不謹嚴、便有不是處——退之樂取人之善之心、可謂忠恕。（程子遺書、國字解所引）

と。儒家としては、中正の言といわねばならない。ついで孟子の墨子評を批判していう、

孟子言墨子愛其兄之子猶隣之子、墨子書中何嘗有如此等語、但孟子拔本塞源、知其流必至於此。(程子遺書、國字解所引)

と。流弊をおそれてだ、と説く樣である。且又、孟子所謂「兼愛是無父也」を評して曰く、

儒者學道差之毫厘、繆以千里、楊本學義、墨子本學仁、但所學者稍偏、故其流逐至於無父無君。

と。卽ち、もともと毫厘之差をしか言うにすぎない儒者、それをやや偏した墨子、毫厘之差を繆って千里にもみなす末儒、而して更に墨子の眞相を謬った後墨、流弊は遂に至った。相非は遂に絕えなくなった。程子は是に、孟子の言說を認めて、

孟子欲正基本、故推而至此。

と結ぶ。兼愛批評として孟子に贊するものではあるが、比較的批判的態度を持する點は、偉とすべきであろう。

之に反し、朱子語類中の朱子は、最も偏奇に富むが如くである。卽ち「卷七論諸子」に於て、

墨氏謂愛無差等、欲人々皆如至親、此自難從。

と、無差等論を試み、從いがたしという。又卷八で、

楊墨皆是邪說、墨子之說尤出於矯、爲不近人情而難行、孔墨竝稱乃退之之繆。

といい、墨子を奇矯之最とする。單方的偏見に過ぎない事は言うまでもあるまい。

又韓文を更に誹っていう、

韓文公、第一義是去學文字、第二義方去窮究道理、所以看得不親切如云、其行己不敢有愧於道他、本只是學文、云々。

と。此の缺陥はあったかも知れない。しかし、悉くが朱子の見る如きものばかしとはいえなかろう。朱子以前の人、王安石を見ようと思う。彼は楊墨辯を作して曰く、

楊墨之道得聖人之一、而廢其百者是也、聖人之道、兼楊墨而無可無不可者是也——由楊道不義、由墨道則不仁、於仁義之道無所遺也。（國字解所引）

と。之はやはり、無別論を一歩進めたものというべきであろうか。よく、説かれやすい一脈である。

さて安石は、右の立言より進んで、氏一流の論をなしていう、

楊子所執者爲己、爲己學者之本也、墨子所學者爲人、爲人學者之末也——今夫始學之時、其道未足爲己、而其志己在於爲人也則亦可謂謬用其心矣——墨子志在爲人、吾人其不能也、嗚呼之子者廢人物親疏之別、以天下爲己任、是所以爲天下害也、故楊子近於儒、而墨子遠於道。

と。卽ち「墨子爲ㇾ人」を痛撃するのである。けれども、墨子の「爲ㇾ人」が、王安石の考えた如き意味であるか？　疑問以上である。斷じて否と言わねばならぬ。安石こそは「爲ㇾ人」なる命題を、多義に妄用して勝手な迷論を導き出してきた人である。

次に黄慈溪の兼愛評は、「孔墨不相同」にある。曰く、

——不過謂墨氏兼愛而孔子謂汎孟親仁以博施濟衆爲聖、亦兼愛爾、然仁者則親之、既異於而衆、愛博

施爲仁、雖堯舜猶病之、孔氏非兼愛也。

と。孔墨異點を甄別し、兼愛と仁を分別している。かの馬端臨等に、一層深くなっていったものとして、興味を感ずるものではなかろうか？　けれど、此の黄氏の仁兼相異論と雖も、また、一面的觀察に他ならないことは、言をまたないであろう。而して、彼は、韓文の言う所にも聞入ることを忘れていない。卽ち曰く、

雖然儒名而墨行者昌黎固嘗揮之矣。

と。要するに彼は、韓文を批判する事それ自身、墨子を批評することになっていく、と思っているらしい。尤もではある。唯、妥當の批評をと欲したならば、その内容理會の爲、出來得る限りの、偏しない全面的觀察が必要不可缺のものだったろうに。

而して今一つ、黄氏の兼愛批評に、見逃しては斷じてならぬ一方向があると信ずる。私はそれを、假に兼愛の規範化する所以のものと見ておきたいのである。之に關すると思われるものに、

墨子之言兼愛謂法其父母與法其君、皆爲法不仁、惟當法天、與孔門所謂孝弟爲仁之本者、正相背、顧可謂其與孔子同乎。

というのがある。墨子兼愛が、天下の利を目的理想としていようことは淮南子が說いた。兼愛がまさに行うべき法則なることは、その條件たるが故である。而して之らを基礎付ける存在は天だとするらしい。「法」天」において兼愛は普遍化される。之は孔門の孝弟を本とする立場に背反する、というのが黄氏の意

見である。

しかし吾人は考える。孔子は内部的に法則を求める。これには偉大さがあろう。が、之に規範性を見出すのは、畢竟、天に基く人性の善なる事を前提とするのではないか。でないと、矛盾に陥ろう。墨子は外部的に「法レ天」というけれども、ただ徒に、内部的方面を没却するのではないと思える。（之らについては、やはり墨子思想の積極的考究にまつより他にない。）

とにかく、「當レ法レ天」を以て、兼愛の規範性を立てた點は、黄氏指摘の如くであろう。且又、尚同の如きも天意に順い、従って先王天子に従うことを説くのであり、墨子思想の規範化方面に關係あるものといえよう。之については「天子所是是之、天子所非非之、與孔門所謂如其不善愛莫違之戒正相反」と、黄氏は、いっている。が、つまり墨子の天を持する所以は、天の眞正を認めたからであろうか。之を以て、紊に他律的だと評し去ってはならない。彼は果して、内部的省悟を説き及ばなかったであろうか？　なお考察の餘地がある様に思う。而して又「天子所是皆是之云々」の如きも、天子は必ず天志に上同し先王之事（天意の具體的顯現とみるところの）に據るとする立場に於て必ずも不當ではなかろうと思う。既に此の意味に於て、天子に尚同するのは、普遍妥當の天に依據するに他ならぬからである。

かくの如き天が、兼愛を欲し、随って天に法り兼愛を行うのは、よし孔門と背反しているにせよ、又偉大なる所論というべきか。兎に角、黄氏は此の方面を評したる意義深い批評家であった。而して、此の特有の位置を占める限り、氏は又、第二期中唯一の人であった。

晁公武は宋代の特色、漸く濃やかならんとしている。曰く、

以貴儉兼愛、尊賢——爲説曰、荀子皆非之、而韓愈獨謂辯生於末學、非二師之本然也。（郡齋讀書志）

と。其の歸納的特色を見得よう。が、二對立を擧げたけれども、それについて批判も肯否もは、行っていないらしい。而して又、曰く、

夫儒墨名法先王之敎——。（同書、巻三上）

と。卽ち、その出自等の方面にも、うすうすながらの闢心が見られよう。

高似孫は「子略（學津討原第八集）巻三墨子」中に墨子を論じ、韓非子、墨子、孟子等をひき、評説をなしている。今假に墨子兼愛に闢するものを見ようならば、曰く、

孟子排之不遺一力——墨之爲書一切如莊周、如申商、如韓非之徒、雖不闢可也、唯其言近乎僞、行近乎誣、使天下人盡信其説、其害有不可勝言者是不可不加闢也——纏子者修墨子之業、唯日勸善兼愛墨子重之、嗚呼學墨子者豈學此乎。

と。意うに元來は闢かずともよいのであるが、唯その言、行の僞誣に近いものもある故に、天下の指導原理とすれば、弊害がある。故に「可闢也」という。必ずしも、僞誣に近いとはいえまい。正僞の審判は、後に試みらるべき、墨子思想の積極的內容研究を俟たねばならない。

とにかく、彼は右の理由により、「孟子排之」に贊成しているものと思われる。が又「嗚呼學墨子者豈學此乎」といって「勸善兼愛墨子重之」が如くならば、彼も亦贊同を惜しまぬ樣である。その批評態度の

批判的なことは、吾等の感を深うするところのものである。

而して陳振孫の「直齋書錄解題卷十墨家類」を見る。彼は曰く、

孟子所謂邪說墨行與楊朱同科者也、韓吏部推墨尊氏、而謂孔墨相爲用、何哉。

と。孟子、韓文、を批判してたつところはよい。が惜しむべし、彼の態度は持平の批判的境地を見失っている。曰く、

孟子上配孔氏與論語竝行、異端之學安能抗吾道乎。

と。異端呼ばわりは何たる暴言だろう。淺薄な末儒氣質を、むき出しにすることなければ仕合せである。吾等は勿論その意氣と熱とを愛する。が、その偏は憎みたい。

次に洪邁の容齋續筆を見る。彼は、惠盎、鄒陽上書、過秦論、徐樂、等の語を引き、「是皆以孔墨爲一等列鄒之書不足議、賈誼亦如此」と。即ち從來の贊墨子說を否定してのけた後、韓昌黎の墨子論を論じて曰く、

韓文公發明墨子之學、以闡楊墨、而著讀墨子云儒墨同是堯舜——相不用則不足爲孔墨、此亦何也。

と。やはり「孔墨相用」を容るるには、躊躇している。而して容齋續筆では、孟子の墨子評に贊して、

噫後之謂墨者、殆師墨而失其眞者也、孔孟非之、亦知末流之必弊、而嚴之歟。

という。唯「孔孟非之」の孔は事實に反する。が、この贊孟子評の語に於ても、墨子そのものに對してより寧ろ「師墨而、失其眞者、」に關して論評していると見るのが眞相であろう。

要するに、末弊を警戒するものとして、孟子の評言を批判しており、韓文に對しては、尙、疑を挾んではいるが、大體、妥當な評説と見られる事であろう。而して、王應鱗の漢志考證は、略々、容齋續筆に同じ内容をもつから、省いておきたい。

而して、第二期宋代の、最著な特色を含有し、且比較的公平を持しているものに、馬端臨がある。彼は「文獻通考卷二一二」に於て、漢志を引き、「墨家出於淸廟之守」をいい、兼愛出自にふれている。尙又彼は、晁氏、昌黎、高氏、陳氏（選岩李は原本校定に關し）の諸評を考合した後、孟子の墨子評について曰く、

孟子始闢之、然觀七篇之書、所以距楊墨者甚至、而闢於餘子、何也——獨楊墨之言、未曾不本仁祖義、尙賢尊、而擇之不精、語之不詳、其流弊遂至於無父無君、正孔子所謂似是非——非易以惑人者、不容不深鋤而辯之、高氏子略之言、得之。

と。而して、高氏の孟子批判を妥當とみている。

かくて、韓文の批判に入っては曰く、

韓文公謂儒墨同是堯舜、——以爲其二家本相爲用、而咎末學之辯、熟知惟其似同而實異者、正所當辯乎、

と。韓文の缺陷を指摘し、「似同而非」なる所以を說き、然る故に「正所當辯乎」と論じている。一應尤もである。が、要點は「正所當辯」の内容に在る。よも、單方的な孟子的或は陳振孫的見解を、そのまま踏襲する程頑迷ではなかろうと思う。

但し、仁と兼愛とに、相交錯しない一部分が存し、それが問題として保留され、今も亦韓愈の「相用論」を論破しようとしているのであると言うならば、吾らは、この史的考察を行っている範圍に於て、今暫らく沈默を守るよりほかに仕方があるまい。それは、墨子兼愛の眞相を展開させ來らしめんとする積極的研究には、未だ觸れていないし、又觸れるべき機にも至っていないのだからである。が、追って至るであろうと信ずる之らの研究作業に於て、今より一層深さに富み、人心の根底を搖りうごかせてやまぬあるものが、顯現し始めるに違いないことを確信する。が吾らはせめて、妄りに、異端視するが如き弊風を愼みたいものである。

かくて時代は明に入る。宋濂は「宋學士全集」において、墨の彊本節用を愛する旨を述べて「倫則孔子所不棄哉」という。而して又曰く、

或曰如子之言則翟在所取、而孟子辭而闢之、何也、曰二本也。

と。卽ち「二本」は墨子の弱點である。しかも墨子に取る所あらんとするのが、宋濂であった。

李卓吾の「墨子批選」は未見である。但その序の漢籍國字解に引かれたものを見るに、曰く、

意其言之可用者如此、雖然豫又何敢言之、言之則其罪大矣。

と。が、その躇いは無用である。妥當を認めながら、それを宣布することをせず、闇に屠り去る事は男兒の本懷であるまい。殊に、學究の徒の進むべき道一筋ではなかろう。

而して、歸有光の「諸子彙函卷三墨子」に見入りたい。その兼愛篇で王鳳州は曰く、

　　兼愛是墨子一生本領、自君臣父子兄弟以及千民、卽孟子親親而仁民、仁民而愛物也、諦觀立意自有條
　　理、非若後世之相駁者也。
と。墨子眞相を有意義に理會し洞察した評というべく、靜觀諦視の深さをおもう。孟子以來の無別評も、
是では自ら條理あるものと見られている。つまりは、何れが本質的なのであるか？　暫らく問題として殘
さねばならぬ。
　而して焦竑をみるに、「墨家小序」で曰く、
　　墨氏見天下無非我者、故不自愛而墨愛也、與聖人之道濟何異。
と。卽ち兼愛の論理的根據をいい、聖人之道に異ることのない事もいう。
淮南子の「天下與我有閒哉」と同じ系統に屬すべきものである。而して彼は、兼愛の本質評にも及んで
いって曰く、
　　此與聖人之道濟何異、故賈誼韓愈徃々以孔墨竝名、然見偸之利而因以非禮、推兼愛之意而不殊親疏、
　　此其弊也、莊生曰墨子雖獨任如天下何、有以也夫。
と。先人批評を批判し、比較的持平の論をしている樣である。つまりは、墨子兼愛思想の部分には、贊す
べく否すべき、ものの二面を包含するなるべく、その一を高調するだけでは、勢い妥當を期し得ない。む
しろ全面に亘って諦視の眼を注ぐべきであろう。唯問題は、贊否すべき二面が墨子思想上に占むべき位置
如何にあると思う。而して之を定めるに、「社會的情勢」に見る處あるを要するのは、勿論のことである。

既に之らは、此の稿の目的意圖以外のものと考えるが故に、後に殘す他しかたがない。

續いて、茅坤、陸弘祚の二人を見なければならない。茅坤は尙、肯定せんとするが如く、陸弘祚は明らかに否斥し去ろうとする。さて茅坤は曰く、

讀賈生過秦論、至孔墨竝稱、私疑焉——觀韓文、又疑焉——覓定本讀之、果異於自私自利之徒、言足以鼓動天下之人、其與孔子竝稱宜。（墨子序）

と。その墨子承認に至った過程に興味を覺える。之に反し、陸弘祚は同じ新刻墨子序に於て曰く、

觀昌黎氏之言、孔子必用墨子——嗟夫何惑乎——墨氏七篇始而辭闢之、究其流、無父無君、蓋其詳哉——墨氏有兼愛如其不善而莫違之戒、與夫汎愛親仁者奚似——。

と。反昌黎說をなし「繹孟子旨」という。既に度々述べたる如く、攻責に偏したる評ではある。が、ともかく、否定派一脈の意氣には敬意を表するものである。

かくて私の所謂第二期を終る爲、顏李一派と淸朝四庫全書總目とを見なければならぬ。顏習齋の評言は、顏李叢書の所々に見出される。彼は重行、實用主義を唱え、一面墨子學風に髣髴たるものがあると言われる。（陸懋德周秦哲學參照）併し其の墨子評には、やはり後世儒家氣質が見えているやに思われる。卽ち曰く、

孔子明道而亂臣果懼、孟子明道而楊墨果熄、何、啻天淵之相懸也。（總論諸儒講學）

と。ここでも墨子は邪道視されている。又「闢異錄下、附同人闢異語二條」に於ては曰く、

楊子高士、墨翟仁人也、孟子斥之曰禽、獸、以其無父無君也、禽、獸之與聖仁相去遠矣、而辯豈有他哉、倫常焉耳。

と。大體孟子に參じている。但「仁人也」と容認した點は、それでも、尙一點の批評的精神は有っていた。又「題非十二子」では曰く、

據況所陳仲墨翟愼到、是孟子所辭而闢之者、闢之於孟子、況之非是也矣（習齋記餘卷九）

と。卽ち荀子所説を是認する。而して同じく餘記の「禮運」に曰く、

吾曾論邪矣、楊墨仙術皆異端也、使楊墨行世猶利七而害三。

と。ここにも亦、異端邪説論が横行する。單方的偏見に禍されたるものである。が流石に、朱子語類の「楊墨之説猶未足以動人云々」を評して、「朱子之禪自欺欺世在此——」と言っていること、注目すべきものであろう。此の傾向になおもう一つ、

朱子則竝楊墨不及、只著述訓詁、雙目倶盲——。

などもある樣である（朱子語類評で）。而して惟う、以上の如き中でも、特に「只著述訓詁云々」の如きは、顏氏一派の特色を著したものであると言うべきであろうか。曾て異端を口にしながら、此點では「楊墨利七害三」といい、漢儒の害多きよりはまさるとなし、又「朱子則竝楊墨不及」とする。がやはり、墨子理會の點では、そう深まっている立場でも見解でもない樣に思われる。

然らば、紀昀らの敕を奉じて撰したる四庫全書總目（乾隆四十七年）は、どんな位地を占めるであろう

か？　時代的には清朝に入っている。而して畢沅の墨子研究完成に先だつこと一年。漸く墨子觀にも一大轉回が齎らされんとして、尙、舊觀を出でざるの慨がある。故に之は第二期に屬せしめておきたい。勿論、格別な所評もないが、

蓋以孟子所闢無人冐居其名、然佛氏之敎、其慈悲則取諸墨。

と。卽ち孟子の誹言により敢えて其の名にいる者はない。が、慈悲とは墨も關係があるとする。又、

韓愈送浮屠文暢序、稱儒名墨行、墨名儒行、以佛爲墨、蓋得其眞、而讀墨子一篇乃稱墨必用孔子——開後人三敎歸一之說、未爲篤論、

とて、韓愈の三敎歸一論を評し、「未爲篤論」とは言うが、「以佛爲墨、蓋得其眞」と言っているらしい。

以上、第二期批評をまとめると、其の主要なもの及び大部分は、兼愛本質否定の歸納評である。之が漸次に、肯定的色彩を增して來たる所に、明の二三氏の墨子理會が存し、清代理會への流をひらきつつ、宋代と相對立している樣である。

なお出自に關しても、一二の批評が存し、漢志所評をひく樣である。此の外、論理的或は形而上的兼愛可能を論ずると見得るものも一つ存して淮南子等の流を汲むかに見える。

而して最も興味のあるのは、兼の規範化方面に觸れたと思える黃氏の評墨子である。

かくして之らは、表例によれば、簡明にその大體の要領が得られようと思う。

然らば、獨斷創造的より批判的（模倣的に陷ったものもあるが）歸納的へと進んでいった墨子批評が、如

何なる進路を辿ったであろうか？　之が私の所謂第三期である。

五　畢沅注等の批評內容

從來の墨子批評は、淸の畢沅によって、一大轉回を來し、劃期的進展がもたらされた。彼こそは、將に墨子理會の第一人者である。單に皮相的な感想批評でなく、又思想發生の必然性を無視する超越批評でもなく、眞に思想內容を理會し必然の生立に妥當の位地を與えようとする批評の主であった。少なくも此のゆきかたは、墨子そのものに親切であり忠實であるといわねばなるまい。勿論之は、淸代考證學の影響をうけたがためなることは爭われぬ事實であろう。吾人は墨子思想批評史上、彼の出現を貴く思う。

彼の偉業「墨子註」は、經訓堂本として、闇を照す。今はその敍によって、彼の批評態度を一瞥し、その他については、便宜上、積極的考察の機會に讓ろうと考える。さてその墨子注敍には曰く、

至孟子始云、能言距墨楊者聖人之徒、墨當時爲墨學者流爲橫議或類非儒篇所說、孟子始嫉之。

と。卽ち孟子が誹るに至った所以を理由づけている。しかし彼は、墨子洞察の眞諦を誤らなかった。卽ちいう、

國家無禮則語之尊天事鬼、國家務奪侵凌則語之兼愛、是亦通達經權、不可訾議。

と。墨子思想が「經」としても、將又「權」としても、その當を得るものであることを認めている。（附

記、内野先生は斬文會春季講演に於て、「孔孟の權道」について演べられた。墨子にも勿論「權」なるものが見られる樣であり、かたがた、兼愛も一の「權」を行う道とする畢氏の見方は、先生の意味付けされた「アタル」の義なる「權」に於て、一層よく了解されると思う。）此一語は、彼が偉大なる内容理會者であっただけ、見おとし難いものである。と私には思われる。而して韓愈をひき、

愈云、辯生於末學、各務售其師之説、非一師之説本然、其知此也。

といって、「非一師之道本然」を肯定している。深く墨子眞相に徹する者の、避けがたい述懷でないと言い得る意氣は私にない。

尚、「國家奪略則語之兼愛」を、兼愛發生方面の批評と見ることもできるとすれば、當時社會事情を洞察し、そこに必然さを認めているといえようと思う。

次には孫星衍の墨子後敍を見たい。彼はまず兼愛思想の出自或は淵源を論じて曰う。

墨子與孔異者、其學出于夏禮、司馬遷稱善守禦爲節用、班固稱其貴儉兼愛――其所長、而皆不知墨學之所出、淮南王知之、其作要略訓云――、

と。淮南子の所出論に贊している。又彼は節用の禹の法にして、孔子必ずしも非とせぬことをいい、ついで兼愛に及んで曰く、

兼愛是盡力溝洫之義、墨子稱摩頂放踵利天下爲之、而莊子稱――。

と。兼愛の自ら高しとする所以を説くのであった。而して時に及んで此の自發的獻身道を説く墨子。その

心事は想うに「權道」を憶うのであり、その行は「權道」を實行するのであった、と信ずる。

而して彼は、孟子の非墨について說を立てて曰く、

周之禮尙文、又貴賤有法則與墨書節用兼愛節用之旨、甚異。孔子生於周、故尊周禮而不制用夏制、子亦周人而宗孔。故於墨非之、勢則然焉、若權其文亦才士也。

と。且、孔子の「吾說夏禮、杞不足徵、吾學周禮、今用之、吾從周」といった語をも引いている。要は、勢なるものが、孔墨孟をして夫々撰を異にせしめたとみる如くである。その根本とする心事に至っては、儼として人間愛のやみがたさに存するものと信ずる。その發露を如何に表現するか？　によって、孔孟が生じ墨子が生じるが、それを運命付けるものは又實に、社會的事情である。之に處し當を得んとするところに、內野先生の說かれた「アタル」の「權道」が必要になってくるのかと思う。墨子を否定して顧みぬものは、唯此の點からしても、肯じがたいのではあるまいか？

次に淸人汪中の「墨子序」を觀察したい。彼は兼愛を狹義に解する立場に立った。曰く、

若夫兼愛、特墨兼一端、然其所謂兼者欲國家愼其封守而無虐其隣人畜產也、雖先王制有異哉。

と。卽ち非攻にまで引下げられたる兼愛である。とにかく、彼はこう兼の本質を究明していった。而して彼は、孟子「無父也」の墨子墨兼思想評を批判し、

彼且以兼愛、敎天下之爲人子、使以孝其親、而謂之無父、斯己枉矣。

と斷じ、更に後世「無父也」の評をなす者に對して、

後之君子、曰習孟子之說、而未覩墨氏之本書――。

と穿っている。後學雷同を戒めるの銘言であろう。次いで彼は、熱烈且持平妥當の墨子評をして、

吾讀其書――至其述堯舜、陳之義、禁暴――感王者之不作、而哀生人之長勤、百世之本、如見其心焉、詩所謂凡民有喪匍匐救之之仁人也。

といっている。「詩所謂云々」を引例して、墨子のやむにやまれぬ立場と心事とに贊していったのは、やはり當を得たものだと考えられる。

世よ！彼汪中の此の態度を以て、同情に過ぎたりと言ってくれるな。靜觀諦視と持平とは、實に從來の墨子批評に、缺如しがちなものであったのだ。この後をうけて、過去の誤謬から足を洗い、自由な觀察を打立て、妥當に展開させる爲には、このいき方こそ必至必然の途だったのである。まこと彼の熱あり理會あり、しかも持平を失わぬ批評態度は、優に尊敬に値しよう。

其在九流之中、惟儒足與之相抗、自餘諸子皆非其比、歷觀周漢之書、百餘條、竝孔墨、對擧、とは、一部に、熱愛のあまりなるを思わせるものがあるかも知れないが、王安石の辯の如き低調な見解を愧死せしめるものがあると信ずる。

而して、淵源についても、呂春、劉向を引き、尙曰く、

復於季仇曰、季仇謂墨子之學出於禹、其論偉矣――莊周亦言之――是皆謂墨之道與禹同耳、非謂其出於禹也――九流以興、於是諱其所從出、而託於上古神聖、以爲名高――謂墨子背周而從夏者非也――淮

南子著之書爾、雖然謂墨子之學出於禹未害也、謂禹制三月之喪則戸子之謬也——。

と。而も出自の方面で、かくの如く重要な批評は未だきかなかったところだと信ずる。

墨子はまさに、二千有餘年の今日、この好漢汪中を得て、瞑したに違いない。

次いで、張惠言の「經說解後」をみなければならない。彼は、兼愛が墨子思想の本であるとし、之と自餘の各部とを關係づけて論じている。曰く、

墨之本在兼愛、而兼者墨之所以自固而不可破——此其與聖人所以治天下者、復何異哉、故墨子所以自託于堯禹者兼愛也、尊天明鬼——其支流也——墨子不攻其流而攻基本、不誅其說而誅其心、被之以無父之罪、——。

と。唯尊天明鬼をば他の各部と共に、兼愛の支流と見なすことには疑問がある。むしろ兼愛の條件となり、それに規範付けるために論じだされたものではなかろうか。勿論「支流」が此の意味を含むものならば、自ら問題は別になる筈である。何れにもせよ。此の如き方面を批評したのは、興味深いものであり、曾て淮南子が兼愛の目的に關し兼と利との關聯を評したことがあったが、それ以後、この「第六」の方面に眼を向けたものは先ずなかった樣に思う。而して是に張氏の說を見出すのは愉快である。之、卽ち、墨子思想の全體に、何らかの體系を與え、組織化を計ろうとする有意義な企圖であろう。吾人はその企てに敬意を表するが、惜しいかな、折角の企てを、彼張氏は無意義にして必要でもない方面に用いるに過ぎなかった。卽ち「孟子不攻其流而攻本」の如き、又「被之以無父之罪」の如き、皆これだと考える。而して尙、

次の言の如くならば、むしろ、孟子の墨子批評を贊嘆せんがための一手段としか思われない。

嗟夫藉使墨子之書盡亡、至于今、以見孟子辯嚴而審、簡而有要如是哉。

というのをみて、そう思うのである。

しかし、よしそうではあったにしても、張氏の此方面の功績はやはり不滅であろう。且又、「嚴而審」と孟子の評を批評した所、彼は兼愛そのものについて、あまり肯定をしているとは言えない。否、實に、否定的批評家の大なる者であろう。

次に、愈正燮の癸已類稿には「墨學論」がある。彼は學統、或は學源を諸多の書をひいて考合している。兼愛については、「兼愛之說勝則士卒不戰」と管子立政篇をひいている。而して彼自らも日く、

兼愛非攻葢宋人之蔽。

と。ある一部に於ては、この蔽があったかも知れぬ。然も直ちに、こういってしまうのは、誣である。墨子兼愛非攻の、眞相に觸れず、世俗に雷同する皮相の見解といわねばなるまい。又、荀子の「無見於畸」の如き「懸君臣」の如き、彼の交々引き來っているところのものであるが、一方又、史記の「彊本節用不可廢也」及び莊子の「眞天下之好也夫」をも採っており、遂に「願天下之安定、以活民命人我之養畢足而止、其爲人太多其自爲太少蓋知言矣」と、容認する點もある樣である。

陳澧の東塾讀書記は、兼愛を如何に見ているであろうか。卽ち日く、

孟子謂墨子無父、嘗疑太甚、讀墨子書也知其實然也。——墨子日夫嬰兒之知、獨慕父母耳、父母不可

得也、然號而不止、此愚至也。

と。彼は墨子のこういうことを以て、「無父也」を孟子が説いたとみる様である。又薄葬を以ても「無父」とし、「孟子謂之無父、不亦宜乎、」といっている。尙、荀子、韓非子の說を引例しており、「摩頂方踵用孟子之語也」などともいっている。而して又、

墨翟稱孔子不可易、是其是非之心有幾希之存、一聞駁詰之語、而遽爲强辯、至以鳥魚之愚比孔子、自比禹湯、其狂悖至此而極翟。

とて、孔子を難じ自ら高しとする所以を誹っている。併し、彼も亦、流石に、墨子を無視することはできなかった様である。卽ち、

諸子之學皆欲以治天下、而楊朱最粗、墨翟之計最密――習兼愛非攻、人來攻則我堅守、――而志在必死、此墨翟之所長也。

と、言っている程だから、

而して次に墨子閒詁の著者孫詒讓の所說を見たいと思う。彼の大業墨子註釋は、畢沅以來を集大成したものである。此の當面の作業を終えた後には、此の彼の大成したる研究結果に據って、第二の作業を行う他に途があるまい。それ程重大なものであると信ずる。從って便宜上、今はその內容に立入ることをせず、唯その態度の大體を閒詁序によって窺う位に止めたい。

彼は莊子の「備世之急、眞天下之好也」をあげ、曰く、「斯始特平之論歟」と。而して多くは考證學的

に入っている。けれど、その態度は、徒に邪説として酷評にまかせる如きものではなく、深く内容的理會の上に、根底より見直そうとする眞摯ないきかたである。從って孟荀の非難に對して、彼は「孟荀――咸排詰之」とより他、もらす一語もなかったが、恐らく、閒詁全部を提げて起つものであろうと思う。尙、「侵奪則教之兼愛」とも彼は言った。

尙、順序は轉倒したかも知れぬが、右の墨子閒詁に序したる兪樾の見地をうかがうと、よほど面白いものがある様である。卽ち曰く、

楊非墨之匹也――墨子則達於天人之理、熟於事物之情――又深察春秋戰國時勢之變、――反復其言、以冀世主一聽、雖若有稍詭於正者、而實千古之有心人也。

と。兼愛に對する理會は殆ど盡されたといってもよかろう。「達天人之理」といい、殊に、「深察春秋戰國時勢之變」といい、及び「稍有詭於正者、而千古有心人也」というなど、又一に發生の必然的事情を語るものであるだけに、本質評としても、妥當なものだと思う。或は之を「權道」として容認する批評態度と見てもよかろうか。

尙、兪樾は、「墨氏惟兼愛、是以尙同、惟尙同、是以惟攻、惟非攻是、以講求守禦之法」といって、兼愛以下の各項を關係付けている。やはり、體系化しようとする運動が躍動しだしたことを感ずる。

かくの如き兼愛は、卑しめられる必要がない。彼は、尸子の言「孔子貴公、墨子貴兼、實則一」を引き、又韓非子の儒墨を以て世の顯學となす事をも引いている。且又曰く、

唐以來韓昌黎之外、無一人能知墨子者——。

と。吾人は、之らの中多くを、認めるべきが妥當でないかと考える。

黄紹箕も亦「墨子閒詁跋」を著し、漢志を引き、且曰く、

七十一篇之書、多弟子所論纂、孟荀所據以排斥墨子者、抑亦有蔽者增附之言、其本師之說、不盡如是也。

と。後墨流蔽を墨子自身より離そうと試みる樣である。ついで發生事情を究明し、思想本領の諒とすべき所以をといて曰う、

當春秋之後——憤文勝之極敝——乃以儒爲詬病其。立論不能無偏宕失中——然哀世變而恤民殷之心、宜可諒也。

と。しかして彼は、清朝外患に際し、みるべきものの一だとするらしい。

やはり「失中偏奇」なることを、一點認めているが、之を已むを得ないことゝして諒すべきを力說する所に、淸代墨子批評家の卓越さを發見する。

王闓運は、墨子敍に於て、一面墨子批評史的言を立てている。卽ち、

莊子亟稱墨子以爲才士、孟子乃託爲禽獸邪說、自漢以來兩存之、而以墨配孔、學爲。專學、趙宋以來、孟書行而墨學微。

と。且又之は、墨學盛衰史の方面をも示していよう。而して彼は又、墨子心事、從って墨子思想の精髓を

洞察道破して深いものがある。曰く、

――策士縱横、因以求利、然後追悟墨子無幾希白爲之心、辭五百里言封――其所言悲痛惻怛、發於至誠、有利無害、――處士尊由此起、而無事坐食之謗――十世之後、九州之外、釋迦耶蘇皆無位而奉爲聖師、墨子之賜哉、

と。之また、恵盎莊子の言と共に、掬すべき所評である。

以上、私の所謂第三期の墨子觀は、大體に、肯定的批判的なるを常とする。而して之が、やはり兼愛本質評に於て、最も多く且顯著に現れているのは當然であろう。但し、中には、世俗的否定に止まっているものもあるのは仕方があるまい。而して注目すべきは、兼愛と各部關聯卽ち兼愛思想の體系化が論究に上って來た事である。又出自については、淮南子、呂春、漢志などが引かれており、社會的兼愛發生事情も、現に、論評されいる。唯、可能と規範化との方面だけは、私の知る限りでは、從來には、未だ認められないものであった。之を全體的にいえば、略、第三期までで、一通り、各項の批評が顯れ來っている樣に思われる。第四期としての現代は、之を精究する處に存する。

六　現代諸家の批評內容

現代墨子研究乃至は批評家の中、主なるものは、大抵、專門的に、一作業を完了している。從って、之

らを第三期以前と一律に分析類列しようとするのは、多くの缺點があろう。否、それだけでなく、つとめて綜合的組織的に考究を重ねて行かれた統一性をも、ぶっこわしてしまうものとなるであろう。それでは研究者に對してすまぬ事であり、むしろ、それぞれの研究成果の特色に從って、理會するべきであるだろう。が此の試論の體制を破らぬ爲には、以上の如き潛越を冒しても、その主要點を、抽出してゆくより他ない事を遺憾に思う次第である。

先ず胡適之氏から見ていきたい。氏は、中國哲學史大綱第六篇中に墨子論を試みている。その全體は迚も盡せない。故にむしろ、精詳には例の大綱を見て下さる事を希望し、玆にはその極く、主な一部分をあげるに止めたい。而して之は、以下現代諸家についても同様である。氏は第一章中に於て曰く、

是墨子一個極熱心救世的人、他看見當時各國征戰的慘禍、心中不忍、所以倡爲非攻・他以爲從那種弭兵政策、都不是根本之計、根本的弭兵使人々「視人之國、若視其國――」是墨子的兼愛。

と。卽ち兼愛精神の心中不忍の至情に出ること、之はやがて、心理的可能評ともなろう。本質肯定評となるのは勿論である。而して又「我想孔子死後、那一班孔門弟子不能傳傳孔子學說的大、端都講那喪葬小節――墨子看見這種怪現狀――怪不得他要反對儒家、自創一種新學派」と說くのと併せて、「看見當時征戰的慘禍――」は、發生の方面を評するものであろう。又「他是一個實行非攻主義的救世家」といったのは、兼愛對力行の關係を暗示しよう。

而して氏は、孟子の評言について、一の新解釋を與えて曰く、

這何等精神、何等人格。（墨子の稱讃である）那反對墨家最利害的孟軻道、「摩頂放踵云々」這話本有責備墨子之意、其實是極恭維他的話、試問中國歷史上、可曾有第二個「摩頂――」的人麼、

と。まさに新墨子觀への轉向である。又氏は、出自に關して、淮南子を布演し、

墨子所受的儒家的影響一定不少、

といっている。且規範化については、

墨子的天是有意志的、天的志、就是要人兼愛、凡事都應該以天志爲標準。

と。黄氏以後たえて人のなかった此の方面を、明晰に道破するのであった。尚、三表法をも説いている。しかし氏は、應用實利主義を以て直ちに墨家根本觀念とし、又一傾向の、墨子理會の障害を、導入した。現代多數の人は、之を模する樣でもある。（唯、張純一氏のみは、その蒙を脱している。）胡氏の言に曰く、

應用實利主義墨子的根本觀念、其餘的兼愛非攻尙同非樂節用――是根本觀念的應用、

と。意は明らかである。之を體系的考察批評の一層明瞭になったものと見得るであろう。かくて氏は遂に、

能應用的便是善的、善的便是能應用的、

と評し來っている。又、義、利、兼について曰う、

墨子說義便利、兼是義的、墨子的利不是自私自利、是最大多數的最大幸福、這是兼愛的眞義也。

と。兼愛が、實利をも斥けぬとは言ってよい。しかも氏の如く、全然米國思想もて、墨子思想を解し得たかの如く思惟するは、現代支那に最も憂うべきことであるまいか？

梁啓超氏も亦卓れた墨子批評家である。氏は曰く、（學案、第二自序）

墨教根本義、在肯犧牲自己——是之謂墨道、

と。實に兼愛思想の眞髓評である。ついで、孟子の言を評して曰く、

却眞能傳出墨子精神、不是罪案、倒是德頌了。

と。又曰く、「兼愛便是無父、因此兼愛便成了禽、獸這種論理學、不知從那裏得來」か、荀子の「有見於齊、無見於畸」については「比孟子結實多了——確能中墨子之病、但荀子自己、却是、有見於畸無見於齊」と言っている。まことに、古來絕無の荀子評である。多くの兼愛否定者は、皆荀子の如く、差別ばかりを高調し平等相方面に至っては寸毛の洞察をも與えていないのである。而して尙、己にも誤謬あることを反省せず、妄に强辭强誣を事とする、却って悲しむべきである。新會啓超氏は、此の點を指摘して明らかである。且、莊子天下篇の墨子論を評するや、「古今論墨子最好的、莫如之」と言っている。

けれども惜しいかな、氏にも亦、「愛以有利爲前提」（第三章）において、實利を以て標準とみる向がある。併し氏は、「兼愛是理論交利是實行這個理論的方法」とみている。一には、兼と利との關連を示すものであろうが、ここに所謂利は未だ「天下之大利」などまでには高められていない樣である。又二には、實利を重く見るけれど、それは兼なる理論を切實に遂行せんが爲である以上、妄りに不當視さるべきではない。

而して發生については、胡氏と大差ない。曰く、

眼看戰國的慘狀、提倡兼愛、從兼愛建非攻。（第二章）

と。又曰く、

孔子歿後、子夏是規模最狹的人、竝不能傳孔學眞相――儒者專講形式、漸々腐敗了――墨子創教的動機、直可謂因反抗儒教而起。（第一章）

と。明らかである。尙淮南子をもひいている。

兼愛の體系化、氏も之を試みている。而して、根本觀念としては、兼愛をあげているのである。

墨學綱領、雖有十條、其實只從一箇根本觀念出來、就是兼愛、非攻從兼出來、節用節葬非樂也出于兼愛――天志明鬼是借宗教的迷信來推行兼愛主義――。

と。胡氏に比し、幾分の特色をもち、展開をも示していようか。

次に梁漱溟氏は、否定に傾いている人であるが、兼愛の應用主義實用主義なる事を論じて、

用而不可雖我將非之、能應用的是善的、――能利的是義的。（兼愛説）

と。が、「用而云々」の語義は、墨子自らの意味付けた所とは、よほど違っていはせぬか？　又氏は曰く、

像墨家兼愛任情所至、不知自返、

と。之も亦、必ずしも篤論とはいえまい。

張純一氏は「所謂愛無等也」という。がそれの理由をも説いて曰く、「蓋墨本于天、儒本于人者異也」

と。又曰う。

　兼愛人己兩忘、直視天下無人。

と。が、そういってしまえるほど、墨子兼愛は過平等でない。無差等でない。唯、こんな方面にごく近い部分も存しはしよう。尙、氏は「仁合體而復於兼」をもその理由とするであろう。氏の無差等は却って肯定的なもので、別に優越をほこるかの樣にも見られるほどである。

氏は又「本於性不能已、非爲用人始愛人、猶非爲用己始愛己」と言って、墨子兼愛の自律的衷心的なる所以を高調する。而して之は又、心理的可能を說くものともいえよう。然る時、その論理的可能は如何だったろうか？　曰く、

　人己本兼而分爲體也。

と。意は明らかである。又出自については淮南子をひき、「墨宗夏禮也」と言っている。規範化については「以天爲最高之標準、——以天爲法——一同天下之義」と。唯、天を標準とするのは、天下之義を一同するが故であるとは、注目に値しようか。體系化に關しても氏は言っている。

　力行兼愛、故非攻、明兼而墨道明、天志、兼愛、節用、無不明——、（墨子閒詁箋凡例中）

と。氏の體系觀には、一點の特殊點が見られる。

王桐齡氏は、純然たる否定をゆく。曰く、

　墨子以平等愛爲兼、僅爲一至善之理論斷不可行於實際、無待辭、

と。「無差等」「不能行」論である。而して、わずかに一至善の理論のみ、と評している。出自に關しては

詩書經と墨書の關係をといているから、その中に暗示されていると見得るであろう。

規範化については、「以天志爲一切事物之標準、以爲兼愛前提」と說き、兼と利に關しては、「道德與幸福相調和、道德者兼愛、幸福實利」といい、又「以實利主義爲兼愛之後援」と論じている。

陸懋德氏も亦無差等論を持出した。「兼卽無分別之謂」と。而して、「此爲不主動機而主結果、是爲功利派學說」と論破する。が、之も墨子眞髓に徹しきれなかった恨は、ないであろうか。發生については淮南子をひき、出自に關しては「學說由來又必與大禹晏子有關」と言う。

氏は、「利爲一切行爲之標準」と論じている。唯、その利の內容如何が問題である。氏は、「利己」「利人」の利は「皆非墨子所貴之利」とし、「交相利」こそそれだと言う。而して又、「所謂利、亦非限于物質之利、――――」とも言っている。がやはり、孔子の「不計利」の方法が優れりとするらしい。一方氏は、墨子の「義」を考究して曰く、「義知自己應盡之責任、爲義在力行」と評し、「顏李之學出于此」と言っている。吾人は此の「義」を、墨子思想中から、瞬時と雖も切りはなすことはできない。

氏は、極く僅少であるが、體系觀をも說いている。曰く、「墨子之基本學說、卽爲兼愛」と。或は又、「主張兼愛、故非攻」と。

次いで、謝無量氏に見ようならば、畢竟氏も亦無差等、不能實行、を說くものであるが、その批評態度の中に、比較的妥當な一脈をも持っている様である。曰く、
莊荀說墨子儉太過、孟子說他的兼愛無差等、（古代政治思想硏究第四章）

と。而して氏は、說を批評的に見て曰く、

愛與儉雖是通常的美德、自然也要有個分際、墨子唯顧囫圇的講得快意、前實那裏事實上辯得到、

と。されば氏は曰く、

我們固不妨把他的學說、當一種節儉愛人的格言來看、因爲不是能多實行的事――。

と。遂に不能實行を說いている。が、格言として容れ得る原理を、直ちに行えないからとて、斥け去る如きは果して正しかろうか？　併し、古來、「墨子說不行」を評していった多數の者は、之であったのである。氏の言は、よし「在倫理政治的方面、不能認爲有多大價値――」とは言っているにしても、亦實に、その原理として容認せざるべからざる多面のあることをゆるすものである。

氏は又出自評において曰く、「墨子書中多稱禹、淮莊也說墨子學出於夏禹」と。而して又曰く、「墨子學說最要的在兼愛和節用、大體也出於老子的慈偸主義――」と。老子思想をもうけていると言う。明言はしなかったかも知れぬが張純一氏の如きも、此の立場は持するらしい。

さて、體系評――もとより、右の一節も體系論中に入れるべきものであろうが――に於て曰く、

非攻無非是兼愛的道理、薄葬非樂――就是節用的道理――。

と。而して氏は、「他那議論、大半都很淺近、」といい、又、「墨子的見識學問、眞卑是無甚高論、――」ともいう。

しかし之らは、その眞相を體認する態度と方法とを誤っているのであるまいか？　私は茲に、敢えて、

高論なりとも、非高論なりとも言う必要もなく、それ程の蠻勇もない。すべては、積極的研究理會の後を待つより他はない。但之だけは言えるであろう。「古來の先入觀念的迷妄は、私の今行かんとする道には、少なくとも不必要である。」と。

最後に、三原陳顧遠氏の「墨子政治哲學」に於ける研究成果の一端を窺って、一先ず稿を終りたい。氏は今までの墨子批評或は研究理會者の中、最も批評的精神に富む態度と方法とを持したと思われる。それは氏の此の著作に於て遺憾なく發揮された點である。

氏の、最も輝きある獨自性は、兼愛思想の目的理想を究明確立せんと企てた點にあろう。曰く、

政治進行到究竟處、社會底仁政國家便實現了、但這政治進行底方法、是什麼、深一層說、就是兼愛主義、（墨子政治哲學第七）

と。卽ち、「兼愛能興、「天下之利、除天下之害」是一件實際上的要務所、以墨子說這兼愛交利底定義、效果是」と。蓋し、天下之利とは何であるか？　氏は曰く、

我說、墨主張底利、旣不是「自私自利」底利、也不是「最大多數最大幸福」底利、實、是社會全體幸福底利、換句話說、墨子底利、是要人類都享都的、那少數人的或多數人所享受底利、恐不是墨子底主張了、（第三）

と。此の意味において、天下之利實現は、社會底仁政國家現出である。而して利は、兼愛の目的である。所謂「大同」の境地と、同じく見る樣に察せられる。尙、氏は「義底標準就愛、利底化身就義」などとも

いっている。勿論氏と雖も、利の實利的分子を含む事を見とどけ、「利是狹義的」とも言っているにはいる。けだし墨子「利」の複雜さを暗示するものであろうか。

而して氏は「兼愛是運用政治底唯一主義、方法上的實行就是貴義」という。貴義には勿論實利をも含めている樣である。之らはすでに、體系評の傾向をおびるものであり、「兼愛是各種主張底根據」に流れ入るものであろう。尙、體系評に就いては、稿初頭の「體系に關する批評」中に、於けるものを參照して貫いたく、ここには重復を避けたい。

次に、規範化に關して氏曰く、「天志就是一種法儀我們作事情底正當標準」と。而して又「墨子底天志和現在民意是一體的」と言っている。(第九、政治上的利用和其阻力、參照) 民意卽天志と見ようとするのは、氏を以て始めとする。然も墨子の天は、實際單なる神權說と選を異にしているであろう點に於て、氏の洞見は興味がふかい。

又發生については「受當時社會上的影響――對儒家哲學底反動」の所評をあげておきたい。

而して氏は、兼愛本質批評の方面に入っている。卽ち兼愛の、當時避くべからざるものなる事を論じ、

在當時是很有價値的、就後世的社會主義、也不能逃出他的範圍。

と曰う。而して又、問題の孟子の墨子論につき、

兼愛交利、但對於孝慈仍然主張、孟子罵他無父無君、拿現在的眼光看來、簡直是給墨子拍起馬來、

といい、一種の見方を行っている。尙「孟子攻擊墨子一派比莊子一層凶」といい、「荀子批評墨子、是墨

子學說底勁敵」とも亦「却是給墨子表切的」ともいう。而して今一つ、聞くべきものは、次の一節であろう。

（兼愛）子要愛父、父也要愛子、臣要君、君也要愛臣――、（第十一章、乙、第二項）

と。勿論、「賢人政治底特色、就是一個兼愛」と論じた中の一節である。もし氏の如く見る時は、「兼愛」は明らかに無差別過平等に走ったり、公正を缺いたりするもの、とされた舊觀はあげて常闇の世界に追拂わるべきである。「賢賢」の道は明らかに儒家の所謂「正名」でないか。妄りに「兼愛」という外形に眼をうばわれて、內容洞察の力を鈍らせる事なかれ。又「兼愛」は、父子、君臣等々の間における道德的本務を統合したるものでないか？既にその間の秩序は、明らかに存している。しかもその秩序の下にあっては、互に道德法を行いつとめる。之が兼愛であるというのは、陳氏の所評のみではない、兼愛篇の墨子自らの語にも明言されている事實ではないか。つまり墨子兼愛の本領は、今少し內在的に洞察體悟さるべきである。

が、氏は又、「節用救衰世之弊而起的」と同情するも「實利主義底範圍過於狹小、極力反對物質文明――結果反不能實特了」などと評して、とうとう淺薄な現代的風潮に墮しているのは惜しい。墨子の意は、唯の少しでも、そんなことを言ってはいないようである。

以上陳氏の論評は、まだまだ多く汎く深い。これらは、その主要傾向の先端にすぎない。が、氏の批評態度と批評量とは、少なくとも略示し得たかと考える。

かくて、此の第四期は、尙繼續するであろう。その中、兼愛思想の體系論に及んだことは、特書すべき重要點であろう。而して此の中には、兼愛の目的論が匆論花を開きそめているのであった。規範化、出自、夫々に大抵、深化していることは、競われぬ事實であるし、本質方面に至っては、その否定を持する者といえども、比較的理會に富む批判的方法をとること、喜ばしい現象であろう。もしそれ、肯定的價值理會者に至っては、その卓越せる洞察力により墨子理解の正道を歩みつづけ、一そう深みへと足を入れそめている。唯しかし、現代的時勢が驅ってここに至らしめているのではあろうけれども、妄に、實利應用主義を以て看見し去らんとする風潮は、墨子理解の正道を曲げるものではあるまいか？　實利を指摘するのはよい。ただそれが、如何なる關聯に於て存在しているか？　だけは、併觀してもらいたいのである。

——昭和二、一〇、一〇、雙十節——（茗溪會誌「茗溪」）

〔乙編〕中國學（Sinology）の意義・形質・本領と解明法竝びに活用面

一　序説　中國學（Sinology）の意義・形質・本領略説

中國學とは支那學（Sinology）の謂であり、十九世紀頃、英・佛・獨等で注目盛行された如くである。而して、「支那」とは「秦」の梵音「China」の轉訛した稱呼で、印度佛典中にも夙に現われているものと云われており、其の支那即ち中國の文字・言語・圖象・圖續字・文學・思想・史學・古典・經書・緯書・神仙説・道佛・祭祀・血祭・政教等社會文化一般相竝に天文・暦數・四時・四方等自然事象一般の研學が、中國學とされる。

さて、此の中國學は、殷・周以來約四千年に及ぶ漢民族の古く且つ多方面的なもの。それが、特に前漢の「史記」封禪書や孔子世家等に「六藝に通ず」などと云われ、又漢末に至って、劉向・劉歆に依り「七略別錄」が作成され、六藝・諸子・詩賦・兵書・術數・方技の六略に分類されるに至っているのであるが、此の六藝は所謂「六經」（莊子天運篇）の意であり、殷・周古代乃至周禮大司職中の六藝が、禮・樂・射・御・書・數を意味するのとは、小異する者である。それに又、魏鄭默・荀勗、特に唐長孫無忌等に至っては、劉氏の六略をば經史子集の四部に分類して總括整頓し、劉氏六藝を六經と見なす如くであって、其の全面的部數は數十百萬の多量廣汎なものとなっている。併し之を、前漢末の七略別錄より以前の周末・秦代に於ける六經と比較して見ると、「莊子」天運篇には「丘治㆓詩・書・禮・樂・易・春秋六經㆒」と云い、天下篇には「詩《ハ》以《テ》道《いヒ》志《ヲ》、書《ハ》以《テ》道《ヒ》事《ヲ》、禮《ハ》以《テ》道《ヒ》行《ヲ》、樂《ハ》以《テ》道《ヒ》和《ヲ》、易《ハ》以《テ》道《ヒ》陰陽《ヲ》、春秋《ハ》以《テ》道《フ》名分《ヲ》」と說き、又「荀子」勸學にも「禮之敬文也《や》、樂之中和也《や》、詩書之博《キ》也《や》、春秋之微也《や》、在《ル》天地之間《ニ》者畢《つくセル》也」と云い、又「淮南子」泰族訓には「淳龐敦厚者《は》書之敎也、溫惠柔良者《は》詩之風也、清明條達者《は》易之義也、恭儉尊諸者《は》禮之爲《わざ》也、寛裕簡易者《は》樂之化也、刺譏辯義者《は》春秋之靡《び》也」と說かれ、「春秋繁露」玉杯には「詩書序《ハシ》其志《ノヲ》、禮樂純《ハニシ》其美《ノヲ》、易春秋明《ハニス》其知《ノヲ》」と說かれていて、皆詩書易禮樂春秋の六經を、中國（社會文化）學の主軸としているのであり、殷・周古代系六藝とも、亦魏代鄭・荀乃至唐無忌系四部分類的六藝とも、稍相異點が見られる。

尙今一つ、春秋時代の國語楚語に見られる申叔時の言に、「敎《へ》之春秋《ニヲ》、聳《たたへヲ》善抑《へヲ》惡、敎《へ》之世《ニヲ》、昭《カニシ》明德《ヲ》、癈《はいシ》幽昏《ヲ》、敎《へ》之詩《ニヲ》、燿明《ニシ》其志《ノヲ》、敎《へ》之禮《ニヲ》、知《ラセ》上下之則《ヲ》、敎《へ》之樂《ニヲ》、以疏《テとほざケ》其穢《ノけがれヲ》、敎《へ》之令《ニヲ》、訪《たづネ》物官《ヲ》、敎《へ》之語《ニヲ》、明《カニシ》其德《ノヲ》、知《ラセ》先王之務《ヲ》、敎《へ》之故志《ニヲ》、知《ラセ》興癈《スル》者《ヲ》、戒《かい》懼《くシ》之《ヲ》、敎《へ》之訓典《ニヲ》、行比《ちかづク》義《ニ》」と說く一節があり、春秋・世・詩・禮・樂・令・語・故志・訓典を敎導して、中國世代・社會・生活・趨勢・法令・先人訓典の諸文化生活相を究知實踐させよう、と努めているのであり、六經と稍異同があるけれども、所謂「世」とは其の時代世相の宜しきを記錄したもの。「令」とは法令を記した文獻。「語」とは古俚時諺となっている先王や聖賢の明言記錄。「故志」は古舊の文獻。「訓典」も世人への古文獻。などであるから、易や書經の源泉となり、六經の先蹤となったものか、と想定せられるのであるが、即ちそれは、「左氏春秋」中に、「趙衰曰、說《キテ》禮樂《ヲ》而敦《シ》詩書《ニ》」僖公廿七年や、「晉韓宣子聘《セラレ》於魯《ニ》、見《ル》易象與《トとヲ》魯春秋《ヲ》」昭公二年などが見られ、春秋時代に詩・書・禮・樂・易象・魯春秋の如き六經に近い古經書の存行したことも、明らかであるからである。

かくして、前述の如き春秋・戰國・秦代の六經文化形相や、更には、殷契卜辭・周金石文字・圖象字竝に天文・四時・四方等の古代社會文化形相と自然界事象との兩者を、倶存併採して、研討究明するのが、今日所謂中國學の根源本領と、せられるのである。

最後に、中國學の全貌的意義・形質・本領を綜察すると、殷周卜辭・金石文字・圖象字始め、周末・秦・漢・魏の鏡銘・碑文・金石文・後漢許愼説文等々に及ぶまで、皆「文字形象」を主軸とする一連の「中國天象・四方・四時自然的、竝に社會生活・生業人爲的文化體形」であり、それに六經・諸子思想・歴史・圖讖・五行・七略別錄・四部分類等々の文化部門が加算され、尙、戰國初中期中山國古墳出土の金・銅・石器圖盤（饕餮《とうてつ》・蟠螭《みづち》・六博棋盤など）や、更には民國十九年蔣善國氏著「中國文字之原始及其構造」に引載する「對《シ》二于自然界現象《ニ》一、乃《チ》本《ヅキ》レ之《ニ》以《テ》演《シテ》 爲《ス》二繪圖文字《ヲ》一、而《シテ》 純粹文字亦《モ》于《をいテ》レ是《ニ》乎《か》生《ぜり》 焉。如《シ》三第一圖爲《なスガ》二日人華山茅原廉太郎《ノ》「人間生活史」《ニ》所レ載《スル》之沙上足跡圖《ト》一」の「沙上足跡圖」等が、綜合されて然るべく、斯くの如くして、中國學の全貌的意義形質本領は、完成されるに至ろう。

二　中國學の意義・形質・本領括説

(1) 古文獻上より見て

「詩・春秋・禮・樂」楚語とか、「詩・書・禮・樂」左氏僖公二十七年とか、「書・易・魯春秋」左氏昭公二年とかは、所謂六經中の部分であり、周禮や殷周卜辭金文中に現われる禮・樂・射・御・書・數という六藝の教科・技藝ではなくして、古文獻上に現われた中國學の形質・本領を表示する資料（既に「序説」で略説せる如く）なのである。が又、他にも、「傳とか曲・箴・賦・誦・諫・語・世・令・故志・訓典」楚語などの如き、政治・政令・教學・訓典・音・曲・賦・誦・箴・諫・世・語・故志・古傳・文學等の一般社會文化事象面も、存行しており、更には、兵書・卜占術・方仙・禨祥・信仰・算・數・書・方技・藝術・醫藥書等の事象面も存行し（序説略考の如くに）、漢民族古代社會・生活・政教・文化一般の中國學形質本領の實態は汎く存したことが知られる。

(2) 殷周卜辭・金石文字・圖盤・圖績字上より見て

次には、之を殷・周の卜辭・金文辭や金石・圖盤・圖績字上に現われた所により推見して見よう。

之に就ては、先人諸賢の考究夥しく、參考となる所甚大である。先ず一九三四年（昭和九年、民國廿二年）の朱芳圃氏「甲骨學商史編」に參見すると、方國・天文・律曆・紀年・四時・祭祀・祭名・書契・圖象字・文字・宮室・制度・殷周制度論・婚禮・禮制・樂舞等の殷代社會・生活・天文・曆數・四時・信仰・藝術・音樂・舞踊以下、祭禮・狩農・卜法・漁獵・桑蠶・耒耜・工藝・銅石器・釁祭《きんさい》（血祭《ヲ》曰《フ》レ釁《きんト》）など天文・四時・生活・生業・血祭・舞樂・教學・文化一般及び自然界事象に亙る、古代中國學の形質本領が、詳究綜說されているのである（勿論、それには、先碩の王國維・羅振玉・王襄・唐蘭・董作賓・徐仲舒諸氏の考覈究明に依據しつつの究明綜括であるが）。續いては、郭沫若氏「殷契粹編」（一九三七年、民國廿五年）等にも、雩祭《うさい》・入出・入日・田・受年・侑・桒年の如き禮祀や田獵など、多くの生活・禮制・文化形質本領を詳究されるものがあり、就中、殷世に近隣諸國より子弟留學のある事を、「丁酉卜、其乎《よブ》レ㠯《テシ》二多方《ノ》小子小臣《ヲ》一、其《レ》效戔《センカ》」に於て見出し、「多方《ハ》多國也、效《ハ》卽教《ノ》字、見《ユ》二說文《ニ》一。戔《ハ》殆《ンド》戒之省。據《リテ》レ此《ニ》可《シ》レ知《ル》、殷時《ノ》隣國多遣《クハシ》二子弟《ヲ》一遊二學《セシメシ》　于殷《ニ》一也」（一四九頁）と說いているのは、殷代教學廣汎の實像を明確にしたものとして、注目さるべきであろう。又李孝定氏の「甲骨文字集釋」は、先人諸家の釋字を、汎く集釋考案したもので、優に好參考となるべきもの。

而して後、一九六三年（昭和卅八年、民國五十一年）に、陳邦懷氏は、先人以下、特に郭氏「粹編」や、胡厚宣「甲骨續存」や、曾毅公「甲骨叕存」等を參看して、遂に「殷代社會史料徵存」を摘出編著され、冶金・彫刻・革縫や、刑獄・宮室・廟制・祭祀・禮樂・婚禮・軍制・馬制・御馬・天象・曆數・田遊・舞雩・寧風（寧于四方）・祈年禾（告《ス》穐《あきヲ》于西邑《ニ》）・桒生・敎瞽矇・敎王族・多子徃學・〓祭《きんさい》（血祭《ヲ》曰《フ》釁《きんト》）等、殷代社會生活・政治・教學・祭祀・祭禮・血祭や、天象・四時・四方等の、人爲・自然兩界事象を綜説せられ、且つ自敍中に、

○殷代的工業、如治金雕刻、已很發達、見過實物或圖版的人、都能知道他的輝煌成就。……卜辭裡、關於工業的記載僅發現二條。一、因爲戰士需着革衣、革縫能直、就證明革衣能製得完全、周禮考工記裡、函人視革縫。二、殷王嘗命官員名占的、比較蠶絲生產的成績。詩豳風「八月載績、」可知、周代考績蠶絲的事、和殷代是一樣的。殷代重視紡織原料、希望蠶絲生產豐富。因此有了祭蠶神的祭典。

○殷代教育、郭先生很早發現一片卜辭、揭載於殷契粹編一一六二號（前出①）。我又蒐集了三條。一、「呼多〓尹、敦教王族。」是殷命多〓尹、誠懇的教王室子弟。二、「多子徃學、」是貴族子弟入學校的記載。三、「敎瞽、」是使瞽目的人到學校裡學樂歌。由此可知、殷代除注意貴族子弟教育外、也教瞽人學樂歌。孟子滕文公章「學則三代共之、皆所以明人倫也。人倫明於上、小民興於下。」可以推想殷代之對民間教育大概、也很注意吧。

と説き、更に殷代社會資料により、次の點を述べ、

○殷代的刑罰、卜辭《ノ》裡有五次記載。一、兩造訴訟、通過法官審判、四方的人民都認爲處理公允。二、殷王問《フ》小臣〓《ニ》有《ル》無《キヲ》關《スル》於囹圄《ニ》的事。三、有一罪人、經法官審判、緩期死刑、仍豫拘囚。

四、罪人被《ムル》判《さばきヲ》死刑《ト》、殷王寛赦《シ》、得免《ルヲ》於死《ニ》。五、役使罪人舂糧、官員替他申請、免於徭役的事。

○殷代的馬政、卜辭有不完備的記載。一、馬的來源。……二、養馬的廄。……三、駕車的馬、也分爲左右。四、掌馬的官《ニ》有士、同於周禮。五、祭馬祖的制度、也與周禮同。

○殷代宮室宗廟制度、已極完備。……

○殷代的婚因、卜辭《ノ》記載《ハ》僅《ニ》兩見《ス》。甲骨續存下編五八九片「甲戌、餘卜取后。」胡厚宣先生、説明這片卜辭、「是殷王親卜取后的卜辭。」這是極可珍貴的史料。我曾發現一片卜辭、也是卜問殷王取后的事。簠室殷契類纂雜事篇六一片、「□戌卜出貞、自今十年又五、王嬻⧅。」這片卜辭、可惜殘闕不完、他的意思、是說、自今經過十五年、王與嬻擧行婚禮。在卜問時、大概王的年齡尚幼、所以要經過十五年才行婚禮。竝可推知、嬻當幼年卽決定爲王后。以上列擧的幾點、多半《ハ》是片段的材料。是一來因爲這幾類的刻辭、迴不如卜「天象」・「祭祀」・田遊的那様多。再就是我個人見聞不廣。雖然有而未能發現。很希望今後能發現更多的材料、再作系統的研究。……、

等と、追纏される。此等社會・生活・政教・文化一般乃至自然・天象・四方・四時の事象中には、又所謂後世文獻的な六藝・六經・傳記・詩藝・文學・天文・算數等、見え初めている事である。

特に、郭沫若氏「金文續攷」には、傳統思想として敬天宗教思想や、道德思想や、德治的政治思想などが、殷特に周初以後、出現盛行したことも、摘出詳説されている所である。

尚又、殷・周初に亘って、學・宰・小學・學宮・辟雍・射廬など、教學・射漁・鄉射・鄉飲酒・耤農・象舞・象籥の諸禮・諸藝舞を習修する場も設けられていた事象があり、卜辭は勿論、大豐𣪘・麥尊・靜敦・大盂鼎・遹敦・匡卣・師嫠𣪘・令鼎等に、屢見する事である。

就中、特に注目さるべき事は、殷・周卜辭・金文辭の字體中に、文字以前の圖績字や純圖象形相が在る點を考察した事と、夙に亦それを實踐摘出している先積の有る事、とであり、清末劉師培や陳鐘凡諸氏等が、其例である。即ち劉氏は、

上古之時、未レ有二字形一、先有二圖畫一、觀二世本一言、黃帝之世、史皇作レ圖、則中國圖畫甚古、……（國粹學報四期、「文字學史序」）

と考說され、特に陳鐘凡氏は、（國學叢刊「小學專號、古代圖績文字之異同及分合」）

呂覽云、沮誦倉頡作レ書、史皇作レ圖、是古人制レ字之始、原分二符號・圖績兩科一、……兩者原同レ時俱起、繼則互相爲レ用、乃以二績畫一濟二文字之窮一、文字寓二圖績之理一、

と考論される。即ち文獻的には、黃帝時に史皇が圖績、倉頡が符號を作り、互に用を果し合った、文字の始である、と言う。而して陳鐘凡氏は篤くに、殷周卜辭・金文辭中の文字に就て摘出篤論し、「①純圖象・②符號文字・③符合兼圖績文字」の三類型を立て、之らに據って「先有《ニリ》二圖績《づくわい》一、……後借《ニ》二用《シ》簡單之圖《ヲ》一、而《シテ》爲《ス》二文字《ヲ》一、純象形之例《ハ》、於《テ》レ是《ニ》生《ズ》焉」と推考される。且又、①「純圖象」には、

a、表《ス》二武功《ヲ》一之圖＝（亞形母癸鼎）、（帝己祖父癸鼎）

b、表《ス》㆓宗教《ヲ》㆒之圖＝（父乙鼎）、（父丙鼎）、（父乙鼎は、犠牲を具える大几と、その前に水を手で注いだ水盤を供えて祀る意。）（父丙鼎は、大几の前で犠牲を具え、酒を水盤に注いで祀る意の圖象、）

c、表《ス》㆑狩《ヲ》之圖＝（父辛鼎）（鳥類を狩獲し手に小刀をもって料理する圖象。）

d、表《ス》㆓政治《ヲ》㆒之圖＝（父癸鼎）（宮廷の下に民衆を集めて治命する圖象、）

の如き圖象が存すると、例示されているのである。

之等に依り、殷周卜辭・金石辭中の文字には、純圖象・符號文字・符號兼圖績文字が、言語と相互同時に生成して含有され、漸次に、象形・象事・會意等六書字體が生成された事が判る。

隨って、中國學の解明洞察には、殷周卜辭・金石文辭中の文字及び其の圖象・符號・圖績文字の學的解明が、必須不可缺であり、之等に依って、中國太古代天地・陰陽・天象の自然事象や、生活・生業・狩獵・農工・祭祀・血祭・政教等社會・文化一般の人爲的事象が、綜察解明されて來る、と云えよう。

かくて、中國學の形質本領實態研究の對象となるものは、古代原始的自然天象環境や、狩獵・農工生活・政教様相等社會一般や、禮・樂・射・御・祭祀の如き社會文化行事一切は勿論であるが、特には、殷・周卜辭金石文辭の文字形相竝に圖盤や、就中文字以前の圖象・符號・圖績文字や沙上之足跡（序説中に既述の）、等に、入念留意する事が肝要であり、尚、次説(3)文獻目錄中の文化諸學藝を對象とする事は當然である。此の如くして、全中國學の形質・本領は解明されるに至ろう。

(3) 文獻目錄の部門分類上より見て

中國學部門の分類や資料分野は多面的に存したが、組織的には未だ整頓に至らず、其の形質・本領が整理定着するには、尙やはり、後世B.C.一世紀の前漢末劉向・劉歆父子の「別錄七略」なる文獻目錄分類まで待たねばならなかった。さて、それには、

Ⓐのⓐ「七略別錄」═一、輯略。二、六藝略（易、書、詩、禮、樂、春秋、論語、孝經、小學）。三、諸子略（儒、道、陰陽法、名、墨、農、小說）。四、詩賦略（屈原賦之屬、陸賈賦之屬、荀卿賦之屬、雜賦歌詩）。五、兵書略（兵朸謀、兵形勢、兵陰陽、兵技巧）。六、術數略（天文、曆譜、五行、蓍龜、雜占、形法）。七、方技略（醫經、經方、神仙、房中醫藥書）。

の如き六部門分類に定着するのが見られるが、更には又、

Ⓐのⓑ梁の阮孝緒の「七錄」には、═一、經典錄（易・尙書・詩・禮・樂・春秋・論語・孝經・小學・緯諸部）。二、記傳部（省略）。三、子兵錄（省略）。四、文集錄（楚辭・別集・總集・雜文部）。五、技術錄、六、佛法錄（戒律・禪定・知慧・疑似・論記部）。七、仙道錄（經戒・服餌・符圖・房中部）。

の如き、佛・仙二錄を增立して、七部門分類に定着せん、としている。而して又、四部門分類を立て、

Ⓑのⓐ魏の鄭默の「中經簿」や、魏、荀勗の「中經新簿」は、

㈠甲部（紀六藝及小學等書）
㈡乙部（有諸子家・近世子家・兵書・兵家・術數）
㈢丙部（有史記・舊事・皇覽簿雜事）
㈣丁部（有詩賦・圖讃・汲冢書）

の如くに、四部門定着型を企圖して居る事が、魏晉初代に現われている。かくして、遂に東晉初期には、李充が、荀勗の「中經新簿」に依って四部門、五經・史記・諸子・詩賦を立て、次の如き、

Ⓑのⓑ｛甲部（五經之屬）、乙部（史記之屬）
丙部（諸子之屬）、丁部（詩賦之屬）｝

なる經・史・子・集の新規範型を出しているのである。

最後に唐の長孫無忌は「隋志」に於て、確固たる四部門分類型の經・史・子・集を編成定着しており、之等の總括研學が中國學の形質本領とされよう。卽ち唐代長孫無忌「隋志」の四部門分類型は、

Ⓑのⓒ㈠經部＝（易・書・詩・禮・樂・春秋・孝經・論語・纖緯・小學）
㈡史部＝（正史・古史・雜史・覇史・起居注・舊事・職官・儀注・刑法・雜傳・譜系・薄錄（目錄）・地理）
㈢子部＝（儒・道・法・名・墨・縱横・雜・農・小說・兵・天文・曆數・五行・醫法）
㈣集部＝（楚辭・別集・總集）

㊕道教部
㊕佛教部

の如き、整然たるものが現われているのである。

さて、かような中國學四部門分類型は、唐の長孫無忌のⒷのⓒの經・史・子・集・（道佛）に始まり、ⓓ古今書錄、ⓔ新唐志、ⓕ崇文總目、ⓖ郡齋讀書志、ⓗ遂書堂書目、ⓘ陳振孫直齋書錄解題、ⓙ馬端臨文獻通考、ⓚ宋志、ⓛ明志を經て、ⓜ四庫全書總目の、

㊀經部＝易類、書類、詩類、禮類、春秋類、孝經類、五經總義類、四書類、樂類、小學類。

㊁史部＝正史類、編年類、紀事本末類、別史―、雜史―、詔令奏議―、傳記―、史鈔―、載記―、時令―、地理―、職官―、政書―、目錄―、史評―。

㊂子部＝儒教類、兵家―、法家―、農家―、醫家―、天文算法―、術數―、藝術―、譜錄―、雜家―、小說家―、類書―、釋家―、道家類。

㊃集部＝楚辭類、別集―、總集―、詩文評―、詞典類。

に至って、詳細明確に限定大成されているようである。

翻って之を隋志總論に看るに、此等四部門分類の經籍資料の形質本領は「機神の妙旨、聖人の能事、天地を經とし、陰陽を緯とし、紀綱を正し、道德を弘める所以のものなり」として重視せられ、天地・陰陽・社會・人生の自然・人爲兩界事象に正弘な經緯となり機神の妙意で、聖人のみの可能なる準則綱紀を、明

徵に表象示現している形質本領具有の資料であり、之を研學究明するのが、全中國學（sinology）の形質・本領解明であるとする如くである。

三　中國學の文字學的研究解明方法と其の活用面

以上に詳究洞察した中國學の意義・形質・本領は、中國古代よりの天地・陰陽・天象・四時・四方等自然界事象と生活・生業・狩獵・農工・祭祀・血祭・政教・音樂・圖象・文字・言語・經籍等社會・文化一般の人爲的事象との綜合的解明洞察にあると云えよう。隨って中國學の研究解明には、殷・周卜辭・金石文辭、竝に其中の文字相、及び其の圖象・符號・圖績文字や沙上之足跡等を始め、天地・陰陽・天象・四時の自然事象や、生活・生業・祭祀・政教・血祭（釁祭《きんさい》）等社會・文化一般の人爲的事象の研究と、更に「六藝・六經・六略・四部經・子・史・集」文獻事類の研究との、總合的研究の一體化が、須要となろう。

而して、之等圖象・符號・圖績や、自然・人爲兩界事象や文獻目錄事類等に、一連共通の基盤は、やはり文字・圖象である。故に中國學解明には第一に二の⑵項中の如き文字・圖象の究明考察を基盤にし、之を活用して、各學術專門分野に適切な研學解明法を執るべきであり、次に第二には、二の⑵項に既說の如く、朱芳圃氏著の「甲骨學商史編」や、郭氏「殷契粹編」や、李氏「甲骨文字集釋」や、陳邦懷氏「殷代社會史料徵存」等に、摘出綜說される「天文・律曆・四時・四方・卜占等」の自然的事象と「祭祀・

舞雩・宮室・禮制・婚禮・樂舞・信仰・制度・書契・文字・田遊・𥛛祭《きんさい》・寧風・祈禾・政教・教二瞽矇一・教二王族一・多子徃レ學」等の人爲的社會生活事象を、第三には、二一の⑶項文獻目錄分類事象・諸學藝等の總合的・專門學的研學解明方途を、考慮するべきである、と云えよう。

さて、中國には、殷周卜辭・金石文辭・圖象・符號・圖繢文字から、碑文・鏡銘・漢簡字・今文・古文・隸古定等々の字形・圖象が多存し、其の解明法も一般的・特殊單一的の多樣が生じている。

① 先ず中國文字も、やはり「始めに言葉ありき」なる「言語より文字が作られた」とする學人もあり、嚴慧文が「有二言語《リテ》一而後有《ルニリ》二文字一、…而後有《ルニリ》二文明一」（國學叢刊一の一）、と云い、又馬瀛氏國學概論には、「上古未《ず》《ダ》レ造《ラ》二字形《ヲ》一、先《キニ》有《リ》二字音一」と云うなどがそれである。併し、之に對し、

② 蔣善國氏著の「中國文字之始原及其構造」には、人類表《ノ》二達《スル》 意義《ヲ》一之工具有《ニリ》レ三、一爲《ハス》二姿勢（手勢）《ト》一、二爲《ハス》二語言《ト》一、三爲《ハス》二文字《ト》一と說き、人類の意義を表達する工具には、手勢・語言・文字の三形があると云う。而して、手勢が人間の意志表達の最先自然の工具だとして、「蓋手《シ》‐勢原《ハもとかかル》係下吾人對《ノスル》二于刺激《ニ》一之一種自然活動《ナルニ》上」と說定する。

かくて、蔣氏は、「語‐言・文‐字者《は》、原《もとたり》爲二一《ニシテ》 而二、二《ニシテ》 而一《ナル》之物一。惟在《ただリテ》二表達之作用上一、用《ニヒテ》二視覺《ヲ》一所レ得《ル》之意義者《はなり》爲二文字《ト》一、用《ヒテ》二聽覺《ヲ》一所レ得《ル》之意義者《はなル》爲二語言《ト》一。決《シテ》 非《ズ》二文字本來就《ハ》 是《すなはチこれ》語言底《の》記號《ニハ》一」と說き、言語と文字は互に一源なるもので、文字は本來、言語の記號では決してない事を、明らかにしている。次には、

陳鐘凡氏「古代圖繢・文字之異同分合」（國學叢刊一卷二期）中で、

古人制《スル》レ字《ヲ》之始、原《もと》分《ツ》二符號・圖繢《ノ》兩科《ニ》一、……兩者原《はもと》同時《ニ》倶《ニ》起《リ》、繼《デ》則《チ》互《ニ》相《ヒ》爲《ス》レ用《ヲ》。乃《チ》以《テ》二繢畫《ヲ》一濟《すくひ》二文字之窮《ヲ》一、文字《モ》寓《ス》二圖繢之理《ヲ》一。

と說き、圖繢と符號文字が同時に生起で、互に用を果し合い、文字生成の始めである、と云う。

かくて、所謂形・義・音三面の文字構成―卽ち六書的文字構成―の實際的形質・本領は判明し來るのであり、之を考覈して活用する方途が考えられる。卽ち諸文字の形・義・音の三面審究よりする中國學形質・本領研覈の方途である。之に就ては、卽ち孫海波氏「中國文字學敍論」中の「釋字研究法」中に、

③「中國學研覈の文字に依る一般的研究法」の好論考があり、曰く、

凡《ソ》釋《スルニハ》二一字《ヲ》一、必《ズ》先《ヅ》審《ニス》二其《ノ》形《ヲ》一。參一‐驗《シ》卜辭・彝器《ニ》一、以《テ》二一字《ノヲ》一偏《ニ》徵《スレバ》二諸字《ニ》一、其《ノ》形皆宛《あたかモ》若《ク》レ合《スル》レ符《ヲ》、求《ムル》レ證《ヲ》之事也、形得《タリ》レ之《ヲ》矣分一‐析《シ》之《ヲ》一、以《テ》求《メ》二其《ノ》聲音《ヲ》一、詮一‐釋《シ》之《ヲ》一以《テ》審《カニス》二其《ノ》義《ヲ》一或《あらバ》二其《ノ》文義不《ざル》レ完《カラ》者一、則《チ》必《ズ》考《ヘ》二之《ヲ》史實《ニ》一、本《ヅキ》二之《ヲ》詩書《ニ》一、宛‐轉以《テ》求《メ》二其《ノ》義《ヲ》一、參伍以《テ》諧《ととのフ》二其《ノ》音《ヲ》一。搜求《ハ》務《メ》二于博《キヲ》一、參證《ハ》務《メテ》期《シ》二于多《キヲ》一、審證《ハ》務《メテ》期《ス》二于嚴《ヲ》一。而使《シテム》下其說《ノヲシテ》立《タ》中於不《ざル》レ可《カラ》二移‐易《ス》一之地《ニ》上。如《キ》二眉目《ノ》上《ノ》毛《ナルガ》一也《や》、知《ル》二其然《ルヲ》一者《ハ》、卜辭作《リ》二「」一《ニ》、金文作《リ》レ「」《ニ》（周客心鼎）…併《セテ》象《ドル》二人眉上《ノ》著《ニカル》レ毛《ヲ》之形《ニ》一、…以《テ》二上《ノ》數事《ヲ》一證《セバ》レ之《ヲ》、則《チ》知《ル》三當《ニ》《ベキヲ》二爲《ス》レ眉《ト》之不《ざル》レ虛《ナラ》。

と。中國學研究の文字に依る一般的究明法を、說くのである。卽ち「一字を解釋究明するには、先ず其の字形を審明」すべきであり、それには卜辭・彝器を參驗して同類の諸字形に亘り、明徵にすべきである。かくて字形が明らかになり得れば字形を分析して、字聲・字音を究求し、更に詮釋して、字義を審明すべきである。但し其の字義に未だ完全でないものが有る場合には、史實や詩書に基き考え、繰り返して字義

を求究し、參伍して字音を諧整する。そして、搜求は博く、參證諧整は多きに務め、審明證結は嚴正を期し、其の論定はもう移易は出來ぬと云う境地に於て、爲すべきである。例えば、眉は目上の毛也と云う事象が、卜辭・金文の古字形上より決定されるが如くに、である」と考究論定されているのである。之に依り、文字解明研究の一般的實際方途が判明して來よう。而して、それは亦、中國學研究解明の實際的一般方法ともなり來る事は、一「序説」及び其他で屢説した通りであるし、特に三「中國學の研究解明方法」の初頭に考説した如くに、中國古來の自然・人爲世界事象や、社會文化生活全般樣相に、一連共通の基盤・基軸となっているのは、圖象・符號・圖績・卜辭金石文辭中の文字體形である。故に、中國學の研究一般法は、「文字・圖象・圖績字・符號字等の一般的解明に在る」と言わるべきである。隨って孫海波氏の三の③「中國文字學敍論」中の釋字研究法の一般的解明法が好箇の實際例になる所以である。

尙、孫詒讓氏の「殷栔舉例」中「文字學解明及び方法」を考定されるのも同旨であり、參照すべきである。

さて、亦續いては、次の如き、

④「特殊單一的解明法」が行なわれており、例えば、郭氏は、「中國古代社會研究」に於て、

餘之研究《スル》卜辭《ヲ》一、志在《ハリ》三探討《スルニ》二中國社會之起源《ヲ》一、本《もとヨリ》非《ズ》三拘拘《スルニ》二于文字・史地之學《モ》一、……然《レドモ》文字乃《ハチ》社會之一要徵《ナリ》、……是《レ》欲《スレバ》三研究《セント》二先民社會種々之事類《ヲ》一、必自《ズより》三研究《スル》二文字《ヲ》一始《ム》。

の如く說かれ、「郭氏が卜辭を研究する素志は、中國社會の起源を探求するに在るので、本來、文字や史

地の學などに拘《かかわ》り泥《なず》むものでは無い。然し乍ら、文字は卽ち社會の大切な一象徵（あらわれ・しるし）である故に、先民社會の種々なる事類を究明せんと欲すれば必然的に、文字の研究解明より始めるべきである。」と論定されるのである。卽ち殷古代社會の種々多様な自然・人爲兩界事象—天象・風雨・四時・四方、生活・卜占・祭祀・血祭・田狩・諸禮・制度・政敎・文化一般行事等—の研索解明には、「社會の一要徵（あらわれ・しるし）なる卜辭文字の單一的ただ一すじの研究解明から始めるべきだ」とする。されば、民國初年、王國維氏「觀堂集林」の「殷周制度論」や、羅振玉氏「書契考釋」の「地名・制度・典禮」考や、王襄氏「殷契類纂」の「祭祀・器具・制度」考等を始め、陳鐘凡氏「國學叢刊」の「初民之習性」・「原始家敎」考や、陸懋德氏「清華學報」の「商代之文化」や、劉師培氏「國粹學報」四期「中土文字有レ益二于世界一」や、陳夢家氏「燕京學報」廿期の「商代的神話與二巫術一」等、中國古代社會種々之事類に就いての、先學所遺の諸學解明法も、皆此の一途に盡きよう。

而して、民國四十五年、陳邦懷氏は遂に、「殷代社會史料徵存」を編著し、「四方風名・天象（日月母星）・舞雨」以下。「𤕌祭《キンサイ》（血祭）・寧風・織・農・敎二王族一・多子佳レ學」等の、自然・人爲兩界事象の史料を徵存されており、其の自敍に、「是以《レテ》二卜辭《ヲ》一爲《シ》二根據《ト》一來《ツテ》考三證《セントス》殷代社會的情況與《トヲ》二制度一、考三釋《スルハ》文字《ヲ》二不《ず》二是本書的重點《ナラ》一」と說く。卽ち卜辭の單一的一すじの解明から、殷代社會的情況・制度の考證が願望であり、文字解釋は重點ではない、とされているが、結局は、三の②の蔣善國氏「姿勢・語言・文字」說と陳鐘凡氏「圖讀・文字分合」說を始めとして③孫海波「釋字研究法」と竝に孫詒讓氏「文字學解明及方法」

や④郭沫若氏「中國古代社會研究」の形質解明法・竝に陳邦懷氏「殷代社會史料徵存」の形質解明法、等々も、やはり一に合致性を具えていると云えよう。卽ち文字・圖象・符號・圖績・圖盤等は、自然・人生社會の一要徵である故に、之等を研察解明することに依り、自然・人生社會諸種多様な事象類を審明考察することは、必至自然の方途となる、と言えよう。

（一九九四・一一・一〇稿）

四　附說　最近三十年餘における中國學文化一般研究の動向・展望

(1) 序　說

最近十年ないし三十年間における中國學文化一般の研究動向中、注目さるべき特徵ないし問題點につき、國內外あるいは将來への連關展望を含めて、概觀しようとするものである。

しかる時、この展望概觀の實際は、終戰直後より現在に至る閒の研究動向の概要を主とするであろうが、その動向のある種の兆候は、やはり戰前ないしそれ以前から、夙に萠していたようであり、したがってそこまで及ぶこともあろう。

たとえば、民國初期ないし昭和初年あたりから醞釀されつつあった、甲骨文字・卜辭や鐘鼎文字・金文辭などの文字學的・聲系學的・文編字書的な解明よりする、經書・經義・思想文化一般ないし古代殷周社會・制度・習俗などの考覈闡明はその一例であり、戰時・戰後を通じて年と共に廣く深く展開しつつある。また戰時中及び終戰直後の低迷を拂拭し、整理綜合——新資料に基づく新展開を齎らそうとする中國學的本來性に立つ經學的・思想的研究動向も興起傳播しつつあり、かつその一面として新世代に便する經籍古典の索引作成に丹精をこめ、また佚書・佚文・佚句説を周到に捜索し、緻密に輯佚整頓して、新資料の開發保存を計ろうとする動向も、やはり一つの注目點となるであろう。

なお、漢簡・漢鏡・漢碑の發掘・集成・研究等についても、また唐代文化の綜合研究などについても、注目さるべき一動向の認められるものであり、記憶されて然るべきである。

そして今一つ、この期間及び恐らくある將來までへの、注目さるべき一動向は、民國十八年（昭四・一九二九年）頃から、二十一、二十二年（昭七・八年）、三十二年（昭十八年）を經て、三十八年（昭二十四・一九四九年）の終戰直後あたりにかけて、盛唱され來った唯物的・社會・經濟史的觀點に立つ哲學・經學・思想研究の一新動向と、その適正批判と理解とであろう。

(2) 終戰（昭和二十年・民國三十四年）以前における文化・思想の研究動向

(1) 昭和二十年（民三十四）以前の殷代卜辭兩周金文辭研究の主なる動向

Ⓐ 清末民初、甲骨卜辭の輯集や考釋の分野を拓いた羅振玉・王國維・林泰輔・王襄・董作賓・商承祚・

郭沫若・朱芳圃・孫海波・容庚・唐蘭・陳夢家・吳其昌等の諸先人は、やがてその新資料を活用綜合して、孫詒讓氏は「栔文舉例」（光緒三十）「名原」（同三十一）を、林泰輔氏は「上代漢字之研究」（民四、大正四）・甲骨文字表（同上）を、董作賓氏は「安陽小屯發掘報告」（民十八）・「甲骨年表」（同十九）・「五等爵在殷商」（民二十五、昭十一、集刊六ノ三）・「甲骨學五十年」（民二十二、昭八）を、王國維氏は、「殷周制度論」（民六、大正六、學術叢書）・「東西二土文字論」（集林七、民十六、昭二）などを考到された。

羅振玉氏は諸考釋中に卜辭の地名・人名・制度・典禮・祭祀を究明し、孫海波氏は「甲骨文編」（民二十三、昭九）・「古文聲系」（同二十四）を、王襄氏は祭祀・器具・制度等を（殷契類纂で、民九、大正九）、陸懋德氏は「由甲骨文考見商代文化」（民十六、淸華學報四ノ二）で、儀禮・習慣・家族・社會・宮室居住・飮食衣服・貨幣・職業・職官・軍備・娯樂・祭祀・宗教を、丁山氏は數名古義（民十七、昭三、集刊一ノ一）を、容庚氏は殷周禮樂器以下、說文の古籀文は壁中書と山川所得の鼎鐘文で姬周古文、決して殷商古文ではないこと、甲骨文には說文古籀や小篆に同じものが兩存していること、兄弟相及の繼統制や名號・祭祀・貞卜などの殷制典禮を、それぞれ論到されている。

また餘永梁氏は、卜辭と卦爻辭とを比較研究して、「易卦爻時代及作者」（民十七、昭三、集刊一ノ一）を論じ、「易卦爻辭は龜卜より出で、周初の卜筮者流が作成した一部の書」であると考定し、商承祚氏は「殷無四時考」（民二十一、淸華週刊三十七ノ九・十）・「殷契佚存考釋」（民二十二）を究明し、陳夢家氏は「商代地理小記」・「淮夷考」（民二十五、二十六、禹貢五ノ十）を究明された。

また「商代神話與巫術」（民二十五、燕京學報二十期）を究明して、玄鳥神話や、女巫は舞謠して雨乞いするのが本義であることや、虞夏商は一系であることなどを、推斷しており、更に「卜辭綜述」（民三十二―三十八、昭十八―二十四）では、殷代文化の全般にわたり綜説している。朱芳圃氏は「甲骨學文字編」（民二十二、昭八）・「商史編」（民二十三）で、昏媾・史官・稱謂廟制などを究明し、郭沫若氏は「卜辭通纂」（民二十二、昭八）・「殷契粹編」（民二十六、昭十二）を編著し、告秋・拜禾・五示など禮制に言及された。

呉其昌氏は「卜辭先公先王考」（燕京學報十四期、民二十二、昭八）・「甲骨金文所見殷代農嫁情況」（張菊先生七十年記念論文集、民二十五、昭九）・「書契解詁」（文哲季刊三ノ二・三・四、四ノ二・四、五ノ一・四、民十九・二・二十五・二十七年）を詳考し、殷代の制度・農業・嫁娶情況や、卜辭解釋の基本的な綜合見解を詳説しており、胡厚宣氏の「卜辭雜例」（集刊八ノ三、民二十八、昭十四）・「卜辭同文例」（同九、民二十九）、于省吾氏の「殷栔駢枝」（民二十九）、皆卜辭解釋の業績である。そして李玄伯氏の「中國古代社會新研」（民三十、昭十五）なども、廣く殷代社會制度・圖騰信仰・文化の究明に向っている。要するに、甲骨文字・聲系・文字編の究明編輯や、殷代社會・制度・習俗・祭祀・信仰・家族・住居・衣食・生業・職官・軍備・典禮・貞卜・天文・暦數・地理・巫術・神話・農嫁・文化一般の考覈がなされているのであるが、特に、郭沫若氏の「中國古代社會研究」（民十八、昭四）中の「卜辭之古代社會」、丁迪豪氏の「殷民族的奴隷制度」（進展創刊號、民二十一、昭七）・「殷代奴隷史」（歴史科學一ノ五、民二十二）、平盧氏の「殷代奴隷的生活」(大陸雜誌一ノ二、民二十二)、呂振羽氏の「殷代奴隷制研究」(勞働季報二、民二十三、昭九)・「殷周中國社會」(中國社會史第二冊、民二十五、昭十一)・「支那原始社會史考」(民二十六、昭十二)・「中國政治思想史」(民二十五、昭十一完稿、民三十二、昭十八增訂)、吳澤氏の「殷代經濟研究」(勞働季報五、民二十四、昭十)・「殷代奴隷社會研究批判」(勞働季報六、民二十四)、葛啓楊氏の「卜辭所見之殷代家族制度」(史學年報二ノ五、民二十七、昭十三)などの如きは、民國初年特に十八年頃(昭四)の、物情漸く騷然として來た頃から、戰時中(民二、昭十八、一九四三年)に及ぶ頃にかけて、殷代卜辭資料の基本的な研究と共に、その文化・社會・生活・習俗・制度などに關する、社會・經濟史的觀點に立つ研究動向を開拓したものとして、注目すべきものである。

さてこの期に當るわが國內の學界において、この新資料——殷墟卜辭に由る殷商文化・社會・生活・禮俗・制度一般の究明に、開拓者的役割を果した邦人には、夙に故林泰輔氏(「河南發現之龜甲獸骨」(宣統元年、明四十二、史學雜誌二〇ノ八・九・一〇)「龜甲文字表」(民四、大四)、「龜甲文字」(民六)、「支那上代研究資料」(民十)、「甲骨に見えた地名」(民八、大正八)、「殷墟遺物研究」(民八))、故內藤湖南氏(「王亥」(民五)、「中國古代之社會狀態」(民六)、「墟殷考」(民十、大十))があり、またつづいて小島祐馬氏(「殷代之產業」(民十四)、「原商」(民二十五)、「支那古代の祭祀と禮樂」(民三十、昭十六))、橋本增吉氏(「殷の社會、國家と占卜」(民二十七)、「支那の占卜と易筮」(民二十八)、「殷墟文字に對する疑問と顓頊曆の起源」(民二十九))、加藤常賢氏「支那古代家族制度研究」(民二十九)、平岡武夫氏

「王者の記録としての龜甲文と銅器銘・經書の成立」（民三十）、森安太郎氏「殷商祖神考」（民三十一）などが現われている。すなわちこれらは、戰時中及びそれ以前からの一研究動向であるが、その限り、邦人の研究動向ないし業績には、この期の中國人に漸く盛唱強調されようとしていた殷代文化一般や、殷民族的奴隷制度や、奴隷社會的研究や、殷代家族制度や、殷代經濟研究などの、傾向的意欲的なものが、まだまだ低調ではあるが、興起しようとはしていることがうかがわれる。

Ⓑ 次に、鐘鼎文字や金文辭の釋解と、それによる經書經義及び思想の探求闡明も、民國中期・昭和初期あたりから盛行し、吳其昌氏は「金文曆朔疏證」（燕京學報十六、民二十三、昭九）を試み、周書の字句・經義などを補成闡明する所多く、また郭沫若氏も「兩周金文辭大系」（民二十、昭六）を著わし、經書・經義の眞意闡明や訂誤に資する所多大であった。特に氏はまた、「金文叢攷」（民二十二、昭八）で、金文辭中に現われた兩周古代傳統思想として、その宗教思想・政治思想・道德思想を抽說し、ただ四時・九州・五等爵祿・三皇五帝・八卦五行などは、金文中に見當らぬことを言及している。そして更に、周官質疑においては、諸官職についての訂誤を金文辭によって試みており、それぞれ秀拔な究明を示している。

さてまた徐中舒氏も、夙に金文卜辭を精究して、「耒耜攷」（民十九、集刊二ノ一、昭五、一九三〇）を試み、耒は東方殷人の農具、耜は西方周人の農具とし、その分布狀態を、各地出土の鐘鼎字について集計抽出し、農耕文化の興起傳播と殷周東西兩土の接觸狀態を明らかにした、興味深い考想を試みており、また「殷人服象乃象之南遷」（同前、民十九）をも論じ、卜辭・金石字の「爲」字は象を手で飼馴して仕事をさせる字形であり、豫州とは象を産する土地の意で、秦時の象郡と同じく、河南に象を産する證だ、と推論している。更に、傳斯年氏は、「論五等爵」（民十九、昭五）において、卜辭・金文によれば、殷周に五等爵の整制はない、後人が引き集めて造り上げたものである、と論じており、これは郭氏の說とは同致するが、董作賓氏の「五等爵在殷商」說には相反するもの。未だ早急には是否を斷定できなかろう。

さて郭氏の前說の如き二・三種の著作は、わが國文求堂書肆で刊行されたものであるが、羅振玉氏の「三代吉金文存」なども、夙に明治四十二年に文求堂で版行されたもの。民國十數年頃から二十數年頃に至る閒は、金石文圖錄や考釋等も頻出している。容庚氏の「金文編」（民十四、昭元）・同續編（民二十四、昭十）・「秦漢金文錄」（民二十、昭六）、劉體智氏の「善齋吉金錄」（民二十三、二十四、昭九、十）、「小校經閣金文拓本」（民二十四、昭十）、于省吾氏の「雙劍誃吉金文選」（民二十二、昭八）、商承祚氏の「十二家吉金圖錄」不分卷（民二十四、昭十）、などはその著例である。そしてこれらについて見ると、よく判るところであるが、上古代殷周の鐘鼎銘辭や圖錄にだけ限られているのではなくて、もう秦漢金石文に及び、更には魏晉隋唐宋元などにも及んで、その圖錄・銘文を考究の對象に取り上げ來っているのである。特に小校經閣金文拓本には、見るべき鏡圖鏡銘が豐富である。

しかして古史辨第三冊には、顧頡剛氏の「周易卦爻辭中的故事」（民十五・十八、昭和一・四）があり、金石文・卜辭との比考により、帝乙歸妹・王亥・康侯の故事を究め、また徐中舒氏は、前說の外に、「陳侯四器考釋」（民二十二、昭八）を試みて、經書古籍と相關比考し、その訂誤を試み、黃帝傳說がB.C.三七五年頃に流行したことなどをも推考している。また丁山氏も、「由陳侯因脊鐘銘黄帝論五帝」（民二十二、集刊三ノ四、昭八）を試み、金石文・卜辭に基づいて、經典古書の五帝説の來源を詳究したのは壓卷である。しかして、楊樹達氏の「積微居金文説」は、一九五二年（民四十一、昭二十七）の刊行であるが、それは一九四一年頃から五一年に亘る鐘鼎銘文の釋解であり、その中には卷一・二・三の如く、四十一年より四十三年の作業になるものがあり、（民三十―三十二、昭十六―十八）それらは、金文銘辭と經書古籍文義字體との比考周密な検討による相互解釋の名篇であり、かつみな戰時中にものされた創見的意欲的な新生面開拓の業績である。

さてこの期のわが國金石學界の業績としては、まず高田忠周氏の「補正朝陽字鑑」（大十二、民十二）並に「古籀篇」（大十四、民十四）が著わされ、甲骨文字と鐘鼎文字とを、精査分類して排列解説したもので、此の種のものでは我國人最初の著述、名篇である。〔その外、わが國古傳抄本の「字鏡集」が昭和七年に野口恆重編で複製され、また「漢字起源の研究」（昭十四）が出ているが、これはあまり學術的でない。なお岡井愼吾氏の「日本漢字學史」（昭九）があり、着實な偉業であるが、卜辭金石文辭とは無關である。〕

(II) 昭和二十年（民三十四）以前の經學思想研究の動向

この方面の研究も、いよいよ篤實を加え、またそれを論考するに、新資料たる卜辭や金文辭を証拠とする新動向も現われて來た。しかしこの傾向を以て、經學の稀薄化とも、經學の世界の果て知れぬ彷徨とも、思われないのである。それは經學の擴大であり、擴充である。何れの代、何れの處にも、この現象は現われて、新展開は成立つ。ただ輕々に足場を踏み外ずさないことである。

たとえば餘永梁氏の「易卦爻辭的時代及作者」（集刊一ノ一、民十七、昭三）、傅斯年氏の「周頌說」（同上）、胡適氏の「詩三百篇「言」字解」（胡適文存卷二、宣統三）・「談談詩經」（民十四、武昌大學演、古史辨三下）・「說儒」（集刊四ノ三、民二十三、昭九）、譚戒甫氏の「思孟五行考」（文哲季刊二ノ三、民二十二、昭八）・「周易卦爻新論」（同五ノ二、民二十五）・「中庸考略」（同四ノ二、民二十四）・「二老研究」（同四ノ四、民二十四）、朱東潤氏の「詩心論發凡」（同六ノ二、民二十六、昭十二）・「古詩說摭遺」（同六ノ一、民二十六）、劉異氏の「孟子春秋說微」（同四ノ三、民二十四）、范寿康氏の「哲學的兩個基本方向——觀念論與唯物論」（同三ノ一、民二十二）・「孔子思想的分析與批評」（同四ノ三、民二十四）、錢玄同氏の「左氏春秋考證書後」（國文叢刊一ノ二、民二十、昭六）・「重論經今古文學問題」（國學季刊三ノ二、民二十一、昭七）、錢穆氏の「論十翼非孔子作」（民十七・十八、古史辨三）・「老子成書時代之一考察」（燕京學報八期、民十九）・「周官著作時代考」（同十一期、民二十一）、馮友蘭氏の「大學爲荀學說」（同七期、民十九）、胡玉縉氏の「寫本經典釋文殘卷書後」（同十三期、民二十二）、容肇祖氏の「占卜的源流」（集刊一ノ一、民十七）・「月令的來源考」（同十八期、民二十四）、李鏡池氏の「易傳探源」（燕京大學史學年報二期、民十九）（易傳非孔子作底考證・易傳著作年代先後的推測）・「左・國中易筮之研究」（民十九、古史辨三）・「周易筮辭考」（民十九、古史辨三）、顧頡剛氏の「詩經在春秋戰國間的地位」（民十二、小說月報十四ノ三・五、古史辨三下)・「讀詩隨筆」(今本詩經的輯集刺詩、民十二、同上)・「毛詩序之背景與旨趣」(民十九、中山大學週刊一〇・一二〇期)・「論詩經所錄全爲樂歌」(民十四、北京大學國學週刊十・十一)、鄭振鐸氏の「讀毛詩序」(民十二、小説月報十四ノ一)、張寿林氏の「詩經是不是孔子所刪定的」(民十五、北京大學國學月刊一ノ二)、何定生氏の「詩經之在今日」(民十七、廣州民國日報副刊)・「關于詩經通論」(民十八、中山大學週刊九ノ九七)・「關於詩的起興」(民十八、中山大學週刊九ノ九七)、陳槃氏の「周召二南與文王之化」(民十七、中山大學週刊四ノ三七)、兪平伯氏の「論商頌的年代」(民十四、古史辨三下)、朱自清氏の「關于興詩的意見」(民二十、古史辨三下)、羅根澤氏の「莊子外雜篇探源」(燕京學報十九期、民二十五)、陳夢家氏の「古文字中之商周祭祀」(同上十九期、民二十五)、于省吾氏の「老子新證」(同二〇期、民二十五)、楊明照氏の「莊子考證」(同二一期、民二十六)・「呂氏春秋考證」(同二三期、民二十七)、齊思和氏の「封建制度與儒家思想」(同二二期、民二十六)・「戰國制度考」(同二四期、民二十七)、勞榦氏の「漢代奴隷制度輯略」(集刊五ノ一、民二十四)、陳夢家氏の「尙書通論」(民三十一—四十五、昭十七—三十一)、張西堂氏の「尙書引論」(民二十六—四十七、昭十二—三十三)、などの如きは、その一端である。(その他は省略)。

(Ⅲ) 昭和二十年(民三十四)以前の五行説研究の動向

この方面の研究も、中國古代文化・思想・政治・社會・制度・生活・習俗・信仰等の全分野に、主要な格律を與えて來たものであるから、その究明はもちろん盛んであった。そして從來、文獻的にのみ考究されていた傾向は、その上に新資料としての卜辭や金文辭との比較考察を加えることによって、一そう確實で源泉的な新洞察を試み得る段階に、到達したようである。

まず民國十二(大十二)年「東方雜誌」(二〇ノ一〇)に、梁啓超氏は「陰陽五行說之來歷」を論じ、陰・陽の原義を詩書易老莊などから抽出し、形而上的な意味は老莊に始まると見、また五行も甘誓・洪範以下、墨子・呂覽・淮南子によって原意を抽出し、凡そ陰陽・五行は戰國時齊燕方士に起り、騶子五德終始說に集大成され、傳播したと見た。

これに對して、呂思勉氏は「辨梁任公陰陽五行說之來歷」(民十二、東方雜誌二〇ノ二〇)を以て、「商周以前に陰陽なし、騶子以前に陰陽五行說なし、これ後世迷信の本なり、」という梁氏說を「疏にして然らず」とし、また欒調甫氏も、「梁任公五行說之商榷」(民十三、東方雜誌二一ノ一五)で異見を立て、更に劉節氏も「洪範疏證」(民十七、同上二五ノ二)で五行說の發生は戰國末のこととし、梁氏說に異議を挾んでいる。

しかして顧頡剛氏は、民國十九(昭五)年「清華學報」(六ノ一)に、「五德終始說下的政治和歷史」を發表し、「五行觀念は、中國人の思想律であり、その宇宙に對する系統的信仰であって、經典上では甘誓・

洪範文に現われ、また史記歴書に黄帝が建立した、と見えているので、從來はこれを疑う人はなかった。が梁氏が始めて疑ってから、反駁する者も頻出したが、大體劉氏説に賛成する」と詳論し、以下騶氏五徳終始説の漢代政治・今古文學・社會・歴史上に進展していった様相を探求している。

しかるところ、顧頡剛氏の此の論考に關し、錢穆氏は、民國二十（昭六）年、大公報文學副刊一七〇期に、若干の訂誤を指摘し、五帝傳説は必ずしも騶衍の後に成るものではないこと、五行相勝相生説を混一したのは劉歆・王莽でないこと、漢火德説も劉歆の僞造とはいえないこと、等を反論し、また范文瀾氏も、「與二頡剛一論二五行説的起源一」（民二十、燕京大學史學年報三期）を稿し、陰陽説は殷周の際に發生し、五行説に接着しつつ、鄒衍の附會擴充を經て、新的陰陽五行説となった、と見る立場を唱え出した。

陳槃氏も、民國二十年五月、「寫在五德終始説下的政治和歷史之後」（古史辨五）を稿し、「老子中に五行の色彩なし」とするは誤りの一、左傳昭十六年郯子所説の古傳説などを僞視するのは誤りの二、と評説しており、また童書業氏も「五行説起源的討論」（古史辨五、民二十三）を以て、顧氏の論文を評し、顧氏の該論文は偉大な作品だが、「五行説の起源」と「古史説話」とには、なお粗洩點ありとし、墨子書は戰國早期の作、随ってその書中の堯・舜・禹・皋陶・益・鯀・苗などの古史説や、禹貢・甘誓・洪範なども、戰國早期にあったもの。ただ墨辨六篇は戰國末の作で、「五行無常勝」の言も戰國末の鄒氏一派の論であり、要するに、五行説は戰國早期の產生だろう、とする。

この外、徐文珊氏の「儒家和五行的關係」（燕京大學、民二十、史學年報三、昭六）や譚戒甫氏の「思孟五行考」（武漢大學、民二十二、文哲季刊二ノ三）などが、試論されている。

これを要するに、この期の五行説研究の動向は、その起源時代と發生情況竝に五行の實體を探究するにあったらしく、それに最も適切な指標を與えるものは、陳夢家氏の「五行之起源」（燕京學報二四期、民二十七、昭十三）という創見に富み、廣汎周到な論考であろう。

すなわち戰國時代齊器（B.C.四二五—三七六）の玉松銘文（羅振玉氏「三代吉金文存」巻二〇、一九頁に見えているもの）「行气実則辶……（畜行気立則積……）以下四十六字を資料とし、これを殷墟卜辭中に見える「五火」（改火＝五木の火を改更してゆくもの）や、洪範鄭注の「行氣とは、天に順い流行するの氣」などと比考して考想し、「五行始于改火、此銘氣字从火。故知此銘必五行既盛之後所作」と論定、戰國始め頃以前に五行説は成立したろう、とする。かように、確固たる金文辭資料に基づき、天文暦數學や歴史や諸文獻。卜辭を汎く詳究しての論考であり、恐らく五行研究の原始は、以後これを參見せずしては、論じ得ないであろう、と思われるほどの精論である。しかもこれが、民國二十七年、昭和十三年あたりの慌しい世相の裡に、夙に考定されていたのであり、その卓見と篤論とは輝かしいものがある。後世五行を論ずる者は、必讀して愼思すべき好文獻であり、これらに注意することを忘れ、我見に執しては、新境地は開けずに終わるであろう。

(Ⅳ) 昭和二十年（民三十四）以前の經籍古書索引の作成

この事業も、夙に行なわれている一方面であるが、たとえば、燕京大學引得編纂處では、民國二十一年（一九三二、昭七）より「支那學索引シリーズ」が企畫され、まず洪業氏の「引得説」（民二十一年、昭七）を始めに、「儀禮引得、六」（一九三二、民二十一）、「四庫全書總目竝未收目錄索引、七」（同上）、「毛詩引得」（民二十三、昭九）、「周易引得」（民二十四、昭十）、「春秋經傳引得二九」（民二十六、昭十二）、「禮記注疏引書引得、三〇」（民二十六、昭十二）、「禮記引得、二十七」（民二十六、昭十二）、「尙書通檢」（民二十五、昭十一）、「論語引得、十六」（民二十九、昭十五）、「周禮引得、三十七」（民二十九、昭十五）、「爾雅引得、三十八」（民三十、昭十六）、「四十七種宋代傳記引得、三十四」（民二十八、昭十八）、が刊行され、また商務印書館は「石刻題跋索引」（民三十、楊殿珣編）を、開明書店は「十三經索引葉紹鈞編」（民二十三、昭九）を刊行、更に中法漢學研究所は、通檢叢刊の一として、「論衡通檢」・「呂氏春秋通檢」（民三十二、昭十八）を刊行している。

そして、わが國でも、森本角藏氏の「四書索引」（大十）・「五經索引」（昭十）が、また「詩經一句索引」（昭六、大東文化）や「國語索引」（昭九、東方文化京都研究所）・「遼史索引」（昭十二、同上）などが夙に刊行されているが、「十三經注疏」の索引も、服部宇之吉博士を中心に分擔作成された如くである。（未刊）。

(V) 昭和二十年（民三十四）以前の輯佚補校動向

この期における、古典經籍類の本文や注文の佚文を輯收校補して、少しでも原形に復せんとする努力は、やはり高く評價されねばならない。たとえば、わが國古傳抄本類の調査による新資料や、あるいは中國敦煌出土の經籍古文書などによって、詩書易論語を始め、唐令や釋文・老・莊等々の輯佚復原を試みるが如きはそれである。

すなわちまず、邦儒瀧川君山博士が、大正二年（民二）、東北大學藏慶長寛永活字本史記の上欄に標記する正義佚文千二三百條を見出し、纂述の志あり、遂に史記會注考證を完成するに至ったのであるが、昭和九年刊成るの日まで、實に二十餘年。その間に正義佚文を拾收輯補したのであって、その篤學と識見により、千古埋沒の新資料を發見して復原に役立てた功績は、不朽というべきである。

この耐久探微の精神と佚文輯補の事績とは、まさに後生を奮起させて、斯學の繼述發展に、大いなる後業を興すに至っている。

そしてまた、仁井田陞博士が、夙に唐令拾遺の偉業を樹立されたのも、此の方面の輝かしい業績である。

また緯書句說の輯佚作業などは、古く元陶宗儀の說郛より、明孫瑴の古微書、清馬國翰の玉函山房輯佚書、清喬松年の緯攟、清劉學寵の諸經緯遺、清趙在翰の七緯、清黄奭の漢學堂叢書、などにそれぞれ試みられているが、清末光緒二十三年頃、蔣清翊氏などには、「緯學源流興廢考」がなされ、また民國二十七年（昭十）には、顧頡剛氏の「秦漢的方士與儒生論」が現われている。そして、陳槃氏は民國三十年頃、

「古識緯書錄解題四種」（集刊十、十二）・「讖緯釋名・溯源」（同十一）・「古讖緯全佚書存目解題」（同三十三、昭十九）などのように詳究されたが、その緯書の佚文については、彼我の古書文獻中に、なお多くのものが殘見するようであり、これらを抽出補輯することは、學界の一任務となっていた。そこに、後年間もなく、輯佚作業に取り組んでゆく學究の出現となっている。

また論語鄭注の佚文や論語釋文の佚文なども、夙に清儒などから熟考されていたものであり、武內・藤塚兩博士にも言及があり、特に武內博士の「論語之硏究」（昭十七）には、坂本學士が京都府立圖書館藏正平板論語の書入れに「魯讀費爲鄙、今從古」一條があるのを發見した事を表章されているが、これは鄭玄が魯論を古論で讀正した例中の一つであり、現存釋文には存しないもの。新發見の一新資料である。そしてこの方面に關する學的努力も、そのわが國古傳の淸原博士家抄本論語建武本及び正和本ないしその書入レに集中した時、遂に數項ないし十數條の、正に天壤孤存ともいうべき新資料を發見想定する効果を擧げているのである。（後說）。

(VI) 昭和二十年（民三十四）以前の漢簡・漢碑・漢鏡銘文硏究の動向

漢簡については、夙に淸末光緒年間に、スタイン博士が、尼雅城等で漢晉時代の簡牘を發見し、シャヴァンヌ博士がそれを考釋したが、羅振玉氏はシャヴァンヌ博士よりその寫眞を得て分類排列し、小學・術數・方技書、屯戍叢殘、簡牘遺文、の三部として刊行した。「流沙墜簡」（民三）（羅振玉・王國維撰）がそれである。その後また、「漢晉西陲木簡彙編」（民二十）（張鳳輯）が刊行されているが、その後近年にも發掘されたものが多い。

漢碑ないし漢鏡については、夙に宋代より隷釋（洪适）、隷續（洪邁）が成され、清代に「金石粹編」（王昶）、「金石索」（馮雲鵬）、「寰宇貞石圖」（楊守敬）、民國には「小校經閣金文拓本」（民二十四・劉體智）が存する。そして夏鼐氏の「新獲之敦煌漢簡」（集刊十九・民三十七）、勞幹氏の「漢代奴隷制度輯略」（集刊五、民二十四）・「漢簡所見之邊郡制度」（同八、民二十八）・「漢簡中之兵制」（同十、民三十）・「居延漢簡考釋序目」（同上十、民三十）・「漢代社祀的源流」（同十一、民三十一）・「漢簡中的河西經濟生活」（同上）・「居延漢簡考證補正」（同十四、民三十四）などの精研が特に光って見えるが、以後漢魏の文化・思想・文學・制度・生活・習俗・ないし經書・緯書說の萬般にわたって、新資料に確據する諸研究が、究明されているのである。

㈦　昭和二十年（民三十四）以前の唐代研究の動向

昭和初年頃より、わが國及び中國に古傳される尙書正義抄本ないし板本を資料とする尙書正義定本の作成が、東方文化京都研究所吉川・平岡兩研究員を中心として、試みられた如くであり、次いでまた、わが國古傳毛詩傳抄本の校勘も試みられたようである。まさに唐代正義の學の基礎的研究の遂行といえよう。

このような唐代研究の基礎的手續きが、堅確に試みられ來ったところに、後年、より廣い唐代研究の礎石が置かれたもの、といえるであろうか。

(Ⅷ) 昭和二十年（民三十四）以前の唯物的・社會・經濟史的觀點に立つ研究動向

前説(2)の(Ⅰ)のⒶの中部に特說したように、郭沫若氏の「卜辭之古代社會」、丁氏の「殷民族的奴隸制度」・「殷代奴隸史」、平氏の「殷代奴隸的生活」、呂振羽氏の「殷代奴隸制研究」・「支那原始社會史考」・「中國政治思想史」、吳氏の「殷代奴隸制社會研究批判」、葛氏の「卜辭所見之殷代家族制度」などの論覈は、殷代が原始奴隸制度や生活の行なわれた社會であると、唯物史觀的に解明する立場であり、以降の各世代萬般もそれの進展過程であるとして、一生面の開拓を果した研究動向である。そしてこれは、昭和二十年・民國三十四年の終戰以後に勃然と盛行し出した一傾向であるが、その實、民國初年（十八年頃）・昭和四年あたりに、物情稍騷然として來た頃から、熱心眞摯に、殷代研究と相關して、前記の諸氏により開發啓培された立場であった。中でも、郭沫若、特に呂振羽氏は、その著「中國政治思想史」に見えるような、唯物的社會經濟史觀に一貫された組織的系統的な思想史を、夙に民國二十五年（昭十一）に完成し、民國三十二年（昭十八）に增訂しているのである。

その後、數氏がこの史觀に則って論考しているが、それは終戰直後、ないしはその數年後の、中共成立に刺激せられてのことに屬する。もちろん、この立場だけで、全ての思想・文化・制度等が形成されたり、解明されたり、するとは限らないが、その背景として社會や經濟を一重要素として扱うことは、必要であるに違いない。

(3) 終戰（昭和二十年、民國三十四年）以後約三十餘年間の經學・思想研究動向

終戰以後約三十年餘年間の經學・思想研究動向は、既に雑誌論文や専著の汎行によって、世人の見聞に入ること鮮しとしない。その上、中國學會報などの學界消息や展望、ないし日本學術會議編「中國哲學・思想編」などには、ほぼ詳細な文獻目錄が載せられて、隨覽にことかかない。故に、一々の細目はそれらについて見られたく、ここでは、その動向の主なるものについてまとめておきたい。

(I) 終戰（昭和二十年、民國三十四年）以後約三十餘年間の殷代卜辭・兩周金文辭研究の動向

Ⓐ 終戰間もない民國三十七年（集刊十九）には、胡厚宣氏の「卜辭同文例」（昭二十三）が作され、更に張秉權氏の「甲骨文類比研究例」（集刊二〇下、民三十八、昭二十四）・「說吉―上吉與大吉與弘吉的比較研究」（集刊二三、民四十一、昭二十七）が試みられ、屈萬里氏は「殷墟文字甲編考釋」（集刊三〇、民四十八、昭三十四）を、嚴一萍氏は「釋太・汰・泰」・「釋天・大・夫・扶」（中國文字四・五、民五十、昭三十六）を、金祥恆氏は「釋龍・鳳・車・牛・羊・生」（同四・五、民五十、昭三十六）・「甲骨文通借字舉隅」（同一〇、民五十一）を、それぞれ卜辭の基礎的考釋究明が繼續されている。そして董作賓氏も、「小屯」（民三十七、昭二十三）・「殷墟文字乙編」（民五十一、中國文字七・八、昭三十七）の如き、新資

料研究を加えている。かつ董氏にはまた「卜辭中之亳與商」（大陸誌六ノ一、民四十二、昭二十八）と「殷代禮制的新舊兩派」（六の三）があり、亳は殷の舊都で商の南にあり、殷は殷墟で安陽縣の地、商は河南商邱縣に當る、と論證して注目さるべく、特に殷國家は、盤庚以後、政治禮制上において、武丁と祖甲とをそれぞれ中心とする保守・革新の兩勢力が交替して、四次の大變動を經ているとして、これをば祀典・曆法・文字・卜事の四點上から論證したことは、まさに注目すべき重要な問題點の提起であるといえよう。

またこの董氏に、「甲骨學斷代研究十個標準」（大陸雜誌四ノ八・九）・「續甲骨年表」（中國文字七、九、一〇、民五十一）があり、張秉權氏に「卜辭甲申月食考」（集刊二七、民四十五、昭三十一）の考究があり、胡厚宣氏に「五十年甲骨文發現的總括」・「五十年甲骨學論著目」（商務印書館）・「甲骨續存」（羣聯社、民四十五）などがあるのは、長い甲骨研究の成果を綜合整理し、集大成し、綜合的條理を抽出集結してゆこう、とする着實な意欲の現われである。

その他注目すべきものには、陳邦懷氏の「殷代社會史料徵存」（民四十五、昭三十一）があり、殷代冶金・蠶絲工業や殷代官民的教育や刑獄や軍制・馬制や宮室宗廟制や婚姻・祭祀・田遊事象に關し、汎説するものを始め、饒宗頤氏の「殷曆之新資料」（大陸雜誌九ノ七、民四十五）・「由卜兆記數推究殷人對于的觀念」（集刊外四、民五十）、石璋如氏の「骨卜與龜卜探源」（同八ノ九、民四十四、昭三十）などがある。なお更に、董作賓氏には、「最近十年之甲骨學」（大陸雜誌二一ノ一・二）、金祥恆氏には「卜辭中所見殷商宗廟考」（同二〇ノ八・九・一〇）があり、嚴一萍氏にも新境地を拓く「甲骨文字斷代研究新例」（集刊外四、民五十、昭三十六)、そして朱芳圃氏は「殷周文字釋叢」(中華書局、民五十一、昭三十七)をまとめて、殷周文字を總合的に究明した結果を見せている。

なお屈萬里氏の「易卦源於龜卜考」(集刊二七、民四十五、昭三十一)は、易經陽九・陰六の義が、卜龜腹甲と盾板との區切れ數の九と六(六區が二列になっている)に基づくべく、易卦は龜卜に源があろうというもの。またこれに關連して、張秉權氏も「卜龜腹甲的序數」(集刊二八、民四十六、昭三十二)を詳究しており、皆卜辭を易卦に考較して解明する動向であり、終戰以前、夙に民十七年・昭三年頃に、餘永梁氏などの提唱實施した研究傾向の進展である。

しかして、陳槃氏などは、「古社會田狩與祭祀之關係」(集刊二一、民三十九、昭二十五)・「田祭岐説釋義」(大陸三ノ四、民三十九、昭二十五)を究め、吳澤氏は「殷代奴隷社會史」(民三十八、昭二十四、長風書店)を試み、終戰後に早く、社會・民俗學的史觀による殷代社會・民俗に關する論考を出しており、民國三十八年には、呂振羽氏の「中國政治思想史」が版行され、戰前、民國二十五年・昭和十一年頃より言説された、その徹底した唯物的社會經濟史觀による中國古代から近世に至る政治思想進行の概況が、いよいよ喧傳されることとなった。そして民國五十一年(昭三十七)には、「殷周時代的中國社會」(三聯書店、一九六二)も刊行され、戰前早くから、殷代奴隷制社會・生活に着目し、唯物的社會・民俗學的史觀による解明を試みた呂氏の總果が、まとまって脚光を浴びたのである。そして、李亞農氏の「殷代社會生活」(人民出版)・「中國封建領主制和地主制」(同、民五十)も、唯物的社會史觀により研究成果を綜合して現われ、陳夢家氏の「殷代社會的歷史文化」（新建設七）も、氏の最近に至る成果を要約してなされたもの。共に注目に値する。

以上、これらの業績は、必然的に、中國古代思想の社會的背景を成すものとして考えられ、極めて意欲的唯物傾向的な思想（文化）研究の一動向を興起させる因子となっており、楊向圭氏が「中國古代社會與古代思想研究」（上海人民出版、民五十、昭三十六）を論著したのも、また、その進展か。（これらの系列は(2)のⅧや、(1)のⒶの唯物史觀系列を繼ぐものといえよう）

ただし徐復觀氏の「中國古代人文精神之成長」・「周初宗教中人文精神的躍動」（民主評論一一、一四）や、胡厚宣氏の「卜辭中的上帝和王命」（歷史研究、民四十八、昭三十四）などのように、中國古代でも、唯心的な傾向の儼存したことを認める立場も、行なわれているようである。

さてわが國における斯學研究の情況は、戰後、昭和二十三、四年頃に、白川靜氏の「卜辭の本質」（立命館文學三八ノ六十二）・「殷の社會」（同四六ノ六十六）。「卜辭文獻年表」（說林六・七）・「帝の觀念」（立命文學記念號）・「殷の世系」（立命文學五）・「殷の神話」（同）があり、また「殷族形態」（說林二ノ一）・「衣祀考」（說林二ノ四）があり、殷の氏族制・社會と信仰について究明し、また貝塚茂樹氏は「龜卜と筮」（東方學報一五、四）を究明したが、既に「中國古代史學の發展」（昭二十一）があり、また中國古代都市國家の性格（考古學大系六）などもあり、古代文字や卜辭を資料として、殷周文化を綜觀した有意義なもの。そして加藤常賢氏も、宿年の卜辭・金石文精研を活用し、昭和二十四年、「漢字の起源」を油印し、字源の探究に功業を擧げられた。そしてこれは、殷商文化や民俗や社會その他の究明に入ろうとする第一段階の作業でもある。そこに新資料としての魅力がある。ただしこの種の研究方法には、そこに音の通轉や民俗を主とし過ぎる盲點も生じ、行き過ぎの起り得るのが、泣きどころであろう。

さて加藤氏には、「殷商子姓考付帝嚳」（東洋の文化と社會一）があり、妊娠神崇拜や玄鳥傳說と國號を結びつけて解明しているが、同じような研究が、「夏禹姒姓考」・「吳許呂姜姓考」・「少皐――東夷族の始祖神――考」・「巫祝考」など多くある。そして吳澤氏の「殷代奴隸社會史」や、郭沫若氏の「奴隸制時代」を、批判する人に白川靜氏があるが、わが國人で吳・郭氏等のような立場で明確に論考した人に、「殷周革命とその經濟的背景」（早稻田商學九五、昭二十六、一九五一）・「殷周革命――古代中國國家生成史論――」（青山書院、昭二十六）の佐野學氏がある。

また「中國古代文化的認識」（董作賓）を批評した佐藤武敏氏（古代學一・二、昭二十七）があり、同じく「殷王朝の文化」（世界史大系二、昭三十三）を說いた關野雄氏、「殷墟文化の性格」（史學研究五、昭二十六）の松崎壽和氏がある。

また年來、殷墟卜辭に沒頭精研の成果として、島邦男氏に「殷墟卜辭研究」（昭三十三）があり、白川靜氏には、「甲骨金文字論叢初集」（昭三十）より九集に及ぶ業績があり、釋史・作冊考・殷代雄族考・羌族考について、繼續釋考されたものである。

さて陳夢家氏の「殷商の神話と巫術」や、「五行之起源」などの精論や、「卜辭綜述」の如き集成綜合性を評價して、赤塚忠氏は、「卜辭綜述」に寄言し、池田末利氏は、「陳夢家氏と甲骨學」に言及されている。そして貝塚氏と伊藤氏は、董氏の「文武丁時代卜辭」について「甲骨文斷代研究法の再檢討」を試み、青木木菟哉氏も、「卜辭斷代研究管見」を出している。更に「卜辭の世界から人間的敬へ」を、山室三良氏（哲學年報三）が抽出され、「天の思想の成立」を島邦男氏（人文社會一）が、信仰的に系統づけられた。漸く自主批判の傾向も盛行に向かったようである。

また池田氏に釋死・尞祭・殷末周初の宗敎制度・地母神の考察があり、赤塚氏に河の祭祀・岳の祭祀・殷代祈年祭祀の復元があり、白川氏に「殷代殉葬と奴隸制」・「王族と政治の形態」・「甲骨文より見たる殷代社會」があり、熊谷治氏に「古代支那の奴隸と官職」（史學研究二〇）が、島氏に「亞の官職」（甲骨學六）が、中島健一氏に「殷代奴隸制度と農業」があり、藪內淸氏に「殷代の曆法」が、水澤利忠氏に「契學綜覽」、加藤道理氏に「甲骨金文文獻目錄」があり、伊藤道治氏に「殷代の祖先祭祀と貞人集團――殷王朝の構造――」（東洋史硏究）があり、それぞれ有意義なものである。かくて、中國の殷代研究者におけると同樣に、わが國の研究者にも、唯物的社會經濟史的殷代研究動向が、殷代社會・制度・產業・民俗庶般にわたって行なわれており、また信仰・思想の唯心的な考えも行なわれているようである。

Ⓑ　終戰間もない頃、昭和二十三年（民三十七）集刊二十本下に、楊樹達氏は「積微居字說」を掲載しており、民國四十一年（昭二十七）には「積微居金字說」として刊行に至っている。周代金文を經籍文獻と校考して釋明した名著である。また高鴻縉氏には「虢季子白盤考釋」（大陸二ノ二、民三十八）が、梁

上椿氏には「中國古鏡銘文叢譚」（同二ノ三五、民三十八）があり、董作賓氏には「西周年暦譜」（集刊二十三、民四十）・「毛公鼎釋文注釋」（大陸五ノ九、民四十一）があり、陳夢家氏には「西周銅器斷代研究」（考古學報九一〇、民四十五、昭三十一）・「西周年代考」（民三十四、昭二十）があり、新見解に富み、容媛氏には「金石書錄目補編」（考古通訊三）がある。また楊樹氏の「周初的社會性質」（新建設一〇、民四十八、昭三十四）、岑仲勉氏の「西周制度問題」（新知識出版社）、戚其章氏の「關於西周社會性質問題」（歷史研究五、民四十八）、周谷城氏の「庶爲奴說」（文史哲五、民四十八、昭三十四）、譚戒甫氏の「西周晚季彝器銘文研究」（人文二、民四十七）、翁世華氏の「兩周金文辭研究」（南大中文一、民五十一、昭三十七）、高鴻縉氏の「大盂鼎考釋」（同上）などがあるが、楊向奎氏には「中國奴隷制萌芽期的天道觀」（文史哲十二、民四十八、昭三十四）があり、また徐復觀氏にも「周初宗教中人文精神的躍動」（民主評論一二一、民四十九）があって、周初の閒際にも、やはり信仰的天道觀や人文精神の躍動が流行していることを、認めているのであり、これも沒却し得ない動向であることを知るべきである。

さてこれらに關するわが國人の業績には、夙に貝塚氏の「古代文字の典型の成立」（墨美十一、昭二十七）を、商周金文に認めるものがあり、續いて、「書道金石學」（三省堂、昭二十八）を藤原喜一氏が論じており、「西周金文釋文」（昭三十一）を赤塚氏が、「東周金文釋文」（昭三十一）を山田勝美氏が試み、「殷周青銅器文化の進展」（考古學大系六、昭三十三）を、水野清一氏が究めている。そして廣島大學中哲研究室は、「金文關係文獻目錄」（昭三十一）を編し、神田氏は「金文學の發達」（昭二十七）と「東洋の金石學」（昭三十一）を綜觀しており、伊藤氏は「新出西周金文編年の諸問題」（昭三十三）を考え、白川氏は「令彝について」（昭二十六）周公子明保と康宮を詳究し、また金文大系（郭氏）索引を作成、御手洗氏は「毛公鼎の編年」（昭三十一）について董作賓氏説を反論している。そして上原淳道氏は、「長沙仰天湖出土の楚簡」（昭三十一）についても言及している。なお貝塚氏は「金文に現われた鬲の身分」（昭三十七）につき詳究し、白川氏は「金文賸義」（昭三十七）を作成している。かつ加藤常賢氏が、卜辭と共に兩周金文字を精究して、「漢字の字源」を引き續き考覈されていることも、一つの動向といえよう。

(II) 終戰（昭和二十年、民國三十四年）以後二十年間の經學文化思想研究の動向

終戰間もない昭和二十二年（民三十六）には楊大鈊氏の「禹貢地理今釋」（正中書局）、王明氏の「周易參同契考證」（集刊十九、民三十六、昭二十二）がなされた。さらに昭和二十五年には、屈萬里氏の「周易卦爻辭成於周武王時考」（臺灣大學文史哲學報一、民三十九）、陳滬桂氏の「易卦的來歷」（燕京學報三〇、民三十九、昭二十五）が考究されているが、これは旣說餘永梁氏の「易卦爻辭的時代及其作者」（集刊一、民十七、昭三）に、「周公の作に非ず、周初卜筮者流の作る處」とする見地を、詳究發展させる一動向というべく、また屈萬里氏自身の「易卦源於龜卜考」（集刊二七、民四十五、昭三十一）や、張秉權氏の「卜龜腹甲的序數」（集刊二八、民四十六、昭三十二）などと連結して、易卦卜筮の起源・來歷など、易經學上の重要點を、新資料・新分野から解明するものである。そして杜而未氏が、「中國的八卦與南洋

文化互關」（現代學人二、民三十七）を論じたのも、一新分野といえるであろう。また陸志韋氏らは、「經典釋文異文之研究」（燕京學報三八、民三十八、昭二十五）を究め、楊向奎氏は「唐宋時代的經學思想」を解明する爲に、「經典釋文（を始め）十三經正義等の表現する所の思想大系」を試論して、一生面を拓いているし、また劉百閔氏が「周易繫辭傳底認識論考察」（香港大東方文化二ノ二、一九五五）を、馮友蘭氏が「易傳的哲學思想」（哲學研究七、一九六〇）を、李景春氏が「研究周易哲學應當以傳解經」（光明日報、一九六二）を、嚴靈氏が「論周易中之哲學原理和方法」（中華雜誌十一）を、吳怡氏が「易經思想之應變精神」（中國一周七五四）を、周伯達氏が「從周易與老子論心物合一」（學宗五）を、謝祚氏が「整理古籍不應宣揚封建思想」（新建設一八八）を論じている點なども、易哲學究明の一部面であり、さらに劉操南氏が「周易大象例說」（同上）を、黃卓明氏が「從乾坤觀念看周易一書」（同上）を、それぞれ論考し、また戴君仁氏が「王輔嗣的易注」（民主評論一一）、牟宗三氏が「王弼玄理之易學」（同上）を、魏晉玄學に立つ易注解學の究明として試論しているなど、皆それぞれ特有の見地をそなえた現在易經學の諸部面である。

詩經についていては、屈萬里氏に「詩三百篇成語零釋」（文史哲學報四）、黃寶實氏に「釋詩「深則厲」」（大陸誌六ノ四、民四十二）・「詩在春秋時代」（同七ノ八、民四十三）、曾熾海氏の「詩經部分批判」（文史哲七、民四十七、昭三十三）、錢穆氏の「讀詩經」（新亞學報）、李辰冬氏の「從婚姻關係試解六首詩經」（師大學報四）・「詩經中歌詠祭祀的詩篇」（大陸誌二一）、成惕軒氏の「詩經中的兵與農」（政治大學學報）、高

葆光氏の「召南詩的時代」（東海學報一）、「梁蔭源氏の詩薄言義再釋」（大陸誌二三ノ八）、賴炎元氏の「毛詩鄭氏箋釋例」（師大集刊三）、蘇瑩輝氏の「從敦煌北魏寫本論詩序眞僞」（孔孟學報一）など、篇句成語の義釋・詩經作成年代（春秋に在りと）・批判・詩文中の兵と農・詩序眞僞などについての眞摯な考究がある。

尙書についても、既に一寸言及した陳夢家氏の「尙書通論」は、その大略は戰時中（昭十七、民三十一前後）から形成されかかっていた如くであるが、その版行は民四十五・昭三十一年であり、それに對して、民四十七・昭三十三年に、張西堂氏は、「批判右派分子陳夢家的尙書通論」（西北大學報二、民四十七、昭三十三）を試み、その陳夢家氏の右派精神に立つ尙書通論の學績を批判しよう、というのである。これは少々、恐れ入り谷《や》の朝顏というところ。むしろ尙書通論は、堅實純正な樸學的學績である。それを目して、右派的分子の著作呼ばわりをせねば濟まされぬとは、やや學的良心の不在である。ただし、共に經學面の二つの心的動向を見せているものとして、參考にはなろう。そして、屈萬里氏の「尙書文侯之命著成的時代」（中研集刊、民四十七）や、羅錦堂氏の「尙書僞孔傳辨」（大陸誌、民四十七）や、陳鐵凡氏の「敦煌本尙書述略」（大陸誌、民五十）や、畢長樸氏の「堯典成書年代問題」（同上）や、顧詰剛氏の「尙書大誥今譯」（歷史研究、一九六二、四）や、陳鐵凡氏の「日本古鈔本尙書考略」（孔孟學報三）、戴君仁氏の「古文尙書作者研究」（同上一）などは、前者の動向に屬する。

春秋傳については、牟潤孫氏の「左邱明傳春秋考」（民主評論四）、黃寶實氏の「春秋時代之行人」（大

陸誌八ノ三)、錢穆氏の「孔子與春秋」(香港大學「東方文化」一、一九五四年一月)、陳槃氏の「晉士會之「士」與「士匚」(大陸誌二〇ノ九)・「春秋大事表補表續編」(孔孟學報二)、戴君仁氏の「春秋三傳名氏稱謂例辨正」(同上)、「穀梁傳時月日例辨正」(同四)、陳槃氏の「春秋齊秦鄭三國別記」(同四)、「春秋大事表列國存滅表」(集刊三十三)、李白剛氏の「穀梁傳之著於竹帛及傳授源流考」(師大學報六)、程發軔氏の「春秋地名圖考」(同上)、束世澂氏の「孔子春秋」(歷史研究一九六二)、夏書枚氏の「春秋董氏說考逸」(新亞書院學術年刊三、一九六二)、張以仁氏の「論國語與左傳的關係」(集刊三三)、などが行なわれている。

禮樂については、羅倬漢氏の「論禮樂之起源」(學原一)・「禮與社會論紀」(同三)、柳詒徵氏の「中國禮俗史」(同上一)、蔡章麟氏の「法道德與禮之關係」(大陸誌二)、阮廷卓氏の「大戴記佚篇佚文考略」(大陸誌二四)、濤聲氏の「汎論孔門禮樂之敎」(民主評論一二、一三)、王夢鷗氏の「小戴禮記考源」(政治大學報三)・「禮記思想體系試探」(同上四)、許倬雲氏の「從周禮推測遠古的婦女工作」(大陸誌九、一九五五)・「周禮中的兵制」(同上)、沈文倬氏の「〃士喪禮・既夕禮中所記載的喪禮制度〃幾點意見」(考古學報、一九五八)など、注目さるべき論考が見えているが、禮經・禮書の文獻學的資料解釋學的朴實細緻な論究と共に、また儀禮記載の喪服制度につき幾點かの意見や批判を試みたり、さらには禮記思想體系を探究したり、また法道德と禮との關係を論到して(この點、わが國法學者島田正郎氏の「中國法における禮の意義」(法律論叢二四)と比考して興味が深い)いるのであるが、このように、汎く本質的、周邊的、背景的に省思するいわゆる經學の本然的全域が仄見する憶いである。殊に禮や禮制は、その社會や人間や生活や政治・制度・經濟や思想文化萬般の背景裡に成され來るものだから、その考察には、近來盛唱される論理哲學的考察態度と、社會經濟史的民俗學的考察態度との、二方面などからして、その遺漏なき萬全の試論が、ものをいうことであろう。

その他、諸子百家以下、漢魏隋唐宋明清等の學人・思想家の著書・思想に關した論究解明が、多く現われているが、その中で、主要な動向と目せられるもの若干を抽出するとすれば、まず錢穆氏の「孟子研究」(民三十七)・「本論語論孔學」(新亞學報二)・「莊子纂箋」(民四十)、王叔岷氏の「孟子校補」(文史哲報一、民三十九)・「莊子校釋後記」(集刊二一、民三十八)・「莊子通論」(學原一)、黃建中氏の「孟學述要」(民主評論四ノ七、民四十)・「老子書中知兩用反之例證」(大陸誌一ノ五、民三十七)、張起鈞氏の「老子形而上學」(同上三ノ一、民三十九)、宋人彬氏の「孔子在中國歷史上的地位」(光明日報、民四十)、周紹賢氏の「老子的生平及老子書的問題」(大陸誌八ノ七、民四十四)・「道家之自然主義」(建設九五)、吳康氏の「老莊自然主義」(同九ノ一二)・「孔子之人道哲學思想」(孔孟學報二)、黃彰健氏の「孔孟哲學之眞相」・「孟子論性之研究」(集刊二六)、陳大齊氏の「孔子所說仁字的意義」(大陸誌十三ノ一)・「孟子學說中的仁與義」(政治大學報四)・「孟子浩然之氣」(同九)、黃紹祖氏の「孟子的性善與性向善」(建設九四)、赴先賢氏の「論孔子不代表地主階級」(新建設九五、民四十五)・楊向奎氏の「孔子的思想及其學派」(文史哲、民四十六、昭三十二)・「孟子的思想」(同上)・「荀子的思想」・「莊子的思想」(同上)、伍文氏の

「荀子是中國封建主義的開山者嗎」（哲學研究四、民四十六）、梁啓雄氏の「荀子簡釋」、任繼愈氏の「莊子的唯物主義世界觀」（新建設一〇〇）・「論老子哲學的唯物主義本質」（哲學研究五）・「中國古代朴素唯物主義的特點」（人民日報一九六四・四・十九）、高亨氏の「老子的主要思想」（文史哲八）・「孔子思想三論」（哲學研究、民五十一）、楊超氏の「老子哲學的唯物主義本質」（哲學研究三）、胡瑞祥氏の「老子哲學是唯心論」（同上）、楊柳橋氏の「老子的哲學是唯物主義的嗎」（同上）、嚴靈峯氏の「辨老子書不後於莊子書」（大陸誌一五ノ九、民四十六）・「老子的重要用語之新解釋」（同一六ノ七、民四十七）・「老莊研究」（亞州出版）、燕鳴軒氏の「關于老子哲學討論中的一些問題」（新建設九、民四十六）、汪奠基氏の「老子朴素辨證觀念的邏輯思想—無名論」（哲學研究五、民四十六）、盧冠卿氏の「莊子的天道觀」（香港大中文會刊、民四十五）、關鋒・林聿時氏の「論老子哲學體系的唯心主義本質」（哲學研究六、民四十八）・「莊子哲學批判」（同七・八、民四十九）、馮友蘭氏の「孔子思想研究」（新建設、民四十三）・「老子哲學的問題」（同九、民四十八）・「論孔子關于仁的思想」（同上、民五十）・「再論莊子」（同上、民五十）、周建人氏の「老子思想眞的是唯物主義的麼」（同上、民四十八）、張忠紱氏の「孔學與民主思想要點的比較」（清華學報二、一、民四十九）、徐復觀氏の「孔子的性與天道」（民主評論一一、民四十九）・「莊子藝術精神主體之呈現」（同上一五、民五十三）、關鋒・林聿時氏の「論孔子」（哲學研究、民五十）、陳大奇氏の「孔子思想恆廣價値的所在」（孔孟學報一、民五十一）、但衡今氏の「孔學與周易」（同上）、王夢鷗氏の「漢學與孔子思想的連繫問題」（同上）、王鳳喈氏の「孔子人生觀的研究」（同二）、趙海金氏の「荀子校釋」（大陸誌二三）、熊公哲氏の「荀子輯略」（政治大學報二）、勞思光氏の「莊子否定形軀之理論」（大學生活八）・「荀子與儒家之岐途」（大學生活七）、李滌生氏の「荀子性惡論」（民主評論十五、民五十三）・「荀子自然論」（同上）、孫振東氏の「莊子人生觀」（現代學人三）、楊榮國氏の「莊子思想探微」（哲學研究九、民五十）、吳康氏の「孔子政治哲學思想」（孔孟學報三、民五十一）、程發軔氏の「孔孟思想與中國文化」（孔孟學報三、民五十二）、鄭毅庵氏の「論語古文今文疏證」（同上）、張金鑑氏の「孔子的學術地位與思想」（民主憲政十一・十二）、謝幼偉氏の「孔子論理中的個人地位」（思想典十七ノ一）、車載氏の「在山東擧行的孔子學術討論會」（哲學研究、民五十二）、劉介人氏の「孔子思想體系初探―孔子的仁學是奴隷解放的理論」（先明日報、民四十八）、章士風氏の「孔子的仁學不是奴隷解放的理論」（同、民四十九）、關漢亭氏の「董仲舒的先天概念說」（光明日報、六四）、楊宪邦氏の「董氏哲學的社會歷史作用」（新建設）、林杰氏の「董仲舒的認識論問題」（同上、民五十三）、李民氏の「董仲舒的自然觀」（新建設一八七）、陳可青氏の「司馬遷的史學思想及其階級性」（同一九三）、田昌五氏の「從王充評價看思想史的研究方法問題」（哲學研究、民五十三）、徐敏氏の「論王充思想的評價」（新建設一八八）、等が擧げられよう。

そしてこれらの研究業績及びその動向は、「老子哲學討論集」（哲學研究編輯部編、一九五九、民四十八、昭三十四）・「莊子哲學討論集」（同上、一九六二、民五十一）・「孔子哲學討論集」（同上、一九六三、民五十二）の刊行物（北京、中華書局による）を、綜合的に集成産出させるに至った、ともいえるであろう。それほど、一九四五年（民三十四・昭二十）以後の中國思想界の動向には、社會・政治・經濟面の流動轉換的強い要因もあって、まず傳統的二大古典思想（—孔・孟と老・莊との二系列—）の民族的本質性が回想され、批判され、傳承是認されつつ、また唯物的社會經濟史的に革正否認されてゆく、激動が續いている。從って將來に、孟子や荀子や王充の哲學討論集、ないしは魏晉玄學や、宋明理學、あるいは道・佛・哲學等々の論集も、集成刊行され來るやも知れなかろう。

たとえば、馮契氏の「論科學與玄學的論戰」（學術月刊、一九五九）、牟宗三氏の「王弼玄理之易學」（民主評論一二、一九六一）、金忠烈氏の「辨解有・無的對諍—以向秀・郭象之有論作題」（大陸誌二四）、湯一介氏の「論裴頠崇有論」（光明日報、一九六二）、湯用彤氏等の「魏晉玄學中的社會政治思想論」（上海人民出版、一九五七）、周輔成氏の「魏晉南北朝唯物論思想的發展」（歷史教學、民三十二）范寧氏の「魏晉時代知識分子的思想分化及其社會根源」（歷史研究四）などを見れば、その魏晉玄學の討論應酬の集成は、有意義な事象であろうから。

さて、これらの諸面にわたるこの期の研究動向の新生面の一つは、唯物的社會・民俗學的史觀による思想背景への關心であろうが、それは上記の考論中にも目につくところ。特にその唯物史觀の優位を盛唱することは、（新建設・哲學研究等の一九五九〜一九六〇にわたって）、李世繁・周谷城・馬特・李唯一氏等による「思惟與存在的同一性」とか、「眞實性與正確性」とか、喧喧爭鳴、「中國哲學的本質」（牟宗三氏、民主評論十三）や、「發揚中國正統思想」（晁介嶺氏、民主憲政二六）を目指して、再論三駁、あえて倦むを知らないのである。そしてまた遂に、ある政治・社會狀勢に刺激せられて、「合二而一」論（楊獻珍氏）

の提言につき、その論駁が勃然として興起する狀態（哲學研究・人民日報・光明日報）は、むしろ狂氣じみているとも錯覺される程であり、「合二而一、是對立統一規律的一側面嗎」（哲學研究、一九六四）の項晴氏以下、餘永思氏の「不能用形而上學的合二而一來代替辨證法的矛盾同一性」（同上）や、黃金棠氏の「不許楊同志歪曲革命的辨證法」（人民日報、一九六四）等々が簇論されているのである。

が、さて、中國思想・文化ないしは、社會・制度・生活・習俗などの萬般にわたって、その唯物的社會・經濟史的見方の强調されるべき一面の妥當性を導き出し來ったのは、殷商卜辭の解明と、それに基づく殷周古代社會・制度・民俗・生活・文化の詳究を果された民國初年（大正・昭和年代）以來の、先人學者の業績によってである（既設）。なかでも、呂振羽氏の「中國政治思想史」（民二十五・昭十一完稿、民三十八・昭二十四刊行、一九四九）や、侯外廬氏の「中國思想通史」（民三十六・昭二十二、一九四七）や、楊榮國氏の「簡明中國思想史」（北京中國青年、一九六二）などはもちろん、平廬氏の「殷代奴隸的生活」（大陸誌一ノ二、民三十七）、吳澤氏の「殷代奴隸社會史」（民三十八）、郭沫若氏「中國古代社會研究」・「十批判書」（民三十七）、侯外廬氏「中國古代社會史」、呂振羽氏「中國社會史綱」（民三十八）・「關于中國社會從奴隸制轉變爲封建制問題探討」（新建設、一九五九）、さらに楊向奎氏の「中國古代社會與古代思想研究」（上海人民社、一九六四）なども、優にその契機をなすものである。

さて終戰後今日に至るわが國經學・思想部面の研究業績と動向も、漸く盛運活潑となり、注目さるべきものも決して鮮くはない。今はその主なものについて概觀したい。

まず終戦直後の昭和二十一年に、平岡武夫氏の「經書の成立―支那精神史序説―」が成され、經書のもつ理念が中國精神生活史の基盤となった點の究明を試み、二十二年には武田泰淳氏が、「經書の成立と現實感覺」を論じ、また重澤俊郎氏は「經學の本質」（哲學研究三十一ノ一）を考到、さらに二十四年には「原始儒家思想と經學」に論及、すでに中國學人には他の面で論じ古された社會・經濟史的觀點ながら、これをもって經學本質面の開拓に試用されようとした意欲的なもの。内野熊一郎の「民國初中期の經學觀」（日本中國學會報九、昭三十三年）は、漢唐宋清代の古來經學觀が搖れうごいて、民國近年の經學觀に至ろうとする一中繼點としての經學觀を言及したもので、一片の參考にはなるべく、そして武内義雄氏の「經學の起源」（日本學士院紀要九ノ一）や、鎌田正氏の「經學の成立」（漢文學會報十三）は、また經學の正統的本質論及に、資し得るものである。

さて昭和十七年には、武内義雄氏の「論語之研究」が、二十三年には「論語皇疏校訂の一資料」（學士院紀要六ノ二）が成されたが、津田左右吉氏の「論語と孔子の思想」（昭二十一）や、藤塚鄰氏の「論語總説」（昭二十四）・「日鮮清の文化交流（日本刻論語義疏及び物徂徠論語徵の清朝經學に及ぼせる影響―）」（昭二十二）も續いて成され、思想的批判的と、文獻學的考證的との、二方法論的論考の兩著作例を、見ることが出來る。貝塚茂樹氏や小倉芳彦氏や木村英一氏などの「論語の成立」論、川上清美氏や佐藤一郎氏の論語の原典批判、岡阪猛雄氏の論語の「言」の意識（昭三十九）、その他諸氏の論語注解など、それぞれの見地を示しながら、要は先述の二方向に盡きよう。ただし今一つ言及しておくべきは、武内・藤塚兩博士も言及しておられるが、論語釋文佚文の發見ないし輯佚についてである。微細な作業と輕視すべきでない。すなわち山田勝美氏は、「日本中國學會報一號」（昭二十四）に、「論語釋文「魯讀從古」佚文一條の發見」を考定し、新美保秀氏は同九號（昭三十二）に、わが國古傳正和・建武論語抄寫本の書入れ「論語孔釋音注」數條を檢出し、さらに「東方學二十一號」（昭三十六）には、今まで知られていた二十六條の外に、論語釋文魯讀從古佚文四條を發見考定した。これはいわゆる讀正五十條の中、三十條は輯佚し得たこととなり、論語學上、不滅の功業というべく、兩氏によるこの動向の開拓增益は輝かしいものであろう。

詩經については、昭和二十四年、目加田誠氏が「詩經譯注篇」を成され、續いて「新譯詩經」（昭二十九）を完成、「詩經研究」（昭二十八）、「詩經（中國文學史の問題點）」（昭三十二）をものされた。そして白川靜氏も、亦「商頌五篇」（昭二十四）を論じ、「詩の興」（昭二十四）、「西周東南地域の政治と文學―周南・召南とその背景―」（昭二十八）を考論し、「詩經の農事詩」（昭三十一）・「詩經學の成立」（昭二十六）に及び、文學の背景としての政治や社會に目を注いでいる。さて今一人の松本雅明氏が、昭和二十五年、「詩經戀愛詩における採薪の表現」以下、「詩經修辭における賦比興」（昭二十六）、「周代における婚姻の季節」（庶民祭禮の研究の一章）（昭二十八）、「詩經に見える梁」（昭二十七）、「未見君子考」（昭二十六）、「詩經の興における象徵性と印象性―詩篇に見える思惟の展開について―」（昭二十九）、「詩經に見える生活苦」（昭二十九）、「周代庶民思想の一研究」（昭三十）、等を經て、「詩經諸篇の成立に關する研究」

て、「古代歌舞詩の系譜」（昭三十三）一冊の刊行に至る、獨自の精研と方法論は、詩篇の成立年代を想定する異彩の一方向として、注目さるべきものだろう。その他、赤塚忠氏の「諷踊文學の展開」（昭二十八）、「古代歌舞詩の系譜」（昭二十七）、「頌の文學的傳統について」（昭三十）、杉本行夫氏の「中國古代詩歌に於ける自然觀照」（昭二十六）、佐藤匡玄氏の「詩經に於ける天の思想」（昭二十四）、などが、論ぜられている。

尙書については、森鹿三氏の「禹貢を理解する立場」（昭二十三）、白川靜氏の「尙書大誥篇について」（昭二十六）、金谷治氏の「洛誥篇錯簡說」（昭二十二）、安居香山氏の「大誥篇の民獻と哲人との關係」（昭二十六）、「書序の成立」（昭二十六）、貝塚茂樹氏の「大誥篇の作者」（昭二十五）、內野熊一郎の「敦煌本尙書釋文の研究―隸古定の定義を再檢す―」（昭二十六）・「日本古代經書學研究」中の「第五章（一）經學」（昭三十）、神田喜一郎氏の「古文尙書に關する釋文序錄について」（昭二十七）、戶田豐三郎氏の「洪範篇原始」（昭三十一）、赤塚忠氏の「中國倫理思想の淵源」（昭三十四）、小林信明氏の「古文尙書の研究」（昭三十四）、加藤常賢氏の「眞古文尙書集釋」（昭三十九）、などがあり、流石にこの部門には、純經學的考究のものが多數である。併しこれを狹い考證的論文で、拂拭さるべきムードであるかの如くに輕視するなら、その廣い空疏な態度こそ、自らの墓穴を掘るもので、その殷鑑遠からず、史實に在り。それよりも、むしろこの動向を堅實に基盤とし、更に超えゆく方向を求むべきであろう。こうして一層に、注目すべきことは、「堯典成書年代問題」（大陸誌二二、民五十、昭三十六、畢長樸）とか、「敦煌本尙書述略」（大陸誌、民五十、昭三十六、陳鐵凡）とか、特に「日本古鈔本尙書考略」（孔孟學報三、民五十一、昭三十七、陳鐵凡）などのような考覈が、臺灣學人の着實な意欲にも入り來っていることであり、したがってわれわれの意圖する尙書や詩經や論語の研究基盤には、日本古傳の鈔本隷古定尙書や、鈔本毛詩傳や、鈔本論語（正和・嘉曆・建武本）などを、資料とする着實堅確な論考面が要請されようし、また殷周卜辭・金文字學や民俗學に基づく究明も要請されよう。ただしこれらに凝りすぎて、音通借字や民俗に、無際限に依據して、新奇を追うことは、必ずしも正道ではあるまい。

易についての研究面は、また十分に注目さるべきものである。本田濟氏の「易經の成立とその展開」（昭二十四）、鈴木由次郎氏の「易經の成立」（昭二十七）、「太玄易の研究」（昭三十九）、木村英一氏の「周易について」（昭三十）、戸田豐三郎氏の「經八卦考」（昭二十三）・「繫辭傳考」（昭二十七）・「王弼易の底本について」（昭三十）・「王輔嗣周易略例考」（昭三十九）、木村郁二郎氏の「八卦と陰陽」（昭二十七）、田口福司朗氏の「周易卦爻の成立」（昭二十七）、新開高明氏の「春秋時代易筮實施地域」（昭三十二）、今井宇三郎氏の「論易之三名」（昭二十八）、中村璋八氏の「五行大義所引易・尙書考」（昭二十九）、福田襄之介氏の「周易に於ける道の概念」（昭二十七）・「周易彖傳成立の一考察」（昭二十九）、山下靜雄氏の「十翼に於ける周易思想の展開」（昭二十七）、武內義雄氏の「釋文周易敍錄の考察」（昭二十六）、藤原高男氏の「王弼繫辭傳注の存否について—講周易疏論家義記を資料として—」（昭三十四）、小澤文四郎氏の「易緯について」（昭三十二）、內野熊一郎の「易卦爻辭彖象傳成立皐考」（昭三十五）、中村璋八氏の「易緯佚文より見たる現行本易緯の性格」（昭三十九）、戸田豐三郎氏の「吳斗南の古周易」（昭三十九）・「周易大象説卦傳考」（昭三十九）、などがあり、基礎資料的検討と內容解明と、易緯面の探究と、さらにわが國古傳六朝易注資料の究明などの、各面にわたる研究動向を見せている。が、これを中國現在の狀況に比べると、易哲學の究明面において、少しく遜色を感ずるかも知れない。

春秋については、戸田豐三郎氏の「左氏傳源流私考」（昭二十七）、山口義男氏の「春秋穀梁傳の成立」（昭二十七）、山田琢氏の「公羊傳の成立」（昭三十三）・「穀梁傳の成立」（昭三十三）・「穀梁傳の論理的性格」（昭三十）・「公・穀兩傳の文體とその傳文構造」（昭三十二）・「穀梁傳の倫理觀」（昭三十三）・「漢代公羊學說展開の結末」（昭二十八）・「春秋の理想」（昭三十三）・「春秋學の展開」（昭三十九）・「春秋三傳研究」（昭三十九）、佐川修氏の「公穀二傳先後考」（昭三十三）、本田濟氏の「春秋會盟考」（昭二十五）・「左傳に現われた政治思想」（昭二十七）、加藤常賢氏の「春秋時代の總合的研究」（昭二十九）、吉田賢抗氏の「春秋時代の社會性格と倫理思想の展開」（昭二十八）、宇野精一氏の「春秋時代の道德意識」（昭三十三）服部武氏の「春秋時代の倫理思想」（昭三十四）、小野澤精一氏の「左傳に見える「室」の意味と春秋時代の財產」（昭三十三）・「左傳に見える『主』の意味と春秋社會の構造」（昭三十）、江頭廣氏の「一生一及制の二、三の問題」（昭三十三）、津田左右吉氏の「左傳の思想的研究」（昭三十三）、杉谷豐彥氏の「春秋前期の霸者成立要因」（昭三十四）、佐藤武敏氏の「春秋時代魯國の賦稅制改革の一考察」（昭二十二）、神谷正男氏の「初稅畝—春秋時代の土地制度」（昭二十九）、鎌田正氏の「左傳杜注の典據に關する研究」（昭三十二）・「左傳の成立とその展開」（昭三十八）、上野賢知氏の「日本左傳研究著述年表」（昭三十二）、日原利國氏の「春秋公羊學の倫理思想」（昭三十九）、などがある。そして春秋時代の社會・經濟史的探究に、正當必然の力作を認め得るが、また政治・倫理思想の本質的究明や、文獻學的三傳の考覈などをも、併せ詳論されており、春秋學のバランスのとれた堅實な多面的研究動向が窺えると思う。

禮關係については、島田正郎氏が「中國法に對する禮の意義」（昭二十六）を夙に論究され、石黒俊逸氏は「先秦儒家以前の禮の概念」（昭二十七）を究明、佐藤嘉祐氏は「禮の本質」を、板野長八氏・內野熊一郎も「禮樂」の性格を論及、山口義男氏は「儀禮禮記における家族倫理」を、金谷治氏は「秦漢期の禮學」（昭三十四）を、明らかにし、池田末利氏は「禮文獻に見える祭祀の等級性」（昭三十四）・「葬禮集錄」（一）、（二）、（昭三十三・三十四）・「廟制續考」（昭三十五）・「五祀考」（昭三十六）・「社の變遷」（同）・「四望・山川考」・「告祭考」（昭三十九）を言及し、赤塚忠氏は「殷代祈年の祭祀形態の復元」（昭三十六）を究め、宇野精一氏は「周禮の制作年代」（昭二十四）と「中國古典學の展開」（同）を論究、重澤俊郎氏は「周禮の思想史的考察」（昭三十・三十一）に一見解を示され、曾我部靜雄氏は「律令の根源としての周禮」（昭三十二）に注目され、土橋文雄氏は「周禮の商業政策」に焦點をあてているが、加藤虎之亮氏は特に「周禮經注疏音義校勘記」（昭三十二・三十三）なる朴學的大著を成され、林己奈夫氏は「周禮考工記の車制」（昭三十四）を、論究されている。

また內野臺嶺氏は「主考」（遺稿の一部・昭二十九）を夙に成されており、西岡弘氏も「重から主へ——中國古代葬制の一考察——」を、藤川正數氏は「鄉飮酒禮に現われたる秩序の原理」（昭二十九）・さらに

「魏晉時代の喪服禮の研究」（昭三十五）・「唐代服紀改制における二、三の動向」（昭三十二）・「隷釋を資料とする喪服禮の研究」（昭三十三）・「魏晉時代國相が國王の爲にする喪服制」（昭三十八）・「前漢宗廟禮說の變遷とその思想的根底」（昭三十九）を論考し、山田勝美氏は「方社儀禮考」（昭三十四）を、谷田孝之氏は「絰の絞・散」・「古代服喪者の頭髪處理」（昭三十二）・「深衣」（昭三十四）・「辟領」（昭三十四）、について詳究し、常磐井賢十氏は「大小戴禮記成立考」（昭三十一）を、宇野精一氏は「禮記成立に關する二、三の問題」（昭三十三）を、板野長八・神谷正男・佐藤震二氏らは「禮記の大同思想」（昭三十）を、裏善一郎氏は「樂記篇の成立」（昭三十三）を、內野熊一郎は「奈良興福寺本禮記釋文殘卷私考」（昭三十）を試みている。原田種成氏は「辟雍について」（昭三十四）を、守屋美都雄氏は「四時纂要解題」（昭三十七）を成し、岸邊成雄氏は「唐代音樂の歷史的研究」（昭三十七）を遂げ、鈴木隆一氏は「宗法の成立事情」（昭三十六）を、西岡市祐氏は「特牲饋食禮における祭食」（昭三十六）を、それぞれ注目さるべきもの。また木村英一氏は、「大學と中庸」（昭三十七）、板野長八氏は「大學篇の格物致知」（昭三十七）・「中庸篇の成り立ち」（昭三十八）、楠山春樹氏は「中庸の中和について」（昭三十八）・「中庸の成立に關する漢初の資料」（昭三十九）、山根三芳氏は「張横渠の禮思想」（昭三十九）を究明している。それは文獻學的禮制考證と、哲學思想的禮法秩序の究明と、古代民俗學的考覈とが、それぞれ試みられて相當に充實しているが、「禮」本來の意義からいって、この方面こそ、もう一層社會史的背景を重視する論究が行なわれて、よろしいのではあるまいか。中國學人のものと比べて、そんな感じがする。

さてその外、諸子百家以下、漢唐宋明清の思想究明についても、多士濟々、論考重疊の盛況である。その主なものをあげてみよう。

昭和二十四、五年前後における郭沫若氏「十批判書」の影響は相當なものであり、山口一郎氏・坂本徳松氏・白川靜氏・前田直典氏たちによって、それぞれ書評がなされ、同時に中國古代の意識構造や社會・經濟思想との關連性などが、顧慮深思されている。そして又、呂振羽氏の「中國政治思想史」（昭二十四）、侯外廬氏等の「中國思想通史」なども、相前後して唯物的社會經濟史觀を撒播し、中國思想・哲學の社會背景の詳察に留意する必要性を知らしめた。宇都宮清吉氏の「孔子學團」（昭二十九）や重澤俊郎氏の「古代諸思想の成立と展開」（昭二十四）・「支那古代合理的思惟の展開」（昭三十一）・「原始儒家思想と經學」（昭二十四）・「周禮の思想史的研究」（昭三十七）など一連の研究動向は、主としてこれらに符同する面がある。

その外、栗田直躬氏の「中國上代思想研究」（昭二十四）を始め、先秦思想や思想家を論ずる人たちとしては、板野・木村・上原・宇野・小林諸氏があり、それぞれ獨自の見を示しているようであるが、特に板野長八氏の「孔子の人間觀」（昭二十五）は、禮の世界が宗族と君主の下に完全であり、そしてまた、そこに限界性があることを論じ、また「中國古代の帝王思想」（昭二十六）などを論考して反響を呼び、また笠原仲二氏も「中國古代の人間解放」や、「莊子の運命觀と人間の主體性」以下、「中國古代の自然概念とその內容の展開」（昭二十七）を論考して注目されている。更に本田濟氏の「天命」（昭三十二）、平岡禎吉氏の「氣の思想の成立」（昭三十）、米田登氏の「中國古代中思想の展開」（昭二十六）、金谷治氏の「中と和」（昭二十六）、大濱皓氏の「中の思想」（昭二十九）、原田正巳氏の「元氣考」（昭三十七）・「中國上代人の知の思想」（昭三十九）、なかんずく木村英一氏の「中國的實在觀の研究」（昭二十三）と、中村元氏の「東洋人の思惟方法」（昭二十三、二十四）なる壓卷書があり、東洋的・中國的思惟の仕方や根柢が究められ、禮の作用や、大同書の思想や、五行思想の成立や背景などにも及んでいる。そして、故安田二郎氏の「中國近世思想研究」（昭二十三）、島田虔次氏の「中國近代思惟の挫折」（昭二十三）も、同じ明代を對象とする二見解で、注目されるもの。

また小島祐馬氏の「中國革命思想」・「中國共産黨」と、岩村三千夫氏の「民國革命」・「三民主義と現代中國」（昭二十四）・「毛澤東の思想」（昭二十三）、なども、注目されてよいもの。さらに宇野哲人氏の「支那哲學史—近世儒學」（昭二十九）、福井康順氏の「東洋思想史研究」（昭三十五）、大濱皓氏の「中國古代の論理」（昭三十四）、金谷治氏の「秦漢思想史研究」（昭三十五）、楠本正繼氏の「宋明時代儒學の研究」（昭三十八）、荒木見悟氏の「佛教と儒教—中國思想を形成するもの—」（昭三十三）、工藤豊彦氏の「呂氏春秋における法家思想」（昭三十九）、などは皆正統的一般哲學研究動向の業績である。しかして中國思想の形成因としての「地域性」を追求しつづけるものとして、緒形暢夫氏の「愼到の思想について」（昭三十七）・「春秋時代における强死の諸想」（昭三十九）・「戰國弱小國の地域的精神」（昭三十四）・「商鞅韓非の社會觀より見たる法家の二大流について」（昭二十八）、などの一連の論考があり、また一つの特色ある一新動向であろう。この地域性とは直接結合するわけではないが、王國維氏の「東西二土文字分立」論の考えや、徐中舒氏の「耒耜考」における基點には、やはり一種の地域性が存するようであり、內野熊一郎の「今文古文源流型の研究」（昭二十九）の「今文古文」分立素因も、また一種の地域性というべく、この意味で、これも一動向の發掘といえよう。

その他、流石に中國思想・哲學關係の論考は多數であるが、その主要動向は、やはり孔・孟・老・莊を中心とするもの、そしてさらに道教・佛教に連關するもの、王充思想、魏晉玄學、宋學ないし日本儒學などなどであろう。それはやはり、中國近時の動向に通ずるもの、といえようか。たとえば、波多野太郎氏の力作「王注老子校正」（昭二十九）は完成した。日中兩學績を兼綜し、老子研究には必讀のもの。そして木村英一氏の「老子の新研究」（昭二十九）もまた力作で、原典批判と老子書の成立を論じ、漢初の原形を再現しようとしたもの。

伊福部隆彥氏の「老子の運命觀」（昭二十九）、天野鎭雄氏の「莊子の世界」、笠原仲二氏の「莊子の死生觀」、楠山春樹氏の「邊韶の老子銘」、栗田・森・木村諸氏に、「老子の無の意味」、「莊子の自力と他力」、「莊子の卮言」、板野長八氏の「莊子の知と荀子の知」（昭三十九）、福永光司氏の「東晉の老莊思想」、小林昇氏の「魏晉の政治と老莊家の生活態度」、福井文雄氏の「竹林七賢についての一試論」、木村英一氏の「老莊の無と佛教の空」、大濱皓氏の「老子の哲學」（昭三十八）、もまた力作、內山俊彥氏の「漢初黃老思想の考察」（昭三十八）、藤原高男氏の「顧歡老子注考」（昭三十八）、岡阪猛雄氏の「淮南子の言」（昭三十九)、關正郎氏の「郭象莊子注の自然」などはその老・莊關係―道家・玄學に及ぶ研究動向である。その孔孟についても、人間孔孟の現代的意義や、その仁や禮や性善の思想や性格やその背景につき、檢討が行なわれており、枚擧にいとまもない。あたかも中國で、孔子・老子・莊子の哲學討論集がそれぞれ刊行された狀況に似るものがあろう。

そして宋學の面については、前説の宇野・楠本兩先覺の研究があり、また阿部吉雄氏の「宋明の倫理思想」・「日本朱子學と朝鮮」(昭四十)、島田虔次氏の「中國近世の主觀唯心論―萬物一體の仁の思想―」、市川安司氏の「正統思想の哲學的展開」、朱晦庵の「理一分殊解」・「程伊川の理」・「程伊川哲學の研究」(昭三十九)、宮崎市定氏の「宋代の士風」、吉田清治氏の「東洋の學藝復興期」、木南卓一氏の「北宋思想界の動向」・「周濂溪研究」、西順藏氏の「宋代の儒學」、後藤俊瑞氏の「宋學における敬の意義」・「朱子絕對自由我の自覺」、今井宇三郎氏の「宋代易學の研究」、木村英一氏の「ジッテと朱子の學」、島田正郎氏の「遼にいわゆる禮と禮書の成立」、友枝龍太郎氏の「周濂溪の無極太極」・「宋學の系譜」、今井宇三郎氏の「無極而太極について」・「太極先天之圖について」・「金丹道教の研究」、戸田豐三郎氏の「周子太極圖とその源流」・「吳斗南の古周易」、內野熊一郎の「六朝隋唐宋鏡背八卦方位圖を究めて周氏太極圖の來源に及ぶ」などがあり、それぞれに、鋭く哲學的研究面に取り組んでゆく志向性が濃厚である。

また道・佛敎面については、福井康順氏の「化胡成佛說の展開」(昭三十六)・「文始內傳考」(昭三十七)・「周氏冥通記」(昭三十九)・「道敎研究の基礎的諸問題」(昭三十九)、吉岡義豐氏の「敦煌本太平經について」（昭三十六）・「佛教十戒思想の中國的受容」（昭三十六）・「六朝道教の種民思想」（同三十九）・「太平經と佛教」（昭三十九）、宮川尙志氏の「六朝社會と宗教」（昭三十七）・「南朝正史道教資料考」（同三十七）、安居香山氏の「大唐開元占經異本考」（昭三十六）・「王莽と符命」・「圖讖の形成とその延用」（昭三十七）、小林昇氏の「孫登の傳について」（昭三十九）、牧田諦亮氏の「三教優劣傳」（昭三十七）、篠原壽雄氏の「唐代禪と柳宗元」（昭三十七）、荒木見悟氏の「佛教と儒教」（昭三十七）、窪德忠氏の「道教と修驗道」（昭三十七）・「金代の新道教と佛教」（昭三十七）、那波利貞氏の「唐代における道教と民衆」（昭三十七）、横超慧日氏の「教と宗について」（昭三十六）、秋月觀英氏の「三元思想の形成」（昭三十六）、今井宇三郎氏の「悟眞篇の成書と思想」（昭三十七）、結城令聞氏の「初唐佛教の思想史的矛盾と國家權力」（昭三十八）等々の盛觀である。

(Ⅲ) 昭和二十年（民國三十四年）以後の五行說研究動向

旣說、顧頡剛・范文瀾の論爭、特に陳夢家氏「五行之起源」（昭十三、民二十七）論は、今日においても、卓然として、その五行本質や形成事情の究明には、必見の文獻となっている。そして、民四十五年（昭三十一）に、楊向奎氏の「五行說的起源及其演變」、楊超氏の「先秦陰陽五行說」が成され、民五十一年（昭三十七）には鄧鐵濤氏の「中醫五行學說的辨證因素」、民五十三年（昭三十九）には李漢三氏の「陰陽五行對於兩漢政治的影響」などが、考到されている。これをわが國戰後學界について見ても、夙に昭和二十三年には、木村英一氏が、「五行思想の成立とその背景」(中國的實在觀の研究)につき論究され、小林信明氏は「中國上代陰陽五行思想の研究」を、主として文獻上よりものされ、戸田豐三郎氏・新開高明氏などに評説あり、やはり陳夢家氏等の卜辭金文よりする考見や、加藤常賢氏の卜辭金文的文字學や民俗上よりする「陰陽五行說」等の所見を參考して、文獻と考覈する研究方向が採らるべきであろうし、また事實その動向に歸着しつつある。赤塚忠氏の「中國哲學の發生的事業—五行觀の成立を中心として—」(昭三十七)なども、その一例であり、內野熊一郎の「五行原始抄記」も、陳夢家氏の方向に副った抄記である。なお平岡禎吉氏の「淮南子の氣の研究」中にも、五行思想が言及されている

(Ⅳ) 昭和二十年(民國三十四年)以後の經籍古書索引の作成

「墨子引得」(民三十七、昭二十三)、「荀子引得」(民四十、昭二十六)、「元史語彙索引」(昭三十六)、「論衡事類索引」(昭三十五)、「敦煌遺書索引」(昭三十七)、「莊子引得」(民三十六、昭二十二)、「史記及注釋綜合引得」(民三十六、昭二十二)、「孝經引得」(民三十九)などが、燕京大學引得編纂處などから、「支那學索引シリーズ」などとして、また「中國叢書索引」(民五十一、昭三十七)等多數刊行され、またわが國でも京大人文研究所索引編集委員會から、「老子索引」(昭二十五)、「唐代の人々」(昭二十四、二十六)、「歷代名人年譜」(昭二十六)、「文選索引」(昭二十九、斯波六郎氏編)、「唐代の曆」(同二十九、平岡武夫氏編)、「唐代の散文家」(同上)、「唐代の長安と洛陽」(同三十一)「李白詩索引」(同三十二、花

房英樹氏編）等々を、また後藤俊瑞氏は「朱子四書集注索引」（昭二十九）・「朱子四書集注或問索引」（同三十）・「詩集傳事類索引」（昭三十五）を、東北大學中國學研究室は、「百子全書索引」（昭二十八）などを、枚擧にいとまもないほどであり、これら索引編修の續出は、一般的知識理解の整頓と、時間に制約される近代人の能率經濟上、便益を計る爲めの現象であろう。

(V) 昭和二十年（民國三十四年）以後の輯佚補校に關する動向

この期の彼此學界に、最も注目を集めたのは、かつて瀧川博士が長年を費して研究と輯佚とを遂げた「史記會注考證」と、その中に包含される「正義佚文」の輯集であるが、これを繼述して、「史記會注考證校補」及び「史記正義佚文輯集」を大成した水澤利忠氏の業績は、高く評價されてよかろう。これに關して、二、三中國學人の疑問も現われたようであるが、やはり「我國古傳の博士家史記抄類や書入レ資料」に、周到な搜査蒐收を果しての校補輯佚作業であるから、小瑾は免れなかろうが、まず大體は承認されてしかるべきか。しかして青木五郎氏の「史記索隱における劉伯莊史記音義の投影」（昭三十九）、水澤利忠氏の「猿投神社藏史記古鈔本殘卷考」（昭三十九）なども、參考すべき關係論文である。

次に、緯書關係についても、陳槃氏は「秦漢閒之所謂符應論略」（集刊十六、民三十六）、「戰國秦漢方士論考」（同十七、民三十七）、「論早期讖緯及與鄒衍書説之關係」（集刊二〇ノ一、民三十七、昭二十三）、「論讖緯及其分目」（大陸誌特一下、民四十一、昭二十七）を、また施之勉氏は「說讖」（大陸誌一、民三十九)、を試みている。

わが國においても、夙に久野昇一氏は「易緯に見えたる軌について」(東洋學報三一ノ一、昭四十七)論じ、平秀通氏は「讖緯序説」(昭四十八)、中村璋八氏は「緯書に現われた五徳終始説」(昭五十二)、内野熊一郎は「緯觀念の發展と緯書説の生成・源流」(昭五十三)、小澤文四郎氏の「易緯」(昭五十七)、宇野精一氏の「讖緯説」(昭五十七)、安居香山氏の「漢代圖讖の宗教思想」(昭五十九)、などが試論されたが、特に緯書輯佚の中國先學の遺を補拾せんとして、安居香山・中村璋八兩氏の「緯書集成」稿本(油印、昭三十四より昭三十九までに)が編集された。それは中國古書中に引存されて未收のものを始め、わが國古書や古傳本中に引存ないし抄記されて未收のものにまで及ぶ精周捜索の成果であり、整頓過程中のものであるから、なお不完全を免れないが、この若い力の不屈の努力は認められねばならない。

さらに論語鄭注佚文や論語釋文「魯讀從古」鄭注佚文などの輯佚に、努力發見の成果を擧げたものとして、山田勝美氏の「論語釋文佚文一條の發見」(昭五十)や、新美保秀氏の「我國古傳論語古寫本書入レの論語釋文佚文」(昭五十七)、特に「論語鄭注における「魯讀從古」例の新資料」(東方學二一、昭三十六)などが、牢記されてよいもの。すなわち「日本古傳論語古寫本」(正和・嘉曆・建武本)清原家學「書入レ」中に、「魯讀從古」例が二十一條あり、その中四條は他書に類見しない新資料なのである。また「孝經述義の復原」(昭二十八)や、「孝經鄭注義疏」の探究に、宿年盡瘁、その學績を大成された林秀一氏の偉業も、注目すべき一動向である。

(VI) 昭和二十年（民國三十四年）以後の漢簡・碑・鏡銘文研究の動向

漢簡について、勞榦氏の資料校定や、考證・解讀や、研究の功績は大きい。そして陳槃氏も「漢晉遺簡偶述」（集刊十六、民三十六、昭二十二）・「漢簡賸義」（清華學報二、民五十、昭三十六）を試み、又王夢鷗氏は「漢簡文字類編」で漢隷・楷・草字體を精究し、勞榦氏はさらに「論漢代之亭障與烽燧」（集刊十九、民三十七、昭二十三）・「論漢代的遊俠」（文史哲一、民三十九、昭二十五）に、論及している。そしてわが國においても、漢簡の研究は重視され、森鹿三氏を中心とする京都大學人文研究所「東洋史研究」（十二ノ三、昭二十七）に特集され、森氏の「居延漢簡研究序說」、日比野丈夫氏の「漢簡所見地名考」等が究明されているし、また米田堅二郎氏の「居延漢簡とその研究成果」（昭五十三、五十四、古代學）、內野熊一郎の「漢魏碑簡の資料性」（昭三十）、田中有氏の「簡牘研究年表」（昭三十六）・「有紀年漢簡資料年表」（同）、藤原高男氏の「居延漢簡考」（昭三十八）、永田英正氏の「居延漢簡烽燧考」（昭三十九）などがある。

なお京大人文研究所では、漢簡索引も作成され、斯界を裨益する日も近かろう。また漢魏碑文の「隷釋編索引」・「隷續編索引」及び「秦漢魏鏡銘文索引」（內野熊一郎編）も漸く影印刊行され、共に漢代研究の一面が窺えることである。

(VII) 昭和二十年（民國三十四年）以後の唐代研究の動向

昭和二十四年頃から、京大人文研究所には、平岡武夫氏を中心とする「唐代研究班」が形成され、諸種の唐代關係索引や研究著述が、續々と編修刊行された（既述）。これはまた注目さるべき一動向であり、その成果が期待されることである。

(VIII) 昭和二十年（民國三十四年）以後の唯物的・社會・經濟史的觀點に立つ研究動向

既說の如く、中國における戰後のこの動向は、中共成立と共にますます强くなって、最近二、三年の狀況は相當執拗な趣さえ感ずる。（三の(I)のⒶ・Ⓑ參照）。

そしてわが國でも、これに連關して、唯物的ないし社會史的觀點に立つ研究業績や動向は、盛行の氣運にある。重澤俊郞氏の「中國哲學史研究―唯心主義と唯物主義の抗爭史―」（昭三十九）、日原國利氏「春秋公羊學の倫理思想」（昭三十九）、藤川正數氏「魏晉時代の國相が國王の爲めにする喪服制」（昭三十九）、野村浩一氏「近代中國の政治と思想」（昭三十九）など、多數に上る。が、また哲學的本來的な動向も弛みなく進展している。荒木見悟氏の「佛教と儒教」（昭三十七）、增谷文雄氏の「東洋思想の形成」（昭三十九）、鎌田茂雄氏の「中國華嚴思想史」（昭四十）など。ただそれが、いかなる社會や政治や經濟や制度や民俗などの背景裡に、形成され發展されて來たか、というようなことは、もちろん考慮されてしかるべきである。事實、現今の中國哲學・思想や經學が、全般的には此の二面の方向で、それぞれ堅實眞摯な考究・批判・調査・蒐收が行なわれており、わが國の中國學は、歩々綜合的・批判的・中道に即する力強い進展を續けている。

（一九六五・昭和四十）

II　成年時作成丙篇的論說

〔丙編〕北鮮李朝申綽「詩次故」の詩經說學熟攷

〔昨夏（昭和十年夏）、東方文化學院東京研究所から支那滿鮮に出張視察を命ぜられ、各地に資料を探訪して裨益される所があった事であるが、其の中の一つが此の朝鮮に於ける「詩次故」の收獲であり、當時一行が歸來報告の「東方學報東京第六册別篇」中の一講である。蓋し、朝鮮史編修官文學博士稻葉岩吉先生の特別なる御恩顧により、該書に就いての御指教を忝うし、剩え拜借閲覽の便宜をも與えられて、大いに啓發されたことである。今ここに、此の一篇を草し得るのは、一に同先生の賜物なることを憶い、遙かに渥く謝辭を上って止まぬ次第である。因に「詩次故」は、近年、前朝鮮總督宇垣閣下の特に私財を捐して印行された學界佳話の存する一書、謹んで其の高風に欽仰して措く能わざるものである。〕

一 序 説

詩經に關する考究の中、「詩四家の今古文系統性竝びに逸詩」に就いて纏った研究乃至言及を試みている者は、後漢許愼五經異義あたりを始めとして、唐陸德明經典釋文、宋晁説之詩序論等があるが、特に宋王應麟の詩攷、困學紀聞等に至って、大に組織立てられて來った様であり、茲に此の方面の學は劃期的更新を遂げるに至った。而して、宋代王應麟の詩攷の學の中、その逸詩に就いての學は、明代楊愼の風雅逸篇の學などに繼承展開されていったと推される。然るに、是に於て、詩經の此の方面の學は、二分派を生じた。というよりは、寧ろ地域的に、別に一分派を形成させるに至ったと想われる。卽ち、本流的には、清朝に繼承されたる趙翼陔餘叢考・王崧説緯・范家相三家詩拾遺・陳寿祺・陳喬樅の三家詩遺説攷・詩經

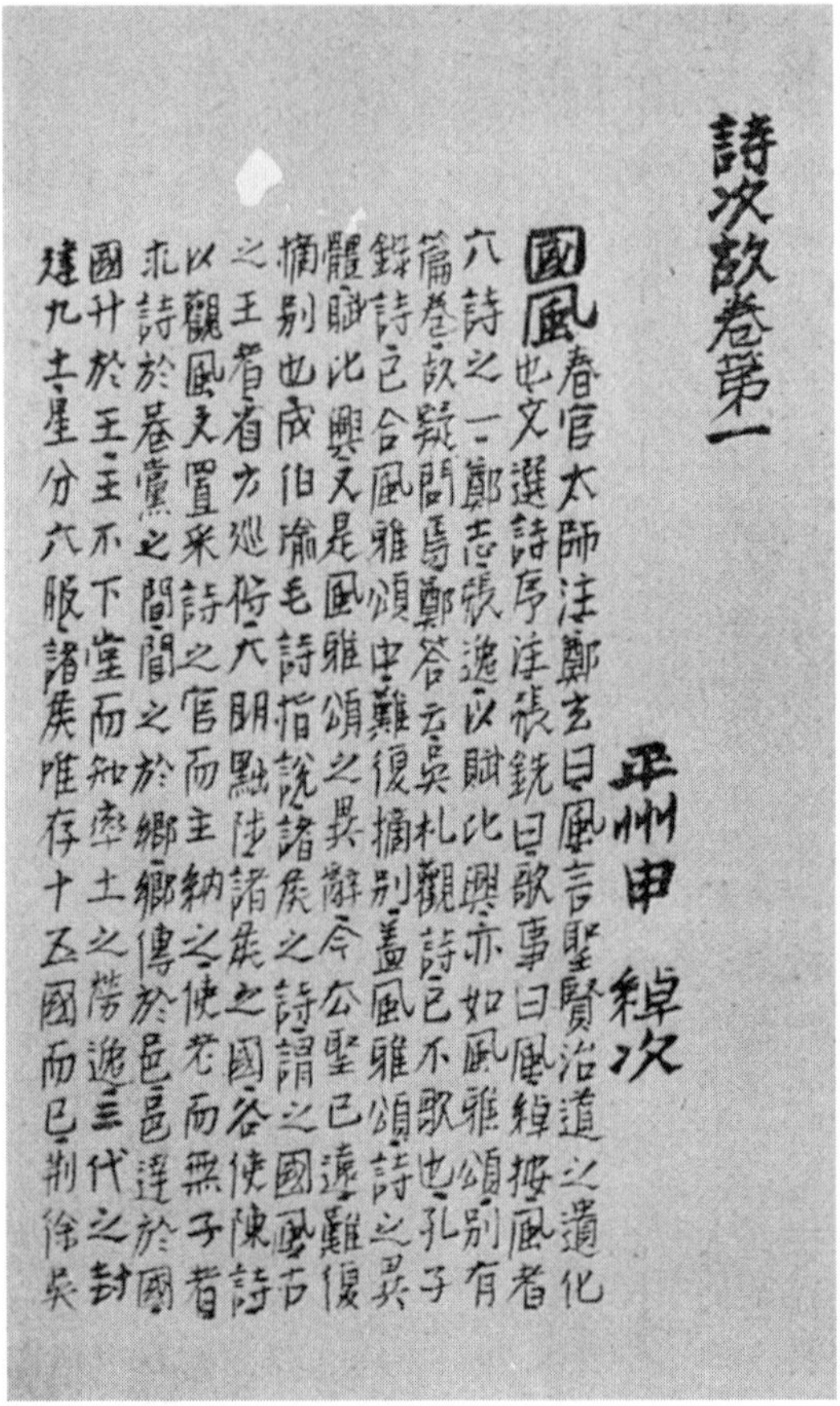
詩次故卷第一

平州申　綽次

國風 春官太師注鄭玄曰風言聖賢治道之遺化也文選詩序注張銑曰諷事曰風綽按風者六詩之一鄭志張逸問賦比興亦如風雅頌別有篇卷故疑問焉鄭答云吳札觀詩已不歌也孔子錄詩已合風雅頌中難復摘別益風雅頌詩之異體賦比興是風雅頌之異辭命公聖已遠難復摘別也成伯瑜毛詩指說諸侯之詩謂之國風古之王者方巡狩六朋黜陟諸侯之國各使陳詩以觀風又置采詩之官而主納之使老而無子者求詩於巷黨之間間之於鄉鄉傳於邑邑達於國國升於王王不下堂而知率土之勞逸三代之封建九州星分六服諸侯唯存十五國而已刪除矣

第一圖　詩次故卷一國風

異文釋・王先謙詩三家義集疏、等々に於ける詩學がそれであり、分流的には、嘗て朝鮮半島に流傳していたる宋明斯學が、同じく清朝初期の頃に、醞釀醗酵するに至り、半島獨自の成生を遂げてあらわれ來ったる申綽氏「詩次故」の學がそれである。（第一圖參照）勿論、當時の李朝學界には、既に清朝學術の若干は移入されつつあった様子であるが、併し申綽氏の詩學には殆ど影響する所はなかったはずで、寧ろ此等の清李兩朝の詩學は、夫々別個に、宋明斯學を傳承展開し來ったものと推される。（且又、申綽詩次故の學は、後漢許愼の五經異義の學風に負う所も多いと思われる）かくて、清李兩朝の此の方面の詩學は、宋明斯學の二大文化分流を成して存するものであると言うを得べく、かくて申綽詩次故の學は其の文化系統上から推して有意義なものと考えられるのである。

然も之を、申氏一家の家學として見ても、亦意義深きものであり、更に朝鮮學術文化の復興期に於ける所産として見れば、一層興味あるものとなり來るであろう。

而して、此の「詩次故」の詩學を、淸朝詩學の一般相と考較する時、そこに詩學一般性上に於ける、「申綽詩次故の詩學の位地と價値と」が、徐ろに見え初めて來るであろう。以上に就いての若干の考察、此れが此の本論の目的である。

二　詩次故の成作と當時の學界

抑々、「詩次故」の書は、朝鮮碩儒申綽氏の力著であり、廿二卷、外雜一卷、異文一卷、一帙七冊の大作である。その自敍傳や、石泉墓銘や、詩次故後敍等によれば、父は大羽、海西平山府の儒者、綽は其の仲子であり、石泉と號し、李朝英祖三十五年（A.D.一七五九、日本寶暦九年、淸朝乾隆二十四年）に生れ、純祖二十八年（A.D.一八二八、日本文政十一年、淸朝道光八年）七十才を以て歿した人である。隨って、李朝正宗の文藝復興期に其の壯盛時代を過ごしたのである。而して、申綽の家弟申絢の後敍には、（第二圖參照）

積二十年、觀止錄訖、依經第次、易數藁而斷手、歲戊午、家人失火、燼滅無跡、先人惜其功、以爲關於性命、…仲氏復抖擻神精、…碎籤殘札、累積寸得、更十七霜而書又成、凡二十有二卷、文與今經異者…一卷、興廢傳述、及引用書目一卷、…、歲乙亥嘉平、家弟絢敍、

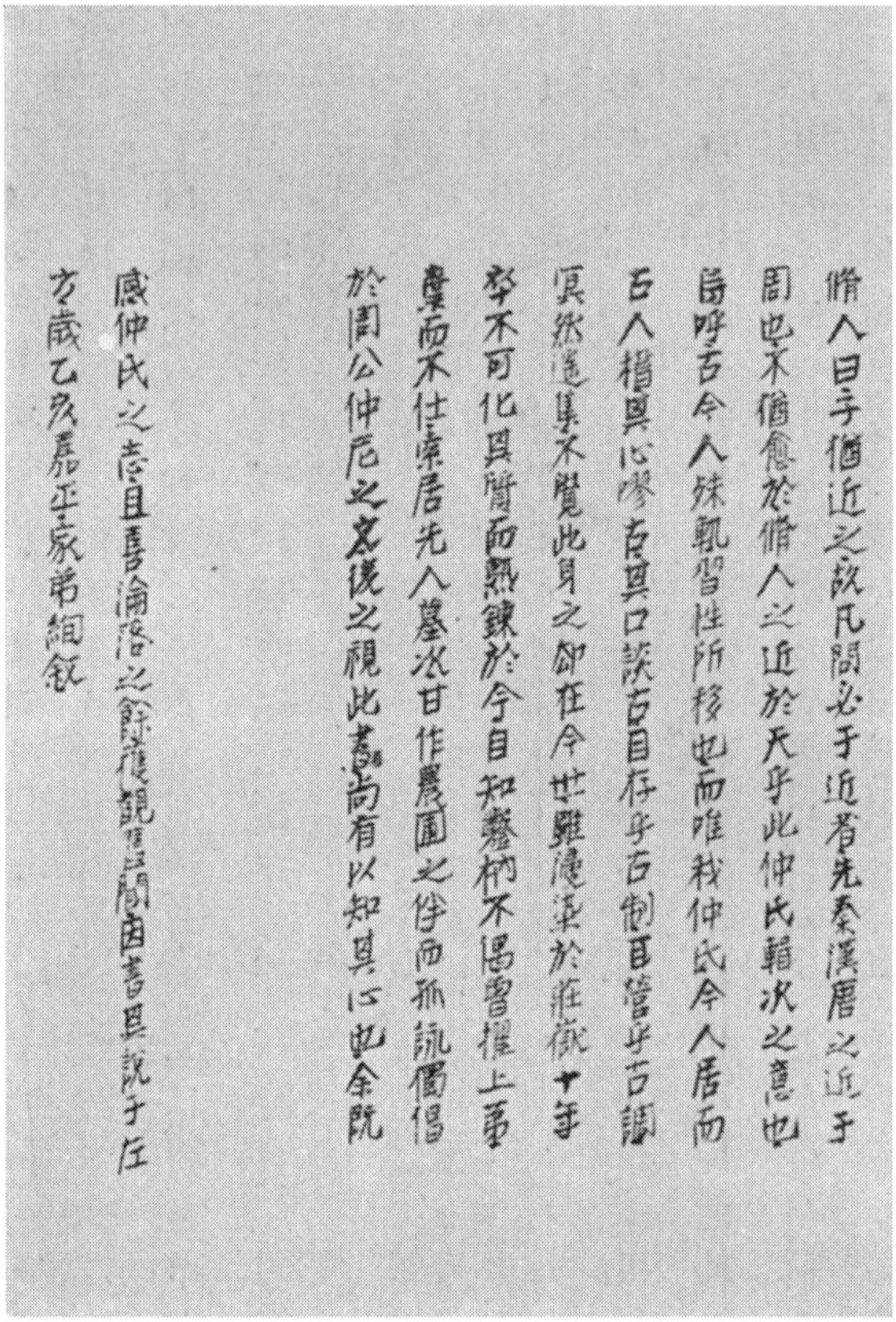
脩人曰乎循近之故凡問必于近者先秦漢唐之近乎
周也不循愈於脩人之近於天乎此仲氏輯次之意也
嗚呼古今人殊氣習性所移也而唯我仲氏今人居而
古人楫其心參古其口談古目存乎古制耳營乎古韻
寘然遂集不覺此身之卻在今世雖淹染於莊嶽十年
季不可化其腸而熟鍊於今自知鑿枘不偶雷擢上第
棄而不仕桑居先人墓下甘作農圃之傜而孤詠獨倡
於周公仲尼之書後之視此書尚有以知其心也余既
感仲氏之志且喜淪落之餘復覩其間因書其說于左
方歲乙亥嘉平家弟絢叙

第二圖　申絢後敍

と言えば、實に前後三十七年有餘を經て、「詩次故」なる書は成生したことである。且、最初に殆ど成就の域に達していたものは、戊午の歳卽ち正宗の二十二年に於て、火事に遭い燒滅したと言えば、正宗二年（乾隆四十三年）頃卽ち申綽二十才頃から、此の詩次故の著作は始められ、四十才頃には一應、大體完成したが、火禍に亡爐し、其後更に十七年餘を經て純祖の乙亥十五年（嘉慶二十年）前後に再び完了し、現存の如き詩次故書を成生するに至った樣である。（「詩次故解題」亦參照）

之を淸李兩朝學界に些か比照して見るに、申綽の生年より二年程前に惠棟は卒し、申綽二才頃に段玉裁は擧人にあげられ、申綽十二才頃には陳寿祺が生れ、申綽二十二才頃には、陳奐詩毛氏傳疏が成され、申綽二十八才頃には金秋史が生れ、三十二才頃には范家相三家詩拾遺が成立され、王引之が北京に入ったらしく、四十才頃に家人失火して、書稿烏有に歸し、四十三才頃には朴楚亭が三度目の入燕より歸鮮した。朴楚亭は清朝文化に通じた人であった。五十二才頃には、金秋史が入燕から歸鮮した。當時支那には、紀曉嵐・孫淵如・陳仲魚等が生存していたし、日本では林述齊・松崎慊堂・古賀精里等が健在であった。(此等に就いては、京城大學文學會編「東方文化史叢考」中の藤塚博士「金秋史の入燕と翁・阮二經師」による所が多い)五十五、六才頃には詩次故が完成してい、六十一才頃には陳寿祺三家詩遺說攷が成立したらしく、七十才にして申綽が歿せるより、後十年餘を經て、陳喬樅の魯・韓・齊詩遺說攷が成生している。

要するに、申綽氏の時代は、清朝の乾隆、嘉慶、道光初年に亘る數十年に當り、清朝文化の隆盛期に際會してい、清朝學術は朴楚亭、乃至は金秋史等によりて、旣に若干は半島に將來されていたし、特に半島は當時文藝復興期及び其の直後に當っていたと思われる。

而して、申綽氏の詩次故に於ける態度を窺うに、石泉申君墓銘に曰く、

君…作詩次故、自春秋秦漢以來、至于唐、有言詩者、片句隻章、操孤牘細書、捃抄積二十年、連累貫統爲書、…、

と。卽ち、周秦漢以下唐代までに至る詩句說に關するものを輯集貫統して、詩次故を成作したらしい。更に、家弟申絢氏の後敍に引く申綽自言には、

仲氏曰、吾之書、主於詁而略於義、通其詁者義可知、次止於唐、爲其近古也、…、以古訂古、寄理在

古、古之有也、非吾有也、…先秦漢唐之近于周也、不猶愈於脩人之近於天乎。（此仲氏輯次之意也）といいい、訓詁を主とし、唐以前の古昔に近いものをのみ輯次し、古字古訓を以て詩經句説を古形態に訂正しようとした様であり、此は明らかに漢學派の立場である。當時の李朝官學は、勿論宋學であったろうが、そうした環境の下にかかる漢學派の態度を以て終始したのは、申家家學乃至彼自身の個性にもよろうが、又漢唐學風、特に宋代晁説之、王應麟等の學風の影響を受容したが爲でもあろうか。

以下に、彼の詩次故に於ける詩經説學を稍詳究し、竝に、詩經説學一般史上に於ける地位と價値とを考察したい。

三　申氏家學の傳承展開としての「詩次故」

先ず石泉申綽の「詩次故」は、父學に基くものであり、一の家學的所産乃至發展であると言えよう。その自敍傳にも「嘗治二毛詩學一、兼二綜諸家一、著二詩次故一…傳二于家一」といい、又、「家藏墳籍屢千卷、多二祕典逸牒一、閒居繙閲、參二差經謨一」といっている程なれば、申綽氏が家藏家傳の祕典逸牒を閲讀し、又毛詩學を治めたことを知るのであり、恐らく「申家の家學」に出たであろう。併し、此の方面に就いては、尙、石泉集其他の「易次故」「書次故」等の資料を、更に詳細に集收考察する要あれば、後日に詳察を讓り、今は其一例を擧げておきたい。

例えば、詩鄘風柏舟篇「髧彼兩髦」の説に於て、申綽氏の詩次故は、「此は共伯が早世したことだ」と見、史記衞世家の攻殺されたと言う記事を、「非なり」とするのであるが、之を論證するに於て、先ず家君大羽に聞ける詩説を、參酌するのであり、曰く、

綽聞二之家君一、曰『史記記二衞武公事一大失レ實、索隱氏辨レ之、是也、然意推レ之耳、其所レ引詩序當矣、而詩序非二記事書法之書一、則亦未レ可下以《テ》不レ云レ被レ殺而輙定中其卒與《ト》上レ殺《ヲ》也』以レ餘詳攷、蓋共伯《シ》固《モトヨリ》己《ニ》蚤一死於釐侯之世一、而武公以二次子一代レ之位也、何以知レ之、史稱二武公立五十五年卒一、國語云、武公年數九十有五、…其卽レ位之時、年已四十餘矣、使二共伯而在一者、其年固當《ニ》レ加レ多二四十一、過二四十一之人、不レ當下以二蚤死一稱上也、然則詩序蚤一死之二云、果不レ可レ信乎、曰信、吾已徵《ニ》二於柏舟之詩一矣、……、共伯之蚤-死定、而武公之得レ位亦正《シ》、此千古不易之案也、

と。卽ち、「綽聞二之家君一、曰」より「輙定二其卒與一レ殺也」までは、父君大羽の詩説であり、此れによりても、申大羽に、既に「詩經學」が有り、申綽等は、常にそれを承聞していたことが推察されるのである。而して、申大羽に於ては、未だ明確には、共伯蚤死の事が論證されていなかったのであるが、之を承け繼いだ申綽は、國語特に柏舟詩句よりして考覈し、遂に千古不易の斷案である、という信念に富む定説を、出すに至っているのであり、かくて「申綽詩次故の學」が、家學に基づき、更にそれを展開せしめたものなることが、知れるのである。

四　「詩次故」における「詩經成生説」と其の「宋代詩學攝取」

かくて次に、彼石泉申綽氏の詩經學の究明に進まんとする者であるが、先ず詩三百餘篇の成生に就いての見解を略考したいと思う。而して此れは、孔子が刪詩せるや否やの問題ともなるであろう。

此れに就いて申綽氏は、詩の作られるや必ずしも聖人の手に出でず、歌謡は民閒巷閭に發し、美刺は朝廷に興ったと見るのであり、更に孔子世家や王充論衡に於ける「三千餘篇を刪して三百餘篇を得た」との所謂孔子刪詩説を採らないのである。曰く、『若《クンバ》二二子之言《ノ》一、是《レ》十《ニ》去《ル》二其《ノ》九《ヲ》一也、而《シテ》據《レバ》二左氏所《ノ》一レ引《ク》、見-在《ノ》詩多《ク》、亡-逸《ノ》詩少《シ》、則《チ》非《ズ》三十《ニ》去《ル》二其《ノ》九《ヲ》一、乃《チ》十《ニ》存《スル》二其《ノ》九《ヲ》一也、二子之言《ハ》、殆《ンド》不レ可《カラ》レ信《ズ》』孔子曰《ク》、「詩三百、一言以《テ》蔽《ヘバ》レ之《ヲ》」又曰《ク》「誦詩三百、不レ足《ラ》二以《テ》レ一《ヲ》獻《スルニ》一」豈《ニ》自《ラ》刪《シテ》二其《ノ》詩《ヲ》一、而遽稱《センヤ》三以《テ》二三百《ヲ》一也、故《ニ》知《ル》三百餘篇《ハ》元《ノ》數則《チ》然《ルナリ》、非《ザル》下指《サシテ》二刪-本《ヲ》一而言《フニ》上也』と。併しながら、石泉氏と雖も、全く孔子が手を加えないとはせず、篇章句字の上では、夫々若干の刪定を行った、と見る様であり、曰く、

故-詩之元-數、止《マル》二於三百餘篇《ニ》一而《シテ》若《キハ》二其中流小品《ノ》一、固《もとヨリ》在《リ》三夫子之所《ニ》二刊落《スル》一也、大《ハ》則《チ》以《テシ》レ篇《ヲ》以《テシ》レ章《ヲ》、小《ハ》則《チ》以《テシ》レ句《ヲ》以《テシ》レ字《ヲ》、苟《クモ》合《スレバ》二於韶武雅頌之音《ニ》一、則《チ》斯《レ》已《やム》矣、所-謂篇-刪《ナル》者《ハ》、如《ク》二左傳所《ノ》一レ云《フ》、河水新宮、鳩飛茅鴟之類《ノ》一、舊《ヨリ》有《リ》二其詩《ノ》一、得二以《テ》賦《スルヲ》一レ之《ヲ》、夫子正《シ》レ詩之後、不レ入《ルハ》二於三百篇中《ニ》一、是《レ》所-謂篇-刪《ナル》者也、所-謂章-刪者《とは》、如《シ》二禮記所《ノ》一レ云《フ》、昔吾《ハ》有《リ》二先正一、其《ノ》言明且清、國家以《テ》寧《ク》、都邑以《テ》成《リ》、庶民以《テ》生《ズ》、誰能《カク》

秉《リ》國成、不自爲《ラサ》正《スヲ》、卒勞《ニサント》百姓《ヲ》、是《レ》節南山之第七章也、夫子刪去《シ》昔吾有《リ》先正以下五句《ノヲ》、只《ダ》取《リ》誰能秉國成以下三句《ノヲ》、付《シ》六章之末《ニ》、而合《シテ》爲《スノミ》一章《ト》、是《レ》所謂章刪《ナル》者也、所謂句刪者《とは》、如《シ》論語《ニ》所《ノ》云《フ》、巧笑倩《タリ》兮、美目盼《タリ》兮、素以爲《ス》絢《ヲ》兮、是《レ》衞風碩人之詩也、而《シテ》今詩《ノ》無《キハ》素以《テ》爲《スノ》絢《ヲ》一句、是《レ》所謂句刪《ナル》者也、所謂字刪者《とは》、如《シ》節南山之誰能秉《カクルノ》國成《ヲ》、刪去《シ》能字《ノヲ》、直《チニ》云《フガ》誰秉《カルト》國成《ヲ》、是《レ》所謂字刪《ナル》者也、(逸詩序)

と。卽ち、篇刪、章刪、句刪、字刪等を行って、孔子は現今の詩經を作り上げた、と見る事であり、此の考は、宋人歐陽脩の、

刪詩云者《トフハ》、非《ズ》止《マルニ》全篇刪去《ニ》、或《ハ》篇刪《ニシ》其章《ノヲ》、或《ハ》章刪《ニシ》其句《ノヲ》、或《ハ》句刪《ニスルナリ》其字《ノヲ》、(呂氏家塾讀詩記卷三十二)

という見解に基づき、稍展開したるものと推される。事實、申綽が「詩次故」を撰著するに當って、呂氏讀詩記なるものを看察していたことは、谷風四月篇で、

綽按《ズルニ》 呂氏讀詩記引韓詩曰、四月歎《ハズル》征役《ヲ》也、蓋義與《シ》毛同《ジ》、

といい、呂氏讀詩記を擧例しているによりても察せられよう。かくて、申綽の「刪篇章句字」說は、宋代歐陽脩の詩說學などに基づいたものであろうかということが、先ず推考されて來るのである。

然るに又、周子醇の樂府拾遺なるもの（佚書であるが困學紀聞卷三上に引載されて存する）にも、

孔子刪詩、有《リ》全篇刪者、驪駒是《レ》也、有《リ》刪兩句者、月離于畢、俾滂沱矣、月離于箕、風揚沙矣、是《レ》也、有《リ》刪一句者、素以爲絢兮、是《レ》也、

といい、孔子の「刪詩篇句」論が見えている。而して、王應麟は又、「愚攷レ之、…若《キハ》二全篇之刪一、亦不レ止《マラ》二驪駒《ニ》一」と言っておるから、此の孔子「刪篇句」説は、宋代詩學に於て相當に汎行していたものと言うべきであり、李朝に於ても宋學が盛行した事なれば、此等に影響を受けたかも知れぬ。即ち、彼申綽の「詩次故」に於ける詩學――特に先ず玆では孔子刪詩説に就いて――は、主として周秦漢唐以前を根據とするが、然も尙、又宋代詩學にも採る所があった、(尙、宋代王氏詩攷、晁説之詩序論を採據する事は、第六の(1)の(A)條に説く)と言わねばならぬであろう。

五　「詩次故」における「今古文詩四家分岐説」と「毛傳成作傳承説」

次には、申綽氏の今古文詩四家分派論及び毛傳成作者竝びに毛詩授受等に就いての見解を窺いたい。尤も申氏は、詩四家に就いては云々するも、今古文詩四家とは言明していないのである。故に先ず、今古文詩四家、隨って又今古文家説なるものに就いて、一應、究明し、詩家の今古文説的對立、特に一般今古文家説對立が、漢初に既存せることを考定しておきたいと考える。

(1)　今古文家説の對立乃至今古文詩家説の分立は漢初に既存すること

今、史を按ずるに、史記儒林傳に於て曰く、「言レ詩、於レ魯則申培公、於レ齊則轅固生、於レ燕則韓太傳」と。卽ち又、魯・齊・韓三詩あるを說くも、尙、「今古文詩」を言明してはいない。以下、漢志、隋志、釋文、皆大同である。但、隋志に至って、魯詩、齊詩、韓詩と竝べて、「毛詩古學」と僅かに毛詩古學と稱するを見出す。蓋し、此れによれば、魯・齊・韓詩を今學と見なすのであるべく、そこに詩經における今學、古學を言明し來っていることを、看取し得るであろう。然るに又、後漢許愼五經異義によれば、詩魯說、韓詩說、毛詩說などと略稱されつつ、一方では、今韓詩說、今詩韓・魯說・古毛詩說なども、稱謂されているのである。卽ち、此に於ては、詩說に就いての今古文說が、明白に言及されていることである。而して、今詩說とは漢初學官に立った三家を含み、古詩說は漢初の學官には立っていないものである。かくて、詩の「今古說」を言明しているものは許愼等が最初であろうかと想われるが、事實上、今古詩說の成生鼎立は漢初に既存した。卽ち齊魯韓三家詩を云爲し、毛詩の學を言及するのは、詩の今古文說對立を云爲するものに外ならぬと思われるから。而して、一般經書學に就いての今古文系對立に就いてならば、既に司馬遷が言明して、

孔氏有古文尙書、而安國以今文讀之、因以起其家、（史記儒林傳）

と說いている。卽ち、伏生尙書を今文と呼び、孔壁本を古文尙書と呼稱して、書經に就いての今古文二家系併存を言及しているのである。又、史記吳世家等には、「太史公曰 …余讀春秋古文」なるものあり、左傳を古文と謂うのであり、既に春秋公穀今文に對して之を「古文」と稱謂しているのを見るのである。又、

許愼の所謂古尙書說「五天」說の如きは、毛傳黍離篇に既に引採されて存するから、蓋し漢初當時の今文尙書說と竝び存していたことであろう。かくて現存の史實上より見ても、經書學の今古文說對立は、史遷に於て既に明白に意識されているし、又それ以前の文帝頃に於ても、其の事實が想定されると思われる。もしそれ、班固漢志に及んでは、更に一層意識され來っている。

以上の如くして、今古文家說の分立は、前漢初期既存のことであり、又之を今古文系と意識されてもおったと推せる。隨って、詩家說に於ても、三家と毛詩とが存立することを認める以上、それは今古文詩四家說の對立を認めるものでなければならない。即ち詩四家の今古文說は漢初に分立既存したと想われる。

(2) 今古文詩四家說分立に關する申氏の見解

次に、此の「今古文詩四家の分岐定立」に就いての申氏の見解は、如何であろうか？　氏は、詩次故中の「詩興替傳述」なる考論に於て、曰く、

漢興《リ》…、景武之世、又徵二崇《シ》儒術《ヲ》一遺典逸策、閒出《デテ》二於屋壁巖穴之閒《ニ》一、而故老之得《シ》レ逃《ルヲ》レ難《ヲ》者、徵徵尋二理舊學一、專二門教授一、然《レドモ》去《ル》レ聖《ヲ》已《ニ》遠《ク》、見聞異《ニシ》レ辭《ヲ》、詩分《ハレテ》爲《リ》レ四《ト》、文字音訓有《リ》レ殊《ナル》、於《テハ》レ魯《ニ》則《チ》申培公、於レ齊則轅固生、於レ燕則韓太傅、河閒《ニハ》則大毛公、是《レ》也、

と。即ち、之を按察するに、所謂漢代今古文四家詩學の分岐派生に就いて、若干言及していると考えられ

るのである。卽ち、漢初景帝、武帝の頃に、遺典逸策が屋壁巖穴の閒から出現して來たが、然も、其外に、秦末漢際の難を逃れ得ていたものが魯・齊・燕・河閒等に殘存し、それ等の人々は、周秦舊學を尋理し、專門に教授したが、已に先秦聖賢を去る事遠く、隨って見聞傳習する所も夫々異動を生じて來、文字音訓等にも殊異する點を岐出し來った爲に、詩學に於ても分派を形成するに至った。そして、其の主なる者が、齊で行われていたる轅固生の詩學、魯で行われていたる申培公の詩學、燕で行われていたる韓嬰の詩學、河閒で行われたる毛享の詩學の四家であり、此れが漢代の詩學分派の源泉をなしている、と言うのである。卽ち、今古文詩四家經說の生成分派を論じて、「秦漢の故老學者が舊學を尋究し專門に教授したこと、周代古聖を去ること遠く、見聞傳習に異辭を來していたこと、隨って各家は己の見聞傳習に基づき獨特の字句音訓を專守授受するに至ったこと等に其の素因を見出し、それ故に、四家詩說の如き分派が成立したと見るらしい。此の如き、四家詩說分派生成論をなす者は、未だ漢志・隋志・釋文等に於ては見られぬ所であり、例えば、

仲尼沒《シテ》而微言絕《エ》、七十子喪《シテ》而大義乖《そむク》故《ニ》（春秋分《レテ》爲《リ》レ五《ト》）詩分《レテ》爲《ル》レ四《ト》、…凡三百五篇、遭《ヒテ》レ秦《ニ》而全《キ》者《ハ》、以《テノ》四其《ノ》諷誦不《ルヲ》三獨《リ》在《ラ》二竹帛《ニ》一故《ナリ》也、漢興《リテ》魯申公爲《つくリ》二詩訓詁《ヲ》一、而《シテ》齊轅固、燕韓生皆爲《ル》二之《ガ》傳《ヲ》一、或《ハ》取《リ》二春秋《ヲ》一采《リ》二雜說《ヲ》一、咸《みな》非《ズ》二其《ノ》本義《ニ》一、…又有《リ》二毛公之學一、（以上、漢志）

というものに於ても、或いは又、

凡三百篇、至《リテ》レ秦《ニ》獨《リ》以《テ》爲《シテ》二諷誦《ヲ》一不レ滅《ビ》、漢初《ニ》有《リ》二魯人申公一、受《ケ》二詩《ヲ》於浮丘伯《ニ》一、作《ル》二詁訓《ヲ》一、是《ヲ》爲《ス》二魯詩《ト》一、齊

人轅固生亦傳《ヘ》詩《ヲ》、是《ヲ》爲《ス》齊詩《ト》、燕人韓嬰《モ》亦傳《ヘ》詩《ヲ》、是《ヲ》爲《ス》韓詩《ト》、…又趙人毛萇…作《リ》詁訓傳《ヲ》是《ヲ》爲《ス》毛詩古學《ト》、（隋志）

というものに於ては特別に、更には又、

孔子…凡三百十一篇、以《テ》授《ケ》子夏《ニ》、…口《ヲ》以《テ》相《ヒ》傳《フ》、未《ダ》有《ラ》章句、戰國之世、專《ラ》任《ジ》武力《ニ》、雅頌之聲、爲《なル》鄭・衞《ノ》所《ト》亂《ス》、其《ノ》廢絕亦可《シ》知《ル》矣、遭《ヒテ》秦《ノ》焚書《ニ》而得《ル》全《キヲ》者、以《テ》其《ノ》人《ノ》所誦諷《スル》不《ルヲ》專《ラ》在《ラ》竹帛《ニ》故也、漢興《リテ》傳《フル》者有《リ》四家、魯人申公…爲《リ》訓詁、號《シテ》曰《フ》魯詩《ト》、…齊人轅固生作《リ》詩傳《ヲ》、號《ス》齊詩《ト》、…燕人韓嬰作《リ》內外傳《ヲ》、號《シテ》曰《フ》韓詩《ト》毛詩出《ヅ》自《リ》毛公、（釋文）

というものに於ても、皆、詩經には四家あることは言うも、四家派生の素因に就いては、言及すること詳らかでないのである。卽ち、此の點に於ては、「申綽の詩次故に於ける考說は」卓越生彩あり、と言えよう。

而して、後世清末の劉師培の如きに至れば、此の今古文四家詩說分派生成論は、大に整備されており、「古人說詩、均取古人之詩、以寓己意、不必泥于本詩之文、亦不必泥于本詩之旨、故說詩之語不同、…後儒各記所聞、互有詳略、後世見其所記之不同、遂《ニ》疑其立說互岐、由是四家各立派別、…蓋由《ル》荀子弟子所記各有所偏、復各本其所記之詞互《ニ》相教授《スルニ》、由是詩經乃由《より》合而《シテ》分《ル》、故四《ニ》家之中、有同有異、其《ノ》所《ノ》以異《ナル》者《ハ》、記者詳《ラカニシ》此《ヲ》而《シテ》略《ニスル》彼《ヲのみ》耳」（國粹學報二十四期以下「漢代古文學辨證」、及び左盦集卷二）と、詳論され來っている。卽ち、古人の說詩は、賦詩斷章、斷章寓意であり、原文原意に拘泥せず、故にその詩說には種々なものが生じ、それを後儒が聞見して、互に詳略して傳承したから、遂に四家詩說の如きものが生成するに至ったのであり、それは大體、荀子の弟子あたりより始まる、と推考しているのであり、此の論旨は又實に申綽の所論要旨に同軌なる點が見出せるのである。かくて申綽の此の論説は、大いに傾聴されて然るべきものと思われる。（而して、先秦に於ける詩家系統相が如何にあったかに就いては、申綽氏も若干意見を洩しておるが、六に述べる）

(3) 毛傳の成作と毛詩傳承に關する申氏の見解

先ず、毛傳の作者についての彼申綽の説は、鄭詩譜、陸璣詩疏、釋文敍錄等に據るものなるべく、

大毛公者《は》名《ハ》亨、授《ク》二趙人毛萇《ニ》一、時人謂《ヒテ》レ亨《ヲ》爲《シ》二大毛公《ト》一、萇《ヲ》爲《ス》二小毛公《ト》一、…大毛《ハ》爲《ニ》レ詩《ノ》作《ル》二詁訓《ヲ》一、竝《ビニ》注《シ》二其《ノ》義《ヲ》一、總﹁名《シテ》 之《ヲ》一曰《フ》二故訓傳《ト》一、傳《フ》二于家《ニ》一、（傳述敍）

と言っている。卽ち大毛公の作とするのである。而して、彼は小毛公の作とする見方に就き、それは小毛公が大毛傳を基として若干潤色したが故に、或者は毛傳を毛萇の作と考えなすのである、と説明している。が、此の潤色説は、果して如何なものだろうか。異論もあろうと思う。要するに、毛傳は大毛公の作であるが、小毛公も之に若干潤色したものだ、と見るらしく、此は、大毛公の作と見る説と小毛公作と見る説とを調停せんとした獨特の中間説である、と推せられる。

尙、毛詩古文の授受系統に就いては、釋文引徐整説の「子夏→高行子→薛倉子→帛妙子→大毛公」には

「所レ未《ダ》レ考《ヘ》ル」として從わず、却って釋文引一説の「子夏→曽申→李克→孟仲子→根牟子→孫卿子→大毛公」に從っている様であり、更に「或曰《ハク》、卿六傳《シテ》而至《ルト》二大毛公一者《ニは》、非《ナリ》也」（傳述敍）といい、荀子六傳にして、大毛公に至るとの或説は、之を否定していることである。

かくて、此等の諸點に就いても、「申綽詩次故」の説は、とにかく一種獨特の説を出しており、又その或るものは妥當性にも富むと思われ、其の功業が偲ばれる。

六　詩次故の今古文詩四家系統性論定と其の位地と價値

さて又、申綽詩次故に於ける詩説學の大なる一傾向は、今古文詩四家——特に今文三家詩の系統性に關する論定を試みていることである。勿論、彼氏は今古文の語を用いてはいないが、魯齊韓詩を三家と呼び更に毛詩を擧例する事等より見れば、やはり今古文系統性を論じたものと考うべきであろう。故に、申氏の論定する詩説今古文四家系統性の様相と、及び其の詩説學史的位地等を、以下に若干括説して見たいと思う。

(1)　其の卓見に富み且四家詩説史的意義と價値ある説例

(A)　例えば、關睢序説につきて、申綽氏は三家及び毛詩の系統性を分立定論し、詳細を極めているので

ありー、曰く、(第三圖參照)

綽按、關雎序說、三家各ー自不ㇾ同。

(1)史記年表、周道缺、詩人本ニ之衽席一、關雎作《ル》。儒林傳、周室衰、而關雎作《ル》。班固離騷章句序、關雎哀ニ周道一而不ㇾ傷。並以ㇾ此爲ニ周衰譏刺之詩一、而但不ㇾ言ニ所ㇾ刺爲ニ何人一。按周本紀、懿王之時、王室衰、詩人作ㇾ刺、蓋班馬之意、以爲ㇾ刺ニ懿王一也、彼注ニ司馬貞一曰、宋忠云、懿王自鎬、徙ニ都犬丘一、時王室衰、始作ㇾ詩也、此蓋《レシ》齊詩說也。知者《ルハ》、漢世三家、魯詩則有ニ康王晏起之言一、韓詩則有ニ應門失ㇾ守之語一、而與ニ彼二說一不ㇾ同、知ニ齊詩一也。

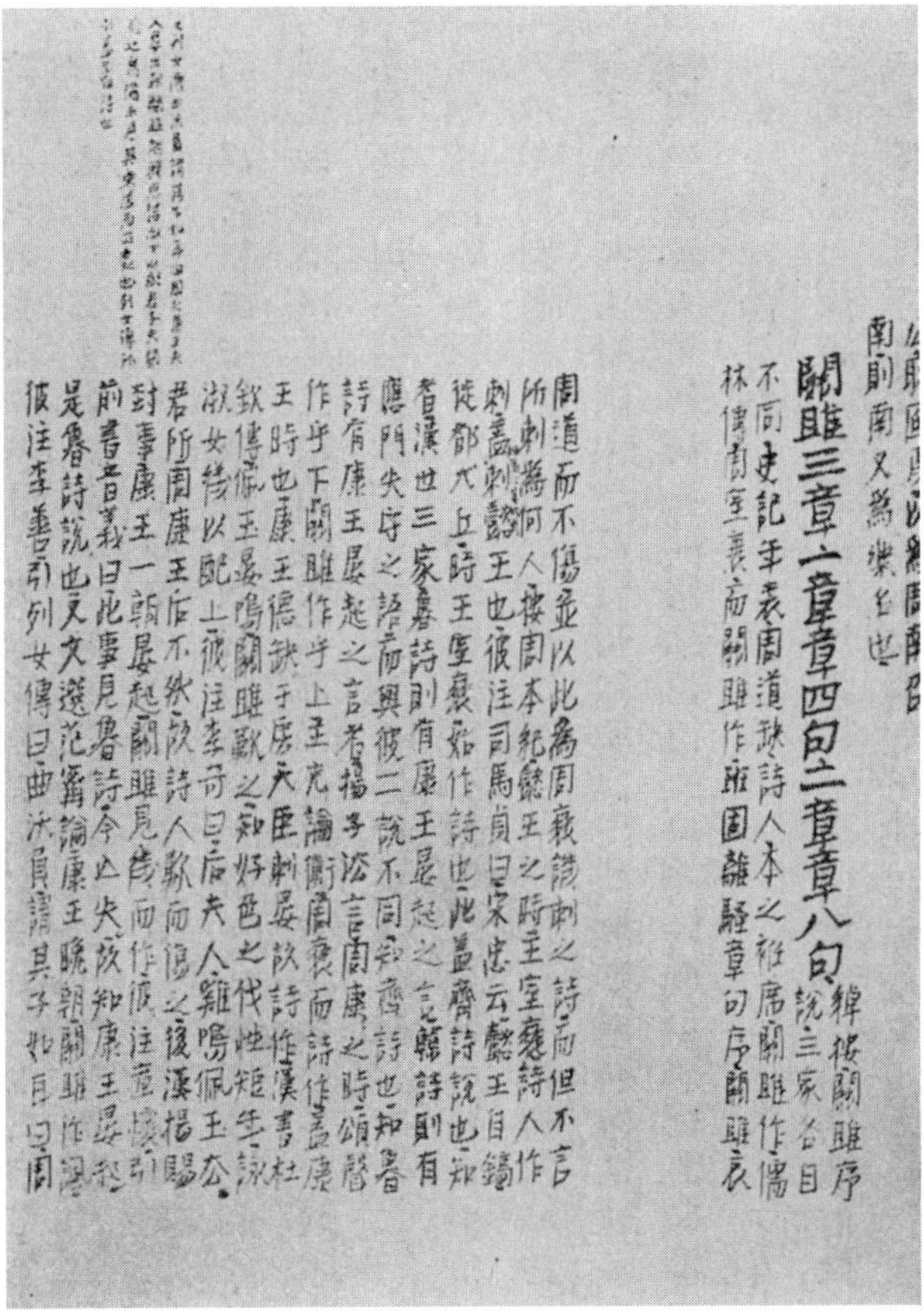
關雎三章一章章四句二章章八句
綽按關雎序說三家各自不同史記年表周道缺詩人本之衽席關雎作儒林傳周室衰而關雎作班固離騷章句序關雎哀
周道而不傷並以此爲周衰譏刺之詩而但不言所刺爲何人按周本紀懿王之時王室衰詩人作刺蓋班馬之意以爲刺懿王也彼注司馬貞曰宋忠云懿王自鎬徙都犬丘時王室衰始作詩也此蓋齊詩說也知者漢世三家魯詩則有康王晏起之言韓詩則有應門失守之語而與彼二說不同知齊詩也

第三圖詩次故關雎序說

⑵知《ル》魯詩有康王晏起之言者《は》、揚子法言、周康之時、頌聲作乎下、關雎作乎上。王充論衡、周衰而詩作、蓋康王時也、康王德缺于房、大臣刺晏、故詩作《ル》。漢書杜欽傳、佩玉晏鳴、關雎歎之、知好色之伐性短年、詠淑女、幾以配上、彼注李奇曰、后夫人、雞鳴佩玉去君所、周康王后不然、故詩人歎而傷之。後漢楊賜封事、康王一朝晏起、關雎見幾而作、彼注章懷、引前書音義曰、此事見魯詩、今亡失。故知康王晏起、是魯詩說也。又文選范甯論康王晚朝、關雎作諷、彼注李善引列女傳曰、曲沃負謂其子如耳曰、周之康王晏出朝、關雎預見、虞貞節曰、其婦人晏出、故作關雎之詩、以感誨之、同是刺康、而或云康王、或云康后者、蓋康后晏起、康王亦晏起、事實相連、故刺彼刺此、義得兩通。又文選注呂延濟曰、康王晚朝、內人誦關雎詩、以刺王、以此爲康王內人所刺、與王充所云大臣刺晏者不同、然呂則只是意推耳、王則逮見魯詩、當以王爲正。

⑶知韓詩有應門失守之語者、後漢明帝詔曰、昔應門失守、關雎刺世、彼注章懷引春秋說題辭曰、人主不正、應門失守、歌關雎以感之、……薛君韓詩章句曰、詩人言、雎鳩貞潔愼匹、以聲相求、隱蔽于無人之處、故人君退入于私宮、后妃御見有度、應門擊柝、鼓人上堂、退返燕處、體安志明、今時大人、內傾于色、賢人見其萠、故詠關雎說淑女、以刺時、既引春秋說題辭、而以薛君章句、證成之、則知應門失守是韓詩說也。

⑷又按、鄭玄注禮時、先通三家、故禮注多用三家語。而其注鄉飲則云、關雎后妃之德。與毛序正同者、鄭於禮注、雖用三家、其大不安者、多追改從毛故也。

と。即ち、⑴齊詩説は、關雎を、周懿王の時に王室衰えたれば詩人が懿王を諷刺して作るものと見なし、史記年表、儒林傳、班固離騷章句序、特に周本紀及び其の司馬貞注等は、皆此の齊詩説系統と見るらしく、又、⑵魯詩説は、關雎を、周康王晏起を刺るの詩と見、楊子法言、王充論衡、漢書杜欽傳、後漢楊賜封事、劉向列女傳等は皆此の魯詩説系統と見なして論定し、又、⑶韓詩説は、之を應門失守を刺るの詩と見、後漢明帝詔及び其の章懐注引春秋説題辭、薛君韓詩章句等は皆此の韓詩説系統なりとしている様であり、又、⑷毛詩説は、之を后妃之德を歌うものとし、鄭儀禮鄉飲酒禮注は此の毛詩説に據ると見ている。

かくて、申綽詩次故に於ける關雎説に就いての今古文詩四家系統性定立は、極めて詳細緻密に試みられているのである。而して、古來、詩説系統の分立相を究明した人々は、尙僅少ではない。然る時、此の申綽詩次故に於ける詩四家系統性定立論が、それ等の研究者閒に伍して、如何なる史的位地と價値を有するであろうか？　次に之を究明して見たいと思う。

今古文詩説系統性の分立的究明は、旣に許愼の五經異義等に於て、相當まとまった考論がなされているが、今日殘存の句説中には、關雎説に關してのものは見當らない。又賈逵も齊魯韓詩と毛詩との異同に就きて撰著する所があった様である（王應麟詩攷序）が、殘存しない。宋の洪邁容齊四筆卷一「關雎不同」にも毛・齊・魯・韓四説の分立あるも簡單である。而して宋代王應麟は三家詩攷を著わし、又困學紀聞を撰して、今古文詩説系統性の分立を試みている。其の詩攷後序に於て、「許氏説文敍謂、其稱詩毛氏、皆古文也、而字多與今詩異、豈詩之文亦如書之有古今歟」と論じている等は、明らかに其の意圖を示している者と言えよう。先ず、その關雎説に就いて見るに、「韓詩」説系に於ては、薛君章句、後漢書明帝詔、竝びに其注等を擧例し、「魯詩」説系に於ては、漢書杜欽傳、李奇説、後漢楊賜傳、竝びに其注を擧例し、「齊詩」説の條には存せず、更に「詩異字異義」の條に於て、列女傳、後漢書、後漢紀楊賜上書、楊雄法言、史記年表、儒林傳、後漢注引春秋説題辭等を擧説し、而して詩攷後序では、「詩四家異同、…關雎正風之始也、魯齊韓以爲康王政衰之詩」と括説しているのである。又、困學紀聞の方にありては、「近世説詩者、以關雎爲畢公作、謂得之張超、或謂得之蔡邕、未詳所出」をいい、或は「太史公云、周道缺而關雎作、艾軒謂、三家説詩各有師承、今齊韓之詩、字與義多不同、毛公爲趙人、未必不出於韓詩、太史公所引、乃一家之説、…當有來處、非口傳之失也、薛士龍曰、關雎作刺之説、是賦其詩者」をも言っている。以上の如き、王應麟の詩説今古文四家系統分立論を以てすれば、申綽の詩次故における三家分立の如きも、殆ど大同點があるのであり、唯それを一層明白精確に分立した所に特質があると思われる。特に周本紀等により て、齊詩説「周懿王を刺る詩」を定立したが如きは、一大特質價値といえよう。而して此點は、清代范家相の三家詩拾遺に於ても言及されていず、又陳寿祺父子の三家詩遺説攷に於ても、王先謙の詩三家義集疏に於ても、共に言及されていないのみならず、却って陳・王兩氏は周本紀等を魯詩説に分屬せしめるのである。かくて、申綽の見識は、此の齊詩説上に於て古今獨歩の感がある。其外、魯詩・韓詩の方面に於て、申綽は詩攷の未整備點を整頓したる形を有しており、旁々、恐らくは王應麟等の詩攷、困學紀聞等にも依據する所があったのではないかと推論される。例えば、范家相三家詩拾遺の如きは、乾隆庚戌（五十五年）頃には既に成っており、稍、申綽詩次故よりも先んじている（申綽三十二才頃詩次故成立に先立つ數年である）如くであるが、既に「餘就深寧王氏之詩攷、更爲蒐補」とて、王氏詩攷に依據して更に考論蒐補せんことを言明している（尚、范氏は晁說之詩序論をも參見せることは、采蘩に於て、「毛說爲有據矣、三家他無所考、惟晁說之所見魯詩以鵲巢、采蘩采蘋、皆康王詩」というによりても知られる）程なれば、此れと殆ど時を同じうし、且、朱子集傳等の宋代詩學が盛行したる李朝半島の碩學申綽氏が、三家詩說系統性を云爲せんとするに、よも此の詩攷を參看しなかったことはあるまい。事實、宋代の詩學を見聞していたことは旣說の通りであるし、又「綽按、宋明閒、有韓詩者、傳於世、其兩無正序曰、雨無極、刺幽王也、篇首多雨無其極…八字、然韓詩久已散失、未必其眞、今不取也」（詩次故雨無正篇）と言うよりしても、其の宋明詩說學に參看依據したことは知れるであろうと思う。

果せるかな、申綽氏は、鼓鐘篇に於て、詩攷を參見せる片鱗をあらわしている。卽ち曰く、

綽按、詩攷引韓詩、以鼓鐘爲昭王時詩、鄭玄中候握河紀注、昭王時、鼓鐘之詩、所爲作、以未見毛詩、故依韓詩爲說也、

と。蓋し、詩攷引載の韓詩に就いて言及する所よりすれば、やはり彼氏が詩攷を參看していたと考うべきであり、隨って宋代王應麟の詩攷に於ける詩三家分立說の原理等に依據するところも多かったと推論さるべきであろう。

然も亦此の外にも、申綽氏は、宋代詩說學の詩三家系統性定立論に就いて、參見せる者あり、卽ち王風

に於て、

按、晁氏詩序論齊魯韓三家、以王風爲魯詩、未知見於何書、

といい、「晁氏詩序論」なるものを參看したことである。此の晁氏詩序論なるものは、王應麟困學紀聞三上にも採説されて、「晁景迂詩序論云、序騶虞、王道成也、風其爲雅歟」などとあるものであり、景迂生集（或は嵩山集）巻十一「詩之序論」中に存する。蓋し、晁氏が、詩序に關して齊魯韓毛四家詩説の異同を論じた者は、「詩之序論三」にあり、曰く、「在漢有齊詩、魯詩、韓詩、毛詩、齊魯韓三家之詩、早立博士、而傳者多卿相顯人、所説與毛詩又不類、以關睢、葛覃、卷耳、采蘩、采蘋、騶虞、鹿鳴、四牡、皇々者華、之類、皆爲康王之詩、王風爲魯詩、鼓鐘爲昭王詩、異同不可悉擧。賈誼以騶虞爲天子之囿、以木瓜爲下之報上、劉向衞宣夫人作北栢舟、黎莊公夫人作式微、陳娟道蔡人之妻作芣苢之類、皆三家之説也、……、如此則其序必不同也、惜乎、…三家之説不著乎今、而今所略見者、韓詩之敍曰、芣苢傷夫也、漢廣悅人也、汝墳辭家也、蝃蝀刺奔女也、其詳可勝言哉、…而既名之曰四家詩、則詩各有敍也明矣、…」と。卽ち、關睢以下諸篇の作者論に就いて、齊魯韓三家説と毛詩説との異同例を擧げ、以て四家詩に各々敍があったと見來っているのである。此の如き四家詩序説の異同考較は、卽ち是れ實に今古文四家詩説の系統性劃立に外ならぬと考えられるのである。申綽氏が言及せる「王風爲魯詩」の一節も、亦此の如き晁氏の詩四家系統性分立に關する論説に參看刺取したものであったのである。

而して、此の晁景迂卽ち晁説之なる人は、宋代元豐、元祐の時人、汎く群經籍に通じて詩序論を著わし、

王應麟氏等にも採據されたもの。之を申綽氏も又採って參考にしているよりすれば、恐らく、申氏の三家詩説分立的言説の原理原則は、又此の晁氏詩序論に於ける見解にも影響される所が多大であったろう。卽ち、詩次故における申綽氏の詩説學は、晁説之、王應麟等の宋代詩説學に原據胎生するものと推定し來らざるを得ないのである。然も、申綽氏の卓越せる所は、此等に原據しつつ、之を批正整備して、自ら一個の獨創地を開拓定立した點であろう。もしその詳細度から見るならば、淸代范家相は遙かに劣るも、陳喬樅の三家詩遺説攷、王先謙の詩三家義集疏の如きは、稍比肩伯仲の閒にあると思われるが、申氏詩次故は恐らく此等淸朝の三家詩説考究家には依據する所がなくて成生し、然もそれ等を卓出し、獨見さえ存するという點が、依然として傑作中に入れられるかと思う。

尙、申氏が、周召南に就いて今文三家が皆「周衰之作」とする根據を究明して、「且何彼襛矣、有云平王之孫、齊王之子、而春秋之時、桓王之女平王之孫、下嫁齊襄公、自有明文、不可謂平正天下之王、平王之詩旣入於二南、則知二南是周衰之作、此三家所據以爲説者邪」（關雎序の説）といい、毛傳「平正也、文王孫」説を破り、平王の孫が齊襄公に下嫁するの詩句と見、隨って周衰世の作であるから、三家は之に據るのだろうと推定した如きは、朱子集傳の或説に近く、且集傳では「未知孰是」として殘されたもの、申氏は之を前述の如く定論し、一には三家詩説に根據を與え、二には平王説を論證したものであって、極めて卓見と言わるべきである。

(B)「牆有茨」篇「中冓之言」説に就いて、申綽氏は又今古文四家詩説系統の分立を試みており、曰く、

⑴說文、冓、交積材也、象對交之形。漢書梁孝王傳、聞中冓之言、注、應劭曰、中冓、材構在堂之中也。師古曰、冓謂舍之交積材木也、應說近之。⑵（漢書梁孝王傳）注晉灼曰、魯詩以爲夜也。⑶綽按、釋文引韓詩曰、中冓中夜、謂淫僻之言也。蓋韓魯竝以此爲中夜、則應許所說、其齊詩與。⑷鄭申毛義、以此爲宮中冓合淫昬之事。

と。即ち、⑴は、說文、應劭、師古等の中冓は舍の交積材木だとするもので、魯韓說に異なれば、之を齊詩說かと推定するのであり、⑵は晉灼の明言する如く魯說で、中冓は夜の意だというもの、⑶は韓詩で、やはり中冓は中夜なりとするもの、魯韓兩說は合同なのである。⑷は鄭箋系で、宮中冓合淫昬之事と見、毛義「中冓、內冓也」を申說したものだとするのである。惟うに、⑷の鄭箋說が毛義を申說したと見る申綽氏の見解は、稍當らない。范家相三家詩拾遺二には、「鄭冓爲冓合之義、毛義爲長」といえば、既に毛鄭兩義に閒隔ある事が察せられ、又、陳奐傳疏四、などにも、「鄭箋…恐非此詩毛意」と論じられているのである。而して、⑵⑶は既に王氏詩攷にも擧げられ、范氏拾遺にも存しており、特に陳氏遺說攷では、更に玉篇引詩說をも備說し、且曰く、「魯家亦訓中冓爲中夜、…是魯詩之說與韓詩同」（韓遺韓說攷三）と。此等の點は大同である。然るに、申綽氏は、⑴の如く、應劭注、師古注、說文等により、今文齊詩說をも立說するのであり、此は詩攷以下范氏、陳氏等には言及されていない點であり、そこに詩說史的に獨自性を具え、「中冓之言」に就いての齊詩說系分立を試みた最初の一人と言い得よう。併し、其の論據は、唯、魯韓毛鄭に異動するものなる故に、齊詩說系だとするのであり、未だ必ずしも妥當であるとは言えない。殊に、許氏說文の「詩交積材也、象對交之形」を以て、詩說乃至齊詩說であるなどとは、尙更言い難かろう。但し、應劭、師古の注說は、とにかく詩句を解いた或る詩說であるとは言えなくはない。而して、之を「齊詩說か」と見る考えも一見解ではある。それにしても、王先謙詩三家義集疏三中では、「應、師、望文爲說、失之愈遠矣」の如く、「舍之交積材木也」說を失義のものとして斥ける樣である。

要するに、申綽氏の「中冓之言」に關する詩四家系統分立論は、その妥當性に於ては未成なる部分があり、特に齊詩系定立に就いて然りとするも、とにかく、疑問の餘地はあっても、之が定立を試みた點に其の歷史的意義を認めるべきであろう。

(C) 又、小雅「采薇」篇に於ける申綽氏の說は、

(1)文選蕃嶽詩、劉良曰、文王之時、西有昆夷之患、北有玁狁之難、故作采微之詩、以遣征役。綽按、此據毛詩序、故云文王之時、三家則當不然。(2)漢書匈奴傳云、至穆王之孫懿王、王室遂衰、戎夷交侵、中國被其苦、詩人始作、疾而歌之曰、靡室靡家、獫狁之故、…是其說也。

というものであり、(1)は古文毛序詩說系で劉良說も之に基づくし、且「文王の時」の作とするのであるが、(2)は周衰懿王の時の作であり三家同じと見なすらしく、漢書匈奴傳詩說を其の例としている。而して、范家相は、「此詩諸家悉同毛序、惟班固作懿王時刺詩、亦本之三家」と說き、申氏說に大同である。又、陳喬樅も、史記周本紀、漢書匈奴傳、白虎通征伐篇等を皆懿王時の怨思の詩と見て、魯說に據るとする。然るに、王先謙氏は、詳論備說して、周本紀、白虎通等を魯說に漢書匈奴傳のを齊說に、夫々分屬し、且、

韓詩も大旨同じかるべし（集疏十四）としている。以上、要するに、三家詩説は合致していたものなるべく、後世其の系統を詳究分立せんと試みているが、所詮、申綽氏詩説の旨趣を出ること、さして多大でなく、其の見識亦推すに足りようと思う。

(D) 又、假樂篇に就いて申綽氏は、漢郊祀志、論衡藝增篇、毛詩序を擧例し、三者は夫々、文王之詩、宣王之詩、成王を嘉美するの詩として不同なるが、蓋し漢郊祀志、論衡の兩説は、三家詩中に出でたろうと説いている。卽ち曰く、

毛詩序曰、假樂、嘉成王也。綽按、漢郊祀志、杜鄴説王商曰、詩云、率由舊章、舊章先王法度、文王以之、交神于祀、子孫千億。又論衡、詩云、子孫千億、美周宣之德、…。一以爲文王之詩、一爲宣王之詩、竝與毛序不同、想於三家詩中有此語。

と。而して、詩攷、拾遺等には尙之に言及するものはない様であり、清代陳喬樅氏に至ると、言及あり、

案、毛詩以假樂之詩、爲嘉成王。今據論衡述詩以爲美周宣王之德、是魯詩之説與毛義異、（魯詩遺説攷十六）

とて、論衡詩説を魯詩系とする。又、王先謙氏も之に大同であり、「論衡藝增篇…、是魯詩、與毛序嘉成王不同。齊韓未聞」（集疏二十二）といい、但、齊韓詩は未だ聞かず、としている。此等によれば、嘗て申綽氏により、三家の何れかに屬すると推測された論衡「美周宣之德」の詩説は、遂に陳・王氏等に及んで今文魯詩系として定論され來ったことであり、卽ち史實的には關係がないかも知れぬが、その説義上では、申綽説の展開形態と見なせ得ようと思う。そこに、詩説史上、申氏の占むべき獨自的位地が考えられ

來るのである。而して、陳・王氏等と雖も言及せざる漢郊祀志所載杜鄴の詩說を、申綽氏は旣に己に抽出して、之をも亦今文三家詩說の何れかであると推定していたのであり、此は實に又獨自の卓見と言わるべきか。因に、杜鄴は成帝時の人。張敞の子吉に從學したらしい。而して、杜鄴傳に、棠棣、角弓の詩を怨刺の詩とする點より見れば、魯詩說系である。（陳喬樅魯說攷八「按、杜鄴以棠棣與角弓、竝爲刺詩、亦據魯家之說、」參照、王氏拾遺十四亦同旨）併し、漢郊祀志に於ける杜鄴の嘉樂詩說は、稍魯詩系とは異なる樣であり、或は齊詩系を存したのかも知れない。

(E) 又、魯頌「閟宮」篇の詩句に就いて、申綽氏詩次故は、今古文四家系統性を分立して曰く、

> 按、周禮隷僕鄭注引此、新作寢、奕奕作繹々、不同者、彼從三家爲說也。然班固王延寿賦李善注、曹褒傳章懷注、竝引韓詩、作新廟奕奕、不作寢廟、則其作寢廟者齊魯二家說也。蔡邕獨斷、…、頌曰、寢廟奕奕、言相連也、蔡邕嘗以魯詩寫石經、則此亦當從魯詩文也。而只作寢廟、不作繹繹、則其云寢廟繹繹者、其齊詩歟。

と。卽ち先ず韓詩は「新廟奕奕」に作りて毛詩と同じく、「寢廟奕奕」に作るは蔡邕獨斷にて此は魯詩なるべく、隨って周禮注に「寢廟奕奕」に作るは齊詩系であろうと言うのである。蓋し、推論、據ありと言うべく、妥正の說であろうと思われる。

而して、之を王氏詩攷に考うるに、詩攷は、韓詩として「新廟奕奕」（薛君傳、後漢曹褒傳、文選注）を指摘するのみで、他の系統には言及せず、但「異字異義」の例として又蔡邕獨斷の「寢廟奕奕」及び周禮鄭注の「寢廟繹繹」を擧げているばかりである。又、范家相は蔡邕獨斷を唯擧げるのみである。かくて、申綽氏の分立

論は、詩攷の詩説形態を遙かに發展させた形態を具え、斷然、獨自的價値性を有すると言わねばならぬ。

而して、之を陳喬樅遺説攷に比考するに、魯詩説攷に曰く、

案、毛詩新廟奕奕、周官鄭注引詩作寢廟繹繹、……、揚雄甘泉賦曰、正周詩語、然則魯詩文當作寢廟繹繹、今揚雄太常箴、蔡邕獨斷、及高誘呂覽注引詩倶作寢廟奕奕、此後人據毛詩改之、竝宜訂正、

と。卽ち、揚雄甘泉賦によれば、魯詩は正に「寢廟繹繹」に作るべきだという。又齊詩攷では曰く、

周禮隸僕鄭注、詩云、寢廟繹繹、相連貌也。案、毛詩作新廟奕奕。文選注引韓詩亦作新廟、薛君章句以奕奕爲盛貌。惟齊魯詩竝作新寢廟繹繹、與毛韓文異、

と。卽ち毛韓は同じく「新廟奕奕」に作り、齊魯は共に「寢廟繹繹」に作るという。蓋し、中緯氏にありては齊魯を區別し、蔡邕獨斷の「寢廟奕奕」を以て魯詩の形態としたのであるが、陳氏は揚雄甘泉賦の詩句を信じて、獨斷、以下揚雄太常箴、高誘呂覽注等の詩句を後人が妄改せるものと推すのであり、隨って齊魯兩詩を同形態と見なしてしまうのである。惟うに、蔡邕、楊雄、高誘等の諸氏諸種の文獻を、特に「奕々」のみ毛詩に據りて改作したと言うことは、どうもおかしいと思う。むしろ、中緯氏説の如く、齊魯兩詩句を分立させた方が穩當であるまいか。故に、王先謙詩三家義集疏二十七に、

魯齊新作寢、奕作繹、

といい、陳喬樅説を襲用しているのも、亦同樣に、不當と言える樣に思う。

かくて、此の點に於ても、中緯氏の見識は卓拔であると想われるのである。

而して、此れは、申綽氏が其の詩今古文系統性を分立するに、詩説上よりするばかりでなく、詩句上からしても之を考定するという態度を窺うに足る價値であると考える。

以上の如くして、申綽氏は、詩説及詩句等から、今古文詩四家系統の大様を分立推定し來っているのであり、宋代より清代に至るまで、未だ曽て有らざる程の卓越せる見識と整正緻密な考據とを出しているのである。其の前後を通じて三十有七年間に亘る心血は、擧げて皆「此の詩次故」に傾注され盡し、此に宋代詩説學の系統より胎生展開し來った詩説文化が、朝鮮半島に於て成生され、遠く支那清朝の乾嘉詩説學と兄弟的に相對し、毫も遜色なき價値を確保した。宋代詩説學は、實に此の兩系統の詩説文化に化生して後昆に相見えているのであり、詩次故は實に其の一半を擔っているものである。

(2) 稍遜色あるも四家詩説史的意義ある價値例

然るに又、「申氏詩次故」と雖も、十全を期することは不可能であり、中には稍未稿遜色ある見解もないではない。例えば、召南采蘩篇の説などは其の一である。

(F) 卽ち、采蘩篇に於て曰く、

射義、士以采蘩爲節、采蘩者樂不失職也、鄭注曰、樂不失職者、謂采蘩曰、被之童々、夙夜在公、鄭又注鄉飲酒禮云、采蘩言國君夫人不失職也。綽按、王符潛夫論云、背宗族而采蘩怨、蓋出於三家詩序

而不可攷、

と。蓋し氏は、禮記竝に鄭注の「樂不失職也」説を擧げ、別に系統は云爲せず、次いで王符の「背宗族而采蘩怨」說を採擧し、之を今文三家詩序に出たろうと見なすが、其の何詩系なるかは考えつかぬとしているのである。惟うに、「夫人不失職也、夫人可以奉祭祀則不失職矣」と見るは、毛詩序であり、鄭詩箋の如きも亦之に基づくものであろう。卽ち、毛詩序と禮家説とは、此の點では合致するらしい。然るに、申氏詩次故では、之に言及していない。清代陳喬樅氏は、禮記竝びに鄭注を、齊詩遺説攷に分屬させ、「案、禮家以采蘩爲樂不失職、則知齊詩同毛也」と論定しているのであり、此は陳氏の見識を以て妥當とすべく、申氏説は未成と言わるべきか。而して、申氏に在りては、王符潛夫論「背宗族而采蘩怨」説が唯今文三家詩序に出たろうと推定するに止まるのであるが、陳喬樅氏に於ては、之を魯詩説に分屬し、論證して曰く、

案、潛夫論以鹿鳴爲刺詩、與司遷史記年表、蔡邕琴操、高誘淮南注、并合、又以行葦爲咏公劉詩、亦與劉向列女傳合、是其用魯詩之明證、然則此以采蘩爲怨詩者、當亦据魯説也、(魯詩遺説攷)

と。大體、從うべき推定であろう。隨って、此點でも亦、申綽氏の見識は、未成というべく、陳氏説に完成の長所が存する。但し、申氏が夙に、此の王符詩説を、三家詩序の何れかに出る、と推考した見識は又非凡である。然るに、王先謙氏は、「陳氏以爲此詩魯說、非是」と陳氏説に反對し、曰く、

三家無異義(毛序説に)、王符潛夫論班祿篇背宗族、而采蘩怨、疑蘩是蘋之譌、…、若采蘩、詩義無一語及宗族、知其誤也。(詩三家義集疏二)

と。卽ち別說を唱え來ったのであり、かくて三家說は毛序に異なる所なしとする。併し、采蘩に、宗族の詩意なしとは言えまいから、やはり陳氏說を以て妥當と推すべく、隨って采蘩に就いては、「王符以采蘩爲刺詩、是用魯說。禮家以采蘩爲樂不失職、則知齊詩異魯而同毛也」（陳氏齊詩遺說攷一）とて、毛齊兩詩說は合致して一系統をなし、魯詩說は又之に異なりて一系統をなすと考定すべきであり、申綽氏の見解も亦此の傾向にあるが、唯それが確說されるに至らなかったものである。かくて、申氏采蘩詩說は、陳氏詩說の方向を暗示づける形態を有しており、勿論、史實的に陳氏に影響は與えなかったであろうが、その詩說形態の發展上よりすれば、陳氏說の先行未成形態として、恰も申氏詩說が位地づけられると思う。

(G) 又、甘棠篇に就いては、申綽詩次故には、史記燕世家、韓詩外傳一、劉向說苑貴德篇を擧げて資料とするのであり、系統性の分立は稍不明確である。而して、王氏詩攷には、漢書王吉傳、說苑を均しく韓詩に分屬させており、此は不當である。范家相は、史記燕世家、說苑を魯詩に、外傳を韓詩に分屬せしめており、此は穩當なるべく、陳氏は更に詳擧し、魯詩には史記、王褒講德論、潛夫論、淮南子、風俗通義一、說苑、白虎通等々を、韓詩には外傳一、漢書王吉傳等を、齊詩には、樂動聲儀、鹽鐵論、漢書功臣表等を、分屬せしめ、最も精確であり、王先謙氏も亦大體此等を備說している。此等によれば、申氏の資料分屬は亦未成の感なきを得ない。併しながら、毛韓の異同を言及して、「按、韓大意與毛同、但其云、昔者周道之盛、其後在位驕奢、以此爲陳者刺今之詩、則與毛異也」と論じている事は、申氏のみの獨自點である。然るに、申氏が、說苑の「詩傳曰」を申公培のでないとし、

按、劉向祖述家業所引傳文當是魯詩、然儒林傳、申公以詩爲詁訓、亡傳、則此云傳者、或指齊韓二家而言邪、

と説論している如きは、確かに一家言ではあるが、最も妥當となし難く、やはり、陳喬樅が、「案、説苑引魯詩傳、以爲召公述職、當蠶桑之時、不欲變民事、故舍於甘棠之下而聽斷。桓寛用齊詩、亦與劉向説苑合、是魯齊説同」（齊詩遺説攷一）と説き、魯齊説合同、説苑引詩傳は魯詩傳、と見なすものを妥當とすべきであろう。（王先謙も亦、説苑貴德文所謂傳、魯詩傳也、といっている）かくて、比の詩説に於ても、申綽氏の詩説は、恰も陳喬樅詩説の考定に先行すべき一の過程説の如き感を抱かせるのである。

(H) 又、鄭風「出其東門」に就いての申綽氏詩説には、

按、地理志、鄭國山居谷飲、男女亟聚會、故其俗淫、卽引此詩及溱洧、以證其風、則以此爲刺淫之詩、與毛序不同、

という。卽ち漢書地理志引詩説を以て刺淫之詩と見なし、毛序「閔亂也、公子五爭、兵革不息、男女相棄、民人思保其室家焉」というものとは同じからずと分別する。蓋し、古文毛詩説系ではないとするのであるが、さて今文系の何詩に屬するかには言及していないのである。今、之を史的に考覈するに、王氏の詩攷、范氏の拾遺等、尙未だ漢地理志引該詩説に説到していないのであり、淸陳喬樅氏齊詩遺説攷三に至って之に觸れ、「案、此詩毛敍以爲閔亂之作、今據地理志言鄭俗男女亟聚會、而引此詩爲證、則是齊詩不以此爲男女相棄、而思保其室家也」と説定し來っていい、之を齊詩説であると分立するのである。而して、王先謙

集疏五にも之に說到し、「漢地理志文、此齊說詩乃賢士道所見以刺時、而自明其志也」とて齊詩說なるを明言し、更に「魯韓當同」と展說しているのである。惟うに、王氏集疏の「魯韓當同」とは、其の據所未だ明確でないのであるが、ともかく陳氏說を稍發展せしめたものであることは考え得られよう。而して、陳、王氏等の齊詩說定立論の未展成なる先行形態は、實に申綽詩次故に於て見出し得るのであり、史實的に此等に關係はなかったにしても、とにかく申氏の該詩說は、齊詩分立史的に意義あるものと言わるべきである。

(I) 又、「十月之交」篇に於ける申氏詩說には、

漢書天文志、詩云、彼月而食、至于何不臧、詩傳曰、月食非常也、比之日食、猶常也、日食則不臧矣。綽按、所引詩傳不見於今詩、藝文志稱、齊韓咸非本意、魯最爲近、則其亦取魯詩說邪、

といい、漢天文志所引詩傳を以て魯詩傳と見、齊韓說ではないとしているのである。

而して、此の「詩傳曰」の詩說が毛傳にないことは明白であり、葉德輝が「毛傳無此文」(漢書補注)と稱している程である。今、詩攷を見るに、漢天文志引詩傳文は擧例されるも、其の系統性は分立されていない様である。次に、范家相拾遺攷六には、

韓詩內傳、月食非常也、比之日猶常也、日食則不臧矣。按、魯詩如鄭氏、自此篇至小宛、皆厲王詩、而韓異、

とて、漢天文志引詩傳文をば韓詩說と見、魯詩系と異なると言うのであり、申氏說とは合致しない。而し

て陳氏齊詩遺説攷六には、

漢天文志、…詩傳曰、月食非常也、比之日食猶常也、日食則不臧矣。按、此所引詩傳是齊詩之傳也、司馬彪續漢志言、班固紋漢書而馬續述天文志、續父馬嚴爲援兄子、伏波父子竝習齊詩、季則當亦傳其家學也、

とて、漢天文志引「詩傳曰」を齊詩説系と論定するのである。その齊詩授受系統の史實上より考説する點は、最も據ありと言わねばなるまい。然も、魯詩遺説攷十一に於ては、又魯詩系が此の漢天文志引詩傳の詩説に異なることを論證して、史記天官書、史記集解引劉向説、説苑政理篇、白虎通諫諍篇等の詩説を擧げている。かくて、之を魯詩説と見る申綽詩説も、韓詩説と見る范家相詩説も、共に恐らくは非であり、陳喬樅の見解が妥當なるべきかと推されるのである。されば、王先謙集疏十七にも、陳氏説を擧げ、悉く是認している樣である。

卽ち、申綽詩次故の該見解は、以上の如くして未だ必ずしも正妥の説には到達していないけれ共、之を魯詩説系と見なす分立論は、正に申綽氏獨自の見解として、前人にも後人にも未だ見られざる者、以て其の史的意義を認めるに足りよう。

(J) 又、申綽氏は、詩句上からして今古文詩四家系統を分別定立しているが、それに就いても亦十全を期するわけには、いかなかった。未成不整備の點も見られるのであり、例えば、「碩人」篇に於て曰く、

論語八佾、引此美目盼兮、下多素以爲絢一句、彼注馬融曰、此上二句、衞風碩人之二章、其下一句逸

也。綽按、融知爲碩人逸句者、豈於三家本、見有此句、而毛詩本逸焉故邪、說文於絢下、引詩曰素以爲絢、許君引逸論語、則曰逸論語、此不曰逸詩者、知亦於三家詩、見有此句也、（申綽詩經異文）

と。即ち、論語馬融注に、「素以爲絢」を逸詩句だと言っていることを目して、馬融が之を碩人逸句と知ったのは、三家詩には此句が存していて毛詩本にだけ逸していたからだろう、とするのである。更に又、說文にも此の詩句を引いていて、逸詩と曰わず、唯「詩曰」と言うのは、此れ亦三家詩には此句が存していたからである、と言うのである。之を以てすれば、「素以爲絢」一句が存するものは今文三家詩系で、無いものが古文毛詩系であることになるのである。而して、王氏詩攷、范氏拾遺等には、唯逸詩として擧げるのみで、今古文系統の分別は立てていない様であり、申綽氏の此の分立は少なくとも歴史的に先行者の位地を占めると思う。然るに、王先謙の詩三家義集疏では、魯詩に於ては「素以爲絢」の一句が存していたと推考するのであり、此は申綽氏の「三家詩見有此句」說を一歩進展せしめた形態であろう。とにかく、王先謙は曰く、

魯此下有素以爲絢兮句者、列女傳云、儀貌壯麗不可不自修整正、指此章言。…聘禮注、采成文曰絢、以列女傳證之、魯詩本有此一句、手如柔荑六句、歷述儀貌之壯麗、素以爲絢、喻當加修整意、所以儆姜之衺情取義深至、而毛詩無之、故昔以爲逸詩耳、（集疏三下）

と。列女傳、聘禮鄭注等により、魯詩に此一句ありと推すのであり、その儀貌壯麗とは「手如柔荑」六句の意を述べ、「素以爲絢」は修整を加うべき意だと言うのである。かくて、毛詩には此の句がなかったか

ら、昔馬氏は逸詩としたのであるという。

惟うに、王先謙氏の所説は、必ずしも理由なしとしない。即ち、大體に、魯詩説系には此の一句が存していたかも知れなかろう。

然る時、申綽氏の「三家有此一句」説は、王氏の「魯詩有此一句」説に比考して、遜色あり、未成説と言わるべきであろう。けれども、申氏説は夙に此の傾向を洞破していたものであり、此の意味に於て、やはり史的意義あるものと推されるのである。

以上、申綽氏の今古文詩四家系統性分立の實際を、十ケ條程例擧して見たのであるが、勿論、卓見正妥の説もあれば、未成不安の論も交雜していることであった。併しながら、未成不安の見解と雖も、尙後世考究者の暗示を成している場合が多いのであり、此の點よりして、申綽氏は實に今古文詩四家系統究明史上の偉大なる存在者と言わなければならない。

即ち、此の詩説系統究明の學は、後漢許愼五經異義等より、宋代晁説之詩序論、王應麟詩攷、困學紀聞等に及んで、益々整頓の域に達した様であるが、宋代以後に及んで二つの大きな學統を生じた。一は、清朝學者の系統であり、范家相・陳寿祺・陳喬樅・王先謙・諸氏の斯學がそれで、此等が皆宋代晁説之詩序論、特に王應麟詩攷の學に影響を享けているものなることは、其の書中に、「晁氏詩序論曰、…」や、「詩攷云々」が引用されているによりても察せられよう。然るに、斯學は、清朝に於て繼承されたのみならず、又朝鮮半島に於ても略同時代に繼承されたのであり、此れが申綽氏詩次故の學で、其の二である。卽ち、申綽氏は、漢唐詩學には勿論のこと、特に、宋代晁說之詩序論、王應麟詩攷等の學に影響され、淸朝學者の今古文詩家系統性究明の學には未だ接觸していないらしく、隨って詩次故の學は、宋代晁、王氏等の詩四家系統性究明の學の文化系統を直接受け入れて、(淸代斯學には沒交渉に)朝鮮獨自の發展を試みた詩說學と稱さるべく、要するに、宋代詩學の二大展開相の一であると考えられよう。而して、淸朝における斯學と拮抗して少しも遜色なきのみならず、却って其の精緻獨創の見解に、優越點すら見出せる程である。

七　申氏の先秦詩經有異系統說

申氏の漢唐代詩四家系統性分立論は、以上により其の大般を窺知し得たかと思われるが、氏はそれ以前卽ち先秦に於ける詩家系統性を如何に見たであろうか？

勿論、それは漢以後におけるが如き程の詩四家系統性という意味でないにしても、とにかく漢代の詩家系統性に分化發展すべき萠芽型として、先秦代における詩學系統に、何等かの或は若干の、系統性的なものを認めておったであろうか否か？

此れに就いても、申綽氏は、又實に暗示に富む見識を持しており、獨創的な見解を出して優に半島斯學の健全なことを立證しているのである。

卽ち、其の意義ある見識の中に一例を擧げるならば、桑扈篇に就いて申綽氏は、春秋時代に行われた詩本に旣に異本が在ったろうとの推論を試み、

按左傳兩引此、旣作彼而又作匪、旣作敖而又作傲、豈春秋時所見詩本、亦有不同與、

と言う。蓋し、成十四年左傳には「彼交匪傲」に作り、襄廿七年左傳には「匪交匪傲」に作るのであり、此の兩詩句の異動は、蓋し春秋時代の詩本に二本あって、それを兩存した爲だろうというのである。而して、「彼交…」に作るは後世毛詩系であり、「匪交…」に作る例は漢五行志等に見え、陳喬樅氏等は「漢志據齊詩、故文與毛異」と言えば、大體、「匪交」は、後世齊詩系となったものと言えようか。然る時、申綽氏が、左傳引詩句の兩様を以て、春秋時における詩本兩系の存在を推考したのは、又古文毛詩系と今文齊詩系との萠芽型が春秋時代に旣存したとの推定の端を開いた獨自的なものと考えることが出來よう。此の點で、亦申氏の此の見解は意義あるものと思われるのである。

旣に、以上の如く、春秋時代に於て、詩本に異本あり、それが後世漢代に所謂今古文系の詩句に展生定着したことを認める上は、先秦に於て旣に若干の詩今古文系統生なるものが萠芽していたことを容さねばならないであろう。申綽氏は實に此の見解の端を創考していた様である。

八　申氏の詩經一般訓說上に見われたる態度と價値と位地

申綽氏は又、其の詩經一般訓說の妥當性を考定する上に於て、必ずしも毛序毛傳說を信憑せず、三家詩說を是認もし採用もする態度である。否、むしろ、汎く採輯して正妥なる詩說を確立せんとする態度である。而して、此等の見識は又詩說諸家の間に於て獨特なる地位を占める。今、以下に、此等の極く一端を例說して見たい。

(A) 陳風「株林」詩說に就いて、申綽氏は曰く、

綽按、毛鄭皆以株林爲夏氏邑名、綽謂、株是邑名、林是遠郊之名、劉昭郡國志注以爲陳有株邑、則蓋單名爲株也、爾雅、邑外謂之郊、…野外謂之林、林最遠、故先言株林、次漸近而向內、故云株野、卒乃朝食于株、則入邑矣、

と。即ち、毛鄭は株林を夏氏の邑名とする（淸乾隆頃の陳啓源毛詩稽古篇、段氏毛詩故訓傳等は未だ此の說を信じている樣である）が、株のみが邑名で林は遠郊の名稱なのだと見、爾雅說を考據とし、特に株林詩文に、「株林、株野、株」と出ていることに依據して立說し、毛鄭說を訂していることである。而して、此の說は、淸朝學者にも見えており、申綽氏より二十餘年程若い馬瑞辰氏の毛詩傳箋通釋の所說などは其の一例であるが、即ち曰く、

瑞辰按、株爲邑名、林則野之別稱、劉昭續郡國志曰、陳有株邑、蓋朱襄之地、…是株爲邑名、故二章朝食于株、得單言株也、爾雅邑外謂之郊、…野外謂之林、野與林對文則異、散文則通、株林猶株野也、傳云株林夏氏邑者、隨文連言之、…非以林爲邑名、

と。其の如何に申綽氏所說と符同するかが知れよう。而して、王先謙氏集疏にも、亦、「傳以株林爲邑名、非也」と言っている。かくて、「株林」說は、毛傳說を非とする申、馬、王諸氏說が正妥なりと言われる傾向にあるが、申氏は又其の先行者だと言わねばならぬ。

(B) 又、齊風「南山」說に就いて、申氏は曰く、

按、先儒解五兩者、義終不允、綽謂、五當爲有、皐陶謨天敍有典、馬融本作五典、有庸哉、馬融本作五庸哉、賓筵之發彼有的、應吉甫詩作發彼五的、蓋古字五作乂、有作又、又與乂相似而訛、言葛屨則必有兩、冠緌則必有雙、以責齊襄文姜非其耦而相亂也、

と。卽ち、先儒「五兩」說を不允なりとし、五兩は有兩の訛であるとする。其意は、葛屨は必ず、兩箇一對ありて完きもので、夫婦耦立すると同樣である。然るに、齊襄文姜は兩人耦立せずして互に亂れたので、それを責めたのだ、とする樣である。而して、此の說に就いて、淸朝學者は種々立說し、段氏說文注には、「緉之言兩也、…」といい、馬瑞辰傳箋通釋九には、

按、兩者緉之省借、說文緉履兩枚也、一曰、絞也、方言緉緉絞也、關之東西或謂之緉絞、通語也、…是緉緉絞名異而義同、…說苑言屨二兩、而詩言五兩者、疑說苑二兩當爲五兩之譌、…、

といい、陳奐毛氏傳疏八には、

兩古緉字、說文緉絞也、…、五疑讀爲午、五兩猶午絞、謂屨綦也、五兩爲屨飾、猶雙爲冠飾歟、

といっている如くである。更に、王先謙集疏六にも之を論じて、

兩者緉之省借、說文緉履兩枚也、…傳言五兩、疑說苑二兩爲五兩之譌、…禮純帛無過五兩、故屨以五兩爲最多、

と言っている。

惟うに、王先謙說は殆ど馬瑞辰說に大同であり、陳奐說は五兩は午絞で屨綦卽ち屨飾であると見る樣である。

然る時、五兩は有兩の訛であって、葛屨には必ず兩卽ち對《ツイ》が有るものだ、と見る申綽說とは、若干の相異が見られるように思われるのである。

而して、此等の二、三說の中、何れが詩經原義に最も合適妥當する詩說であるかは、尙俄かに斷定し難い所であるが、とにかくにも、五兩を有兩と見る新境地を開拓し出でた事は、申綽氏獨創の詩說であり、半島詩學の獨自性の爲にも氣を吐く者である。

(C) 又、小雅「小宛」句に就いて、申氏は曰く、

韓詩外傳、如履薄冰上、多如臨深淵一句、綽按、此章旣云如臨于谷、則不當更云如臨深淵、似與小旻卒章涉誤也、

と。即ち、韓詩外傳七の詩句に、「如臨深淵」一句が增多なるは誤って衍增されたと指摘するのである。而して此說に就いても、清朝學者の陳寿祺氏は、韓詩遺說攷八で、「案、如臨深淵句、錯入小旻、當爲衍文」とて衍文說を出しており、王先謙集疏十七にも「當爲衍文」と言っている。陳寿祺氏は申氏に稍先んじたるも、申說はそれに據ったものではあるまい。

(D) 又、小雅「大田」句に就いて、申氏曰く、

顏氏家訓、有渰已是陰雲、何勞復云興雲、俗寫誤耳、班固詩、祁祁甘雨、此其證也、按、毛傳渰雲興貌、則先言其貌、繼言其實、事之次也、何嫌重複、且說文渰雲雨貌、凄凄雲雨起、則此爲雲爲雨、俱無不可、故古人多兩引之、左雄傳、鹽鐵論、皆作興雨、呂氏春秋、韓詩外傳、食貨志、皆作興雲、顏氏之以靈臺詩爲證、殊爲疏漏矣、

と。即ち、「興雨」、「興雲」共に兩存すべきを論じたものの如くである。而して、此れに就いては、清朝學者の臧琳經義雜記、段玉裁詩小學、故訓傳、馬瑞辰傳箋通釋、陳奐毛氏傳疏、陳喬樅三家遺說攷、王先謙三家義集疏、等々に言及論說する所鮮少ではない樣である。即ち、臧・段・陳奐諸氏は皆「興雲」に作るべきをいい、「作興雨、於物理經訓、皆失之」(段氏詩小學)とするのであり、馬氏は「毛詩作興雨也、…作興雲者、自爲韓詩」と見、王氏も「三家興雨作興雲」とし、陳氏は更に之を詳論する樣である。

かくて、申氏の「興雨」、「興雲」、共に古來より兩存すれば、一方を以て他を誤視すべきではないとする見解は、實に馬・陳・王氏等の今古文詩家系統上よりする異文考定の見解に展開すべき性質のものであっ

て、極めて興味ある見方であろう。

然も、此の句に就いての此の如き見解は、清朝初期の學者には未だ見られぬ様であり、馬瑞辰・陳喬樅諸氏に至って同傾向を見出すのである。

而して、申綽氏は、此等の影響なくして、獨自的に、半島に蟠居して之を唱出したことであり、偉とするに足ろう。隨って、馬・陳氏に比すれば、其の論説に未精未到な點はあるが、それは已むを得ないことであり、唯其の考説の方向が正妥卓抜である事を記憶すれば足る。

(E) 又大雅「生民」に就いて、申氏は曰く、

按、釋當从米作釋、説文釋漬米也、其从釆者、説文云解也、从釆取其分別物也、

と。即ち、「釋之叟叟」、の釋字は釋に作るべきだとするのであり、もし釋に作ると物を分つことになると言うのである。而して、陳喬樅・王先謙等は、魯詩は「淅之溞溞」に作り、毛詩は「釋之叟叟」に作るというも、釋を釋に作るべきことは言及していない。が、清朝乾隆頃の學者間には、却って之に言及している者がある。例えば、陳啓源の毛詩稽古篇には、

釋、左从米、漬米也、與解釋字異、

と言い、既に「釋之」の釋は釋でないことを言及しているのである。又、段玉裁詩經小學には曰く、

説文釋漬米也、从米睪聲。按、亦曰淅米、亦曰汰米、唐石經誤作釋、諸本承之、

と。即ち、説文によれば、「釋は漬米也」であり、米に從うべきであるが、唐石經に誤って「釋」に作っ

てより、後世諸本は皆沿襲して「釋」に作っているのである、と言うのである。更に、馬瑞辰傳箋通釋にも、

按說文、釋漬米也、釋卽釋之假借、

とて、「釋之」は釋字の假借であると論じる如くである。

以上の如き二、三說によれば、要するに毛詩文では、「釋之叟叟」に作らなければならないと言うことが知れよう。

而して、古本ではかく「釋」に作っていたが、釋と釋とは形が似ていれば、誤ってか、乃至は假借してなのか、「釋之」に作るに至った。唐石經がその實例である。その後は之を襲用している如くである。是に於て、淸朝學者に、之を訂誤せんとした者が出たのであるが、又朝鮮に於ても略同じ頃に之を訂正せんとした申綽氏の詩經學が起ったのであった。

(F) 又、大雅「卷阿」に就いては、申綽氏は曰く、

按、毛鄭以卷阿飄風爲興、以君子爲當世之賢者、而觀乎竹書及韓詩、則乃賦其卽事而言、非托物之興體也、蓋時春夏之交、風薰日舒、王與召公、登彼卷阿、覽梧桐之萋蔭、聽鸞鷟之和鳴、以陳盛德之事、以諷先公之酋、斯皆卽事所賦、君子指成王、

と。卽ち、毛鄭は此詩を興體とし、君子とは當世の賢者と見なすが、韓詩などでは卽事賦言體とする様であり、其の方がよかるべく、隨って君子とは成王を指す、とするのである。

而して、此の點に就いては、朱子集傳等も夙に「賦也」としているが、清陳啓源稽古篇には「首章取興巻阿」といい興とする。（段玉裁故訓傳や、陳奐傳疏、亦興と見なす）併し、馬氏傳箋通釋などは、「紀年雖未足信、以詩義求之、其爲成王出遊、召康公因以陳詩、則無疑也、君子謂成王也」と、やはり申綽説と同見で、即事所賦の詩體とするらしい。

(G) 又、大雅「抑」説に就いて、申氏は曰く、

毛詩敍曰、抑衞武公刺厲王、亦以自儆也、綽按、侯包曰、衞武公刺王室、亦以自戒、行年九十有五、猶使臣日誦是詩而不離於其側、亦取楚語、而與韋小異、謹按、武公、厲王時猶未卽位、則年九十五、乃幽王時也、侯包云、刺王室者、是也、侯包作韓詩翼要、此蓋出於韓詩説也、

と。卽ち、毛序の説を信ぜずして、韓詩説系の侯包の「衞武公刺王室、亦以自戒」説を是なりとしているのである。蓋し、衞武公は厲王の時には未だ卽位していないし、然も九十五才の時と言えば厲王時代でなくて幽王時であるから、侯包説が妥當だというのである。此は明らかに、毛序を採らずして、韓詩説を採るの一例であろう。而して、清朝學者陳啓源稽古篇には、「周厲王未流彘時、武公尚在童年、共和時、則武公方少壯、抑詩應作於此際矣、…、武公好學、老而彌篤、少壯時必德性過人、彼目擊厲王之虐、而發憂危之語、固其宜也、其後用以自警、至耄不忘、入相於周、必日諷誦焉、大師之官因取而列於大雅矣、敍云、刺厲王、亦以自警、漢侯包亦云、衞武公刺王室、亦以自戒、…、毛韓義同也、…朱子辯説以敍之刺王爲失、遂引侯包語、以削其刺王室之説、夫武公自警、特侯國詩耳、何得編於雅哉」と論じているのである。卽ち、

陳啓源氏によれば、衞武公は英邁であって、幼年時に厲王を見聞し、少壯時に厲王の虐政を目擊し、遂に憂危の心が發して此の抑詩を作り、其の後は之を以て自己を戒愼していたが、晩年に周の相となるや日夜に諷誦して自戒したので大師官が大雅に之を採列したのであり、毛序及び侯包韓詩説に言う所は共に此の意味であるから、朱子が毛序の所謂「厲王を刺る」という點を不當とし又侯包説の「王室を刺る」という點をも削去して唯自警の爲に作るとする見解は、不可であると考える樣である。隨って毛序説を承認するのであり、申綽説とは稍大差がある。又、陳奐傳疏には、平王の時に作詩して厲王を追刺したと説きて、曰く、「武公於厲王時、未爲諸侯、幽王時雖諸侯、不聞爲周卿士、則入相於周、斷在平王之世、入相而作抑、刺厲王、詩作於平王時、而序云刺厲王者、本作詩之意而言、取殷鑒不遠之義、…後正義以爲追刺厲王、是矣」と。蓋し、厲王を追刺すると見る考えは、孔仲達等の見を襲うのであり、此れ亦申綽説と異なる一説である。而して馬瑞辰傳箋通釋には、刺詩でなくて武公晩年自戒の詩だと見、朱子集傳説に贊しており、曰く、「楚語惟言以自警、無刺厲王之説、朱子集傳據以駁序、其説是也、今考詩十二章、惟以愼德聽言爲主、…詩曰謹爾侯度、非刺王之詞、曰既耄、實耄年自戒之語、蓋武公作詩自戒、託爲臣下諷誦之詞、故詩中兩言小子也、箋據序以詩中所言皆爲刺厲王、失之、…」と。此れ亦、申綽説と異なる一説である。

以上、二、三説を見るに、大雅抑詩が衞武公の作なることは大體一致している。又、其の作詩年代が厲王の時でないことも一致する。が、厲王の時ではないけれども、厲王の暴政を曾て見ていたから共和時代に抑詩を作り、之を刺り、且自戒したというのが陳啓源であり、平王時に作詩して厲王を追刺したと見るのが（孔仲達）、陳奐であり、厲王を刺る詩でなくて武公晩年自戒の詩だと見るのが（朱子）馬瑞辰である。

而して、此等詩説家の總ては、楚語左史倚相の語を據所とするのであるが、楚語文そのままでは「於是作懿戒、以自儆」とあるから、自戒詩で、刺詩ではないと見られ、朱子、馬瑞辰諸氏説が條理ありと見える。併し、詩に暗默の刺意がある事は認められるから、陳啓源説も容認さるべく、厲王を通刺すると共に、又當時の王室をも諷刺したろうから、申綽説も誤りではなかろう。かくて又、申綽氏は獨自の詩説を唱出して、朝鮮詩説學を重からしめているのである。

(H) 又、周南「葛覃」句に就いて、申氏は曰く、

按、說文㛂安也、詩曰、以㛂父母、詩無此句、蓋或引此、

と。卽ち、說文女部に引く所の詩句が、毛詩文とは違い、その他に相當句は存しないので、恐らく說文は之を引いて稍省略したのであると見るらしい。而して、段玉裁氏毛詩故訓傳には、「卽毛經之異文也」といい、又說文解字注には「許所引、蓋三家詩」（陳奐傳疏同じ）と推定し、王先謙集疏は「案此或齊韓文」と詳究している。或は今文齊・韓詩文かも知れぬが、併し、柳榮宗說文引經攷異六には、やはり「今毛詩無此文、蓋卽葛覃之歸寧父母也」と論ずるのであり、かくて大體には、申綽氏、柳榮宗等の如く、省引したという見解が穩當かと思われる。尙、馬瑞辰傳箋通釋には、詩經の原文が「以寧父母」の如く作られたのを、後人が「歸寧父母」の如く改經したと見、「以說文引詩以㛂父母證之、經文原作以寧父母、後人因

序文有歸安父母之語、遂改經」といっている。

(I) 又、節南山「憂心如惔」句に就いて、申氏は曰く、

按、說文兩引詩、一則依本作惔、一則云㚇、小熱也、

と。即ち、說文に引かれる此詩句に兩樣あることを言うのである。而して、馬瑞辰傳箋通釋には、「蓋說文兼採毛韓詩、作如炎者韓詩、作如㚇者毛詩也」といい、又「今本說文引詩憂心如惔、段氏謂、當作憂心如炎、是也」といえば、說文引「如惔」は「如炎」の誤りとするのであり、「如炎」は韓詩を採り、「如㚇」は毛詩を採ると見ている。又、柳榮宗說文引經攷異九には、「心部詩曰憂心如惔、此引毛詩、韓作炎、則作㚇者、齊魯詩矣」と考究し、說文引の「如惔」は毛詩系、「如㚇」は齊・魯詩系かと推定する。

然るに、鹽鐵論散不足篇には「如惔」に作り、陳喬樅は齊詩系に入れている。（齊詩攷六）とにかく、「如惔」が毛詩系ではなかるべく、「如炎」は釋文にも韓詩と言えばそれに違いない。即ち、柳榮宗說は未當である。

而して、陳啓源稽古篇には夙に「古本說文元作如炎」といい、段玉裁解字注には、「說文心部引詩、釋惔从炎之義、當作憂心如炎」と。即ち、「如惔」を毛詩と言うのは不可であろう。毛詩は蓋し、段氏が「節南山憂心如惔、古本毛詩作如美、故毛傳云、美燔也、各本作如㚇、㚇誤」（火部）と論ずる如く、古本では「如㚇」に作ったと推せる。隨って、「如㚇」は齊・魯系でなく、毛詩系であろう。かくて、說文引兩詩句は、韓・毛の兩詩と見る段氏等の說が妥當であろう。今本說文の「如惔」は、韓詩「如炎」が誤改

されたので、もし「如惔」ならば齊詩系と推すべきか。

以上、此の説についての申氏説は、未だしの感があるも、此れ亦、申氏詩學が清人に影響されず獨自的なものなりしを知る者である。

(J) 又、桑扈篇「受福不那」句に就いても、申氏は曰く、

案、説文魑見鬼驚聲、讀若詩求福不儺、詩無此句、蓋引此也、

と。卽ち、説文引詩「求福不儺」の句は、詩文中には無いから、恐らく桑扈篇を略引したのであろうとするのである。而して、王先謙集疏十九には、「是三家作儺、毛借以通訓也」と説いており、説文引詩句を三家詩系だとするらしい。尤も、馬瑞辰通釋の如きも夙に、「三家詩蓋有作儺者、那儺雙聲通用」と説いているのであり、或はそうかも知れない。然る時、申綽氏の「詩無此句、…」は、未充と言われようが、未だ確據ある説でもないのだから、申説も亦存するに足ろう。

(K) 又、假樂篇「威儀抑々、德音秩々」に就いて、申氏は曰く、

按、説文引此、作威儀秩々、蓋上下句渉、誤也、

と。卽ち説文引詩句が「威儀秩秩」に作るのは、誤りであるというのである。此は蓋し尤もなことであると言えよう。かくて、此にも申氏の精緻な詩句言及が窺見され得るのである。

(L) 又、「式微」篇に就いては、申綽氏は、列女傳により、黎莊夫人と其の傅母との合作と見、曰く、

列女傳、其傅母謂夫人曰、夫婦之道、有義則合、無義則去、今不得志、胡不去乎、乃作詩曰、式微、

式微、胡不歸、夫人曰、婦人之道、一而已、彼雖吾以、吾何可以離于婦道乎、乃作詩曰、微君之故、胡爲乎中路、終執貞一、不違婦道、以侯君命、君子故序之、以編詩。綽按、劉向以此爲二人合作、蓋亦後世聯句之始、

と。それ故に、申氏は之を以て、後世聯句の始めと見なし來ったのである。而して范家相拾遺には、列女傳文を引くも、合作聯句の事には言及しない様である。然るに、陳啓源稽古編には黎臣が君の歸りて遺民を生聚教誨すべきを勸むる詩とし、曰く、

黎臣作也、式微勸其君歸、…意狄人破黎之後、…黎侯若能自振則遺民猶有存也、歸而生聚之、教誨之、尙可復興、此式微勸歸之意也、

と。此は、毛序「黎侯萬於衞、其臣勸以歸也」に基き說くもので、申氏說とは全く異趣がある。而して、段氏故訓傳も亦毛序說による様である。此の外、陳奐傳疏には、列女傳の說を三家詩義だと言っており、陳喬樅は魯詩遺說攷二に、列女傳を擧げ魯詩說として、毛序と別異なることを言い、又王先謙集疏には、魯說として列女傳文を擧げている。けれども、皆、此の詩を聯句の始めと見なす詩家はない様であり、此に申綽氏の詩學に獨自的一見識が窺われるのである。

之を要するに、申氏の式微說は、魯詩說系を採用是認したものであって、毛序には從わなかった。而して、此の如き二人合作の詩も、古來多く存したであろうことは、充分に推測され得ることであり、隨って此の見方は多分に妥當性を有すると考える。

以上、申綽氏の詩經句訓釋例十餘條を擧げて、其の一般詩經訓説の妥當性という點からする申氏の態度と價値と位地とを考較したのであるが、此の點に於ても、申氏の位地は、清朝詩學の無影響裡に立って、然も常に漢學的獨自的考究と卓れたる見解とを持し、朝鮮詩學の建設者として君臨するのみならず、又清朝詩學者に遜色する所なき存在であることを示している。

而して、前述の諸項を見れば、毛序、毛傳、韓詩、先人説等を妄信せず、信ずべきを信じ、採るべきを採るの態度が明察されるし、その卓見に富む詩句説の價値も明知されるのであるが、又説文引詩、韓詩外傳等を考定し、特に劉向の式微説によりて、式微一篇を後世聯句の發端であるという見解をも創唱し來っている事等が知られるのであって、此くの如きは特に申氏獨特の見識に出で、併せて注目さるべきものであると思う。

九　申氏の逸詩學と其の位地と價値

申綽氏の詩説學に於ける今一つの方面として、逸詩に對する見解と及びその史的位地とを究明したいと思う。

先ず氏は逸詩篇なる項を其の「詩次故外雜」の中に於て設けている（第四圖參照）。抑々、氏は、詩篇句字の刪定を容認する（既説）ものなるが故に、逸詩なるものは當然に存在する事になるのである。

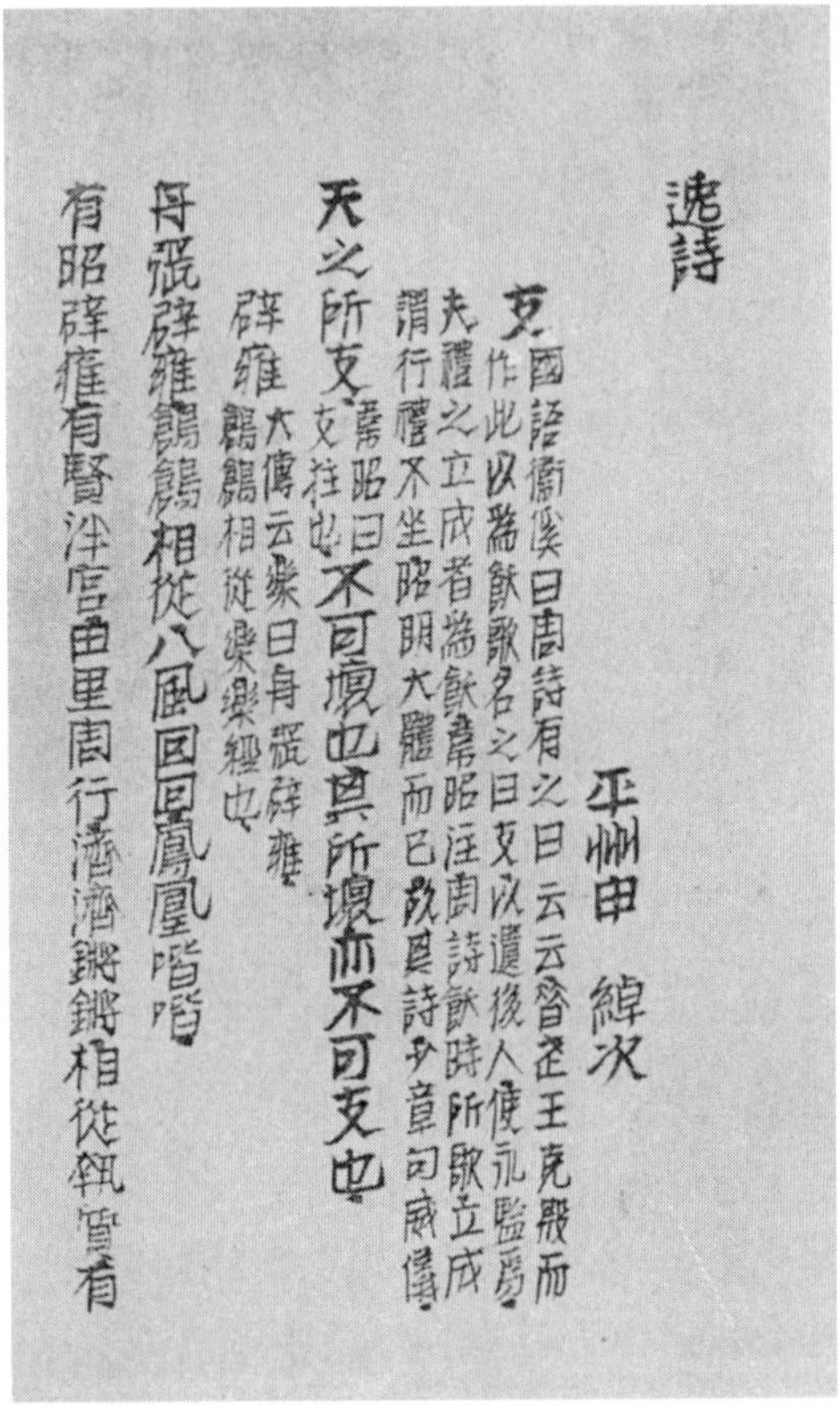

逸詩
平州申　綽次
支　國語衛彪傒曰周詩有之曰云云昔武王克殷而作此以為飫歌名之曰支以遺後人使永監焉夫禮之立成者為飫韋昭注周詩飫時所歌立成謂行禮不坐路門大寢而已故其詩多章句咸傳
天之所支、韋昭曰支拄也不可壞也其所壞亦不可支也
舟張辟雍鶬鶬相從八風回回鳳皇喈喈
辟雍　大傳云樂曰舟張辟雍鶬鶬相從樂樂經也
有昭辟雍有賢泮宮田里周行濟濟鏘鏘相從執質有

第四圖　詩次故逸詩篇

而して氏は更に、逸詩なるものも古昔では其の書が有ったろうとし、曰く、「古者逸詩、自有其書、故釋文衡門篇下、有云逸詩本作櫟、而今不可見」と。それ故に、「其逸詩之殘篇斷章、謹茲隨手采錄若其似詩非詩、如諺如俚者、不敢輙收、棄亦可惜、竝姑付見卷末」とて、逸詩を採收せんとする。但、俚諺の如き者は姑く卷末に附しておくというのである。然らば、申氏の逸詩に就いての考見竝びに輯集等の妥當性及び史的價値は如何であろうか？　以下此等に就いて若干考察を試みたいと思う。

(1)　宗明清逸詩學史の概觀

先ず、逸詩に就いて纏った考究を遂げた人々には、宋代王應麟の詩攷、鄭樵の六經奧論卷三「逸詩辨」

「亡詩辨」、明楊愼の風雅逸篇卷四、清趙翼の陔餘叢考卷二「古詩三千之非」、王崧の說緯「孔子刪詩」、范家相の詩三家拾遺卷十「古逸詩」等の如きものが存する。故に、此等の諸氏によりて、逸詩學が如何なる方面に、如何なる程度に、開拓發展させられているかを、洞察すべく、其の大略を擧示例證し、次に申綽氏の逸詩學の大體を略例し、以て比考究明に便したいと考える。

王應麟詩攷	鄭樵六經奧論	楊愼風雅逸篇	趙翼陔餘叢考	王崧說緯	范家相三家詩拾遺	申綽詩次故
(1)支(國語)	(2)貍首	(1)支	(1)飫歌(或は支)	○南陔、白華、華黍、	(篇辭俱逸一)	(1)支
「天之所支…」	(4)驪駒	(2)貍首	(14)河水	由庚、崇丘、由儀	○商頌七篇(國語)	(57)辟雍
(2)貍首(禮記射義注)	(5)祈招	「曾孫侯氏…」	(22)「雖有絲麻…」	(2)貍首	○商齊七篇(大戴記)	「舟張辟雍…」
「曾孫侯氏…」	(7)麥秀	「貍首之斑然…」	(23)「周道挺々…」	(5)祈招	(篇名存詩辭逸二)	「有昭辟雍…」
「貍首之斑然…」(檀弓)	(14)河水	(3)轡之柔矣	(27)「淑愼爾止…」	(3)轡之柔矣	○南陔、白華、華黍、	○敕瞽詩
	(12)新宮	(6)徵招角招	(21)「翹々車乘…」	(10)采齊	由庚、崇邱、由儀	「敕爾瞽…」(周禮樂師注)
(3)轡之柔矣(左傳、周書、)	(10)采齊	(5)祈招	(24)「俟河之清…」	(14)河水	(毛詩有、三家亡)	(2)貍首
「馬之剛矣…」	○肆夏(左傳、國語)	(4)驪駒	(26)「禮義不愆…」	(12)新宮	(8)九夏	「曾孫侯氏…」
(4)驪駒(大戴禮、漢王式傳、)	○王夏(〃)	白水	(5)祈招	(18)茅鴟	(10)采齊	○命射詩
「驪駒在門…」	○三夏(國語)	(35)	(25)「我無所監…」	(13)鳩飛	(12)新宮	「質參既設…」
(5)祈招(左傳)	(8)九夏	(34)	(3)轡之柔矣	(4)驪駒	(14)河水	(大戴投壺篇)
「祈招之愔愔…」	(以上は、逸詩辨)	(7)麥秀	(18)茅鴟	○「月離于箕…」	(18)茅鴟	(71)黄竹詩
(6)徵招角招(孟子梁惠下)	(19)「素以爲絢兮」	○無射(逸周書)	(12)新宮	(19)「素以爲絢兮」	(13)鳩飛	(5)祈招詩

「畜君何尤」
(7)麥秀(史記箕子作)
「麥秀漸漸兮…」
(8)九夏(周禮鐘師注)
(9)繁遏渠(國語)
(10)采薺(周禮樂師)
(11)招、雍、肆夏、孝成(書大傳)
(12)新宮(儀禮燕禮、左傳、)
(13)鳩飛(國語)
(14)河水(左傳、國語)
(15)九德之歌(周禮)
(16)明明、崇禹、生開(周書世俘)
(17)武宿夜(禮記)
(18)茅鴟(左傳)
(19)「巧笑倩兮…」(論語)
(20)「唐棣之華…」(〃)
(21)「翹翹車乘…」(左傳)
(22)「雖有絲麻…」(〃)

(20)「唐棣之華…」
○「雨無其極、傷我稼穡」(韓詩になし)
○七月篇
(齊魯韓詩になし)
(以上は諸儒逸詩辨)
-
○南陔、白華、華黍、由庚、崇丘、由儀
(以上は亡詩六篇)

「國誠寧矣、遠人來觀、脩義經矣、好樂無荒」
○嶠(〃)
「何自南極至於北極、絶境越國、弗愁道遠」
(以上逸詩篇名斷章存者凡十篇)
(19)「巧笑倩兮…」
(20)「康棣之華…」
(21)「翹々車乘…」
(22)「雖有絲麻…」
(23)「周道挺々…」
(24)「俟河之清…」
(25)「我無所監…」
(26)「禮義不愆…」
(27)「淑愼爾止…」
(28)「我之懷矣…」
(29)「相彼盍旦…」

○柔林(左傳昭十年)
(19)「素以爲絢兮」
(34)「浩々者水…」
(47)「青々之麥…」
(2)「曾孫侯氏…」
(30)「昔我先正…」(禮記緇衣)
○韓詩「雨無其極…」
(4)驪駒
(3)轡之柔矣
(以上逸詩)
(53)「行百里者…」
(52)「樹德莫如滋…」
(54)「大武達宅…」
(50)「木實繁者…」
(44)「君君子則…」
○三象之詩(呂覽古樂)
(43)「惟則定國」(呂覽
(69)「燕々往飛」(呂覽音初)
(42)「將欲毀之…」
(45)「無過亂門」

(20)「唐棣之華…」
(1)飫歌(或は支)
(22)「雖有絲麻」
(23)「周道挺々…」
(27)「淑愼爾止…」
(21)「翹々車乘…」
(24)「俟河之清…」
(26)「禮義不愆…」
(5)祁招
(25)「我無所監…」
○桑林
(34)「浩々者水」
(47)「青々之麥…」
(30)「昔吾有先正…」
○韓詩「雨無其極…」
(53)「行百里者…」
(52)「樹德莫如滋…」
(54)「大武達宅…」
(50)「木實繁者…」
(44)「君君子則…」

(15)九德之歌
(17)武宿夜
○史辟、史義、史見、史童、史謗、史賓、(大戴記)
(16)明明、崇禹、生開
(11)招、雍、肆夏、孝成
(62)、(63)、(64)、(65)、(67)、(68)、(69)、(70)、(17)等を王氏詩攷は雜入す。
(篇名詩辭俱存三)
(2)貍首
(5)祈招
(3)轡之柔矣
(6)徵招角招
(57)樂詩「舟張辟雍…」
(1)支
白水

(6)徵商角招
○無射
○嶠
(3)轡之柔矣
(4)驪駒
白水
(35)
(34)
○鼓罐(淮南子)
「君子有酒、小人鼓罐…」
(以上逸詩篇名斷章、存者凡十三)
(21)「翹々車乘…」(左傳)
(22)「雖有絲麻…」(〃)
(23)「周道挺々…」(〃)
(24)「俟河之清…」(〃)
(27)「淑愼爾止…」(〃)
(28)「我之懷矣…」(〃)
(25)「我無所監…」(〃)

(23)「周道挺々…」(〃)
(24)「侯河之淸…」(〃)
(25)「我無所監…」(〃)
(26)「禮義不愆…」(〃)
(27)「淑愼爾止…」(〃)
(28)「我之懷矣…」(〃)
(29)「相彼盍旦…」(禮記)
(30)「昔吾有先正…」(〃)
(31)「皇皇上天…」(家語)
(32)「四牡翼々…」(漢書)
(33)「九變復貫…」(〃)
(34)「浩々者水…」(管子)
(35)「浩々白水…」(列女傳)
(36)「鳳々秋々…」(荀子)
(37)「如霜雪之將將…」(〃)
(38)「國有大命…」(〃)
(39)「長無漫矣…」(〃)
(40)「涓々源水…」(〃)

(禮坊記、鹽鐵論)
(30)「昔吾有先王…」(禮記、子思子)
(31)「皇々上天…」
(32)「四牡翼々…」
(33)「九變復貫…」
○「鴻鵠將將、唯民歌之、濟々多士、殷民化之」(管子)
(36)「鳳凰秋々…」
(37)「如霜雪之將將…」
(38)「國有大命…」
(39)「長夜漫矣…」
(40)「涓々流水…」
(41)「墨以爲明…」
(42)「將欲毀之…」
(43)「唯則定國」
(44)「君君子則正…」
(45)「無過亂門」
(46)「魚在在藻…」

---

(33)「九變復貫…」(漢武帝詔)
(以上逸詩に似たるも悉くは然らず)

○三象之詩
(43)「惟則定國…」
(69)「燕々徃飛…」
(42)「將欲毀之…」
(45)「無過亂門」
(33)「九變復貫…」
(28)「我之懷矣…」
(29)「相彼盍旦…」
(46)「魚在在藻…」
(6)「畜君何尤」
○無射
「國誠寧矣、達人來觀、修義經矣…」
○嶠
「何自南極至于北極…」
(31)「皇々上天…」
(48)「必擇所堪…」
○「魚水不務…」
(59)「良弓之子…」

---

(34)
(35)
(4)驪駒
○雨無正
「雨無其極二句」韓詩無
○鼓鐘
「韎任侏離」韓詩無
○般
「於繹思」三家詩有
(58)附
采薇歌
(7)附
麥秀歌
(詩辭存篇名逸四)
(19)「巧笑倩兮…」
(20)「唐棣之華…」
(29)「相彼盍旦…」
(30)「昔吾有先正…
誰能東國成…」(緇

---

(19)「巧笑倩兮…」(論語)
(20)「唐棣之華…」(〃)
(30)「昔我有先正…」(禮記)
(29)「相彼盍旦…」(〃)
○「東有開明…」(大戴四代篇)
(46)「魚在在藻…」(同用兵篇)
(31)「皇々上天…」(家語)
(49)「樂矣君子…」(晏子)
(48)「必擇所堪…」(墨子)
○「魚水不務…」(〃)
(37)「如霜雪之將々…」(荀子)
(38)「國有大命…」(〃)
(36)「鳳凰秋々…」(〃)
(39)「長夜漫矣…」(〃)
(40)「涓々源水…」(〃)
(41)「墨以爲明…」(〃)
(47)「青々之麥…」(莊子)

(41)「墨以爲明…」(〃)
(42)「將欲毀之…」(呂覽)
(43)「唯則定國」(〃)
(44)「君君子則正以行其德…」(〃)
(45)「無過亂門」(〃)
(46)「魚在在藻…」(大戴禮)
(47)「青々之麥…」(莊子)
(48)「必擇所堪…」(墨子)
(49)「樂矣君子…」(晏子)
(50)「木實繁者…」(戰國策)
(51)「服難以勇…」(〃)
(52)「樹德莫如滋…」(〃)
(53)「行百里者…」(〃)
(54)「大武遠宅…」(〃)
(55)「緜々之葛…」(說苑)
(56)「皇々上帝、其命不忒…」(〃)

(47)「青々之麥…」
(48)「必擇所堪…」
○「魚水不務…」(墨子)
(49)「樂矣君子…」
(50)「木實繁者…」
(51)「服難以勇…」
(52)「樹德莫如滋…」
(53)「行百里者…」
(54)「大武達宅…」
(55)「綿々之葛…」
(56)「皇々上帝…」
(58)「登彼西山兮…」
(59)「良弓之子…」
(61)「得人者興…」
○「皎々練絲、在所染之」(後漢楊終傳)
○「羽觴隨波」(晉書束晳傳)
○「掩雉不得、更順風」(淮南子)

(37)「如霜雪之將將…」
(38)「國有大命…」
(36)「鳳凰秋々…」(解蔽)
(41)「墨以爲明…」
(39)「長夜漫矣…」
(40)「涓々源水…」
(55)「綿々之葛…」
(61)「得人者興…」
(32)「四牡翼々」
○「皎々練絲…」
○「羽觴隨波」
(35)「浩々白水…」
(60)「佞人如蟬」

衣)
(21)「翹々車乘…」
(22)「雖有絲麻…」
(23)「周道挺々…」
(24)「俟河之清…」
(27)「淑愼爾止…」
(26)「禮義不愆…」
(25)「我無所監…」
(31)「皇々上天…」
(46)「魚在在藻…」
(49)「樂矣君子…」
(53)「行百里者…」
(54)「大武遠宅不涉」
○「王道蕩々…」(墨子)
(47)「青々之麥…」
(37)「如霜雪之將將…」
(38)「國有大命…」
(36)「鳳凰秋秋…」
(41)「墨以爲明…」
(39)「長夜漫兮…」

(42)「將欲毀之…」(呂覽)
(43)「唯則定國」(〃)
(54)「大武遠宅不涉」(戰國策)
○「掩兎不得…」(淮南子)
○俟其禕而」(史記樂書)
(32)「四牡翼々」(漢書)
(33)「九變復貫…」(〃)
○「皎々練絲…」(後漢書)
○「羽觴隨波」(晉書)

(57)「舟張辟雍…」（書大傳）
(58)「登彼西山兮…」（史記伯夷傳）
(59)「良弓之子…」（列子）
(60)「佞人如蝉」（集韻）
(61)「得人者興…」（史記、商君傳）
(62)駕辯（楚辭）
(63)網罟（隋樂志）
(64)豐年（夏侯玄辯樂論）
(65)八闋（呂氏春秋）
(66)卿雲（書大傳）
(67)南風（家語、尸子）
(68)晳陽、南陽、初慮、朱干、苓落、歸來、縵縵、（書大傳）
(69)破斧（呂覽）
(70)燕燕（〃）

(60)「佞人如蝉」
○「于嗟夐兮」（呂覽）
（以上は卷四逸詩句）
(66)卿雲歌
(67)南風歌
(58)採薇（卷一）
(57)辟雝辭
「舟張辟雝…」
「有昭辟雝…」
「敕爾瞽…」
(72)黃竹歌（卷二）
○鼓罐（淮南子）
「君子有酒…」（卷七）
(65)八闋
(62)駕辨
(63)網罟
(64)豐年

(40)「涓涓流水」
(55)「綿々之葛…」
○「有斧有柯」（陸賈新語辨惑篇）
○「厥初生民、深修益成」（史記三代年表）
(33)「九變復貫…」
○「皎々練絲…」
○「羽觴隨波…」
○「萬人顒顒、仰天告愬」（文選注）
(60)「佞人如蝉」
(42)、(43)、(44)、(45)、(61)、(59)、及び周禮樂師注引「敕爾瞽、率爾衆工、奏爾悲誦、肅々雝々、毋怠毋凶」、及び管子「鴻鵠鏘々…」、甯戚の「南山白石、」晉士蔿の

(71)晨露(〃) (72)黄竹(穆天子)		(15)九徳之歌 (70)燕徃飛歌 (69)破斧歌 (71)晨露 (17)武宿夜 (8)九夏 (9)繁遏渠 (10)采薺 (12)新宮 (13)鳩飛 (14)河水 (16)明明、崇禹、生開 ○辛餘靡歌(呂覽) (18)茅鴟 (巻十)			「孤裘蒙耳、」焦氏易林の「君子有酒、」春秋緯の「月離於箕、」等は逸詩に似て非也、	

即ち、諸學者逸詩考を略年代順に配列表記して、次下の如き逸詩學一覽表とでも稱すべきものを試みに作製して見たいのである。而して便宜上、王應麟詩攷の詩句順を基として記號を附して見る。

以上によりて觀れば、王應麟詩攷は、先ず（1）「支」から（7）「麥秀」に至る七箇條に於て篇名詞句共に存する逸詩を擧げ、（8）「九夏」から（18）「茅鴟」に至る十一箇條に於て篇名のみ存する逸詩を擧げ、（19）「巧笑倩兮…」以下（61）「得人者興、…」に至る四十三箇條に於て詩句のみ存する逸詩を擧げ、（62）「駕辯」以下（71）「黃竹」に至る十箇條に於ては又篇名のみを擧げているのである。而して、未だ各逸詩の眞僞的價値に就いては言及していない樣であり、此の點では若干の異論が挾まれる傾きがある。けれども、詩攷の存在は、以後の諸家逸詩考究作業に、多かれ少なかれ、陰に陽に、影響を及ぼし、參考を與えている事であり、此の點先行者として絕大の意義が認められるのである。

而して之を宋の鄭樵六經奧論に就いて見るに、先ず「逸詩辨」に於て擧げる所極めて簡略、到底王氏詩攷の精緻に比すべくもない。殊に、國語引「支」、左傳引「轡之柔矣」、孟子引「徵商角招」等を擧げていない如きは、粗漏と斷じないわけにはゆくまい。又、「諸儒逸詩辨」に於ても、論語の二逸詩だけに止まるは疏と言うべく、「雨無正」二句が韓詩系に就いてのみ逸句であり七月篇が三家にのみ逸篇であることを說くのは可なるも、それが毛詩系には現存する以上、普通に詩經の逸詩篇句と言う場合の意味とは稍異なると思われる、但、「亡詩六篇」に於て、「南陔、白華、華黍、由庚、崇丘、由儀」の六篇句の逸亡せる事を擧げる點は妥當である。蓋し、鄭樵氏の逸詩考究には、あまり詩攷を參看しなかったと推すべく、さてこそ此くの如き疏淺な逸詩學を殘すことになったのであろう。

而して此れが、明代楊愼の風雅逸篇に至れば、大に精緻を極めてもおり、又價値批判もされている。しかも、その大部分に於て、王應麟詩攷に基づきて輯採し、更に若干發展されていることを見出すのである。即ち、例えば、詩攷の（1）より（7）に至る逸詩例に就いて、最もよく之を承述採存しているものは、表式上に現われている如く、楊愼の風雅逸篇句例である。但、その間に、詩攷に於てはずっと後に列次されている所の「白水」詩二文が、介入し來っている點を異なりとし、又詩攷に於ては採收されていなかった「無射、」「嶠」の二篇逸詩が、風雅逸篇では（7）の直後に列次增入されている點を異なりとするのであって、此等は楊愼氏の逸詩學が發展進步したる跡を語る一面であると思われる。又、詩攷（9）「繁遏渠」より（18）「茅鴟」に至る十項は、楊愼風雅逸篇に於ては、最後の巻十に廻されているが、然も其の配列次は詩攷と大同であるのであり、此れ亦、詩攷に基づきつつ、其の逸詩としての價値の上から後部に廻附されたものなるべく、とにかく楊愼氏の逸詩學に價値評價の行われていることを見るに足ろう。而して、楊愼風雅逸篇が、詩攷に最も多分に依據していることを知り得る例は、（19）「巧笑倩兮、…」より（61）「得人者興、…」に至る逸詩句例に於て、詩攷と風雅逸篇とが殆ど適同していることの上に見出せようと思う。かくて、もはや明楊愼の風雅逸篇は、詩攷に依基して作成されたことは、推定されねばならぬと考える。且、楊愼の逸詩學が詩攷を更に若干展出していることを多分に示す例は、詩攷には言及していない「皎皎練絲、…」「羽觴隨波」「掩雉不得、…」「吁嗟夐兮」等が增收されていることであり、又楊愼の風雅逸篇における逸詩學に或る價値批判の行われている最も明目な適例は、詩攷に於ては後部（66）、（67）、（58）、に附されたものが、風雅逸篇では、巻一に列次されており、又詩攷の（57）、（72）が風雅逸逸篇では巻二に列次されていること等によりて推知されようかと思う。而して、楊愼が、逸詩と目しているのは巻四に輯存せるものの如くであるらしいから、其の他の巻中に採存せるものは、自ら逸詩としての價値は漸減され來ろうと考える。且、楊氏が採收せる「無射」「嶠」「皎皎練絲」「羽觴隨波」「于嗟夐兮」「鼓嶽」等の如きものは、夫々、以降の王崧、范家相、申綽諸氏に參見されて、基礎を與えたかと推定されるのであり、楊氏の逸詩學も亦偉なりと言える。

かくて要するに、楊愼の逸詩學は、宋代詩攷の逸詩學を依據とし、逸詩學を整頓發展させ、且精緻にし、後來の學者に賦與する所のものの相當に大きかったものと言うべく、逸詩學史上の一偉材たるを失わぬ。

次に、趙翼陔餘叢考巻二には、(1)、(14)、(22)、(23)、(27)、(21)、(24)、(28)、(5)、(25)、(3)、(18)、(12)、(桑林)、(19)、(34)、(47)、(2)、(30)、(韓詩雨無極)、(4)、(3)、の二十二項をだけ逸詩と考定し、其他の(53)、(52)、(54)、(50)、(44)、(三象之詩)、(43)、(69)、(42)、(45)、(33)、等の如きは、逸詩に似たるも悉く逸詩に非ずとて、そこに逸詩の眞僞批判を試み來っているのであり、玆に至って逸詩學に批判的態度が明白に導入され來ったこととなる。勿論此の態度は、楊愼に於ても若干見られた傾向ではあるが。

而して、趙氏の逸詩例に就いて見るに、詩攷の學や楊愼風雅逸篇の學等に依據する所は、あまり多大でない樣に思われる。且、「桑林」や「三象之詩」等を採存し來っている點は、氏の獨見に出ずるものであり、注目に値するであろうが、全般的に詩句例を見渡すと、王・楊氏等に比して、精緻の度が減ずる感じがする。

而して、清王崧の説緯に於ては、王應麟、鄭樵、楊愼、趙翼、諸氏の逸詩學を考見して立論し、綜合精緻を極めんとするやに感じられるが、結果は稍混雜を來している。

清范家相の三家詩拾遺も、詩攷の學等に依據する所多大であるが、范氏は又最も整頓に長所あり、且批判態度も多分に用いられ來っている。卽ち、全逸詩を分けて、「篇辭俱逸一」「篇名存詩辭逸二」「篇名詩辭俱存三」「詩辭存篇名逸四」の四種とし、此れに分屬せしめる逸詩は多數に上っている。然も、范氏は、(42)、(43)、(44)、(45)、(61)、(59)、等の十餘項を以て、逸詩に似たるも非なるものであると除去しているのである。而して又、商頌七篇、商齊七篇、を存する如き、「有斧有柯」「厥初生民、深修益成」「寓人顒顒、…」を存する如きは、范氏獨自の見解であるし、「皎々練絲、…」「羽觴隨波」を存する如きは、蓋し楊愼風雅逸篇に參見せることとなるべきかと想われるのである。

以上の如く、逸詩學は、支那宋代王應麟詩攷、困學紀聞、鄭樵六經奧論等より、明代楊愼風雅逸篇、清代趙翼、王崧、范家相等に至って、益々精緻妥當の進展を遂げつつあるのであった。

(2) 李朝申氏の逸詩學と其の位地と價値

然らば、朝鮮半島に於ける逸詩學の考究は如何であったろう？　卽ち、宋學或は宋代詩學は此の半島に入って相當の傳播發展を遂げたと推せられるが、それと隨伴して逸詩の學も亦當然に移植展開されたであったろうが、その狀態は如何であろうか？

此の問題に答えるものは、申綽氏詩次故に於ける逸詩考究の實際であろう。申氏も亦、表示する如き精緻な究明を試みている。其の逸詩例によれば、詩攷、風雅逸篇に近似點あり、例えば、(21)、(22)、(23)、(24)、(27)、(28)、(25)、(19)、(20)、(30)、(29)、の如き配列順や、或は(37)、(38)、(36)、(39)、(40)、(41)、(47)、(42)、(43)、の如き配列順位は、詩攷や風雅逸篇のそれに大同性が見られるのである。特に「驪駒」、「白水、」（(35)浩々白水、(34)浩々者水）の列次の如きは、正に風雅逸篇と同一であって、詩攷では白水の詩句は(34)、(35)の順に竝び、范家相も詩攷の順次をそのまま採存しているのに、楊愼風雅逸篇では之を(35)、(34)の順に改次したのであり、恐らく申綽氏も亦楊愼に據って(35)、(34)の順次を存したと想われる。又、申氏が「無射、」「嶠、」を存する等も、詩攷にはなく、風雅逸篇に參見したものと推されるし、更に「皎皎練絲、…」「羽觴隨波」の如きも、等しく風雅逸篇に既存する所である。而して、詩攷に參見することのあった點は、既に論じた通りである。

かくて、申綽氏逸詩學の基礎系統は、淸朝逸詩學の系統ではなくて、宋代王應麟詩攷の學と及びそれの系統を汲み稍發展したる明代楊愼風雅逸篇に於ける逸詩學との系統なるべしと推論され來る。而して、此の推定は、申綽詩次故に於ける一般詩說上よりせる系統推定と合致するものである。

然も、申氏は獨自的輯收をもなしており、例えば、命射詩「質參既設、…」（大戴投壺篇）、鼓罐「君子有酒、…」

（淮南子）、敕瞽詩「敕爾瞽、…」（周禮樂師注）等を、「逸詩（篇名斷章存者）十三篇」中に入れ考えているが如きは、申氏獨自的見解である。又、「東方開明、…」（大戴四代篇）「侯其禕而、…」（史記樂書）等を採存している如きも、氏の獨自的なものと言えるだろう。即ち、申氏の逸詩學は、又獨自的進展をもなしていると考えられることである。

更に申氏の逸詩學には、眞僞批判の態度が明確に見われている。例えば、管子「鴻鵠將々、…」列子「良弓之子、…」呂覽「君君子則、…」「無過亂門」戰國策「行百里者、…」「服亂以勇、…」史記「得人者興、…」說苑「緜緜之葛、…」等々の如きは、逸詩に似たるも詩體に非ず、古代の韻語、俚諺のみと考定して、逸詩より除去しているが如きは、その事例であると言われよう。即ち、彼が、

綽按、管子鴻鵠將々、…、此四句、似出於詩、而彼不言詩、豈古人偶作韻語、如是邪、或有體非風雅、亦稱詩曰者、如列子、良弓之子必先爲箕、…、呂覽、君君子則正以行其德、…、又無過亂門、戰國策、行百里者、半於九十、又服亂以勇、…、史記得人者興、…、說苑緜緜之葛、…、此等語、終非詩體、想當時俚諺、或古有此言、而冠之以詩、自是引者之誤也、…、（逸詩）

と論究している等がそれである。

以上の如き申綽氏の逸詩學を詳察すれば、宋明逸詩學を母胎として、朝鮮に於ける逸詩學を建設し、獨

自性を出すと共に、進展整頓し、且逸詩の眞僞性を批判して眞正妥當な逸詩學を完成せんと努めた様子が知られるのであり、それは清朝逸詩學と同祖兄弟的に存し、優るとも劣らぬものと想われる。

十 結 論

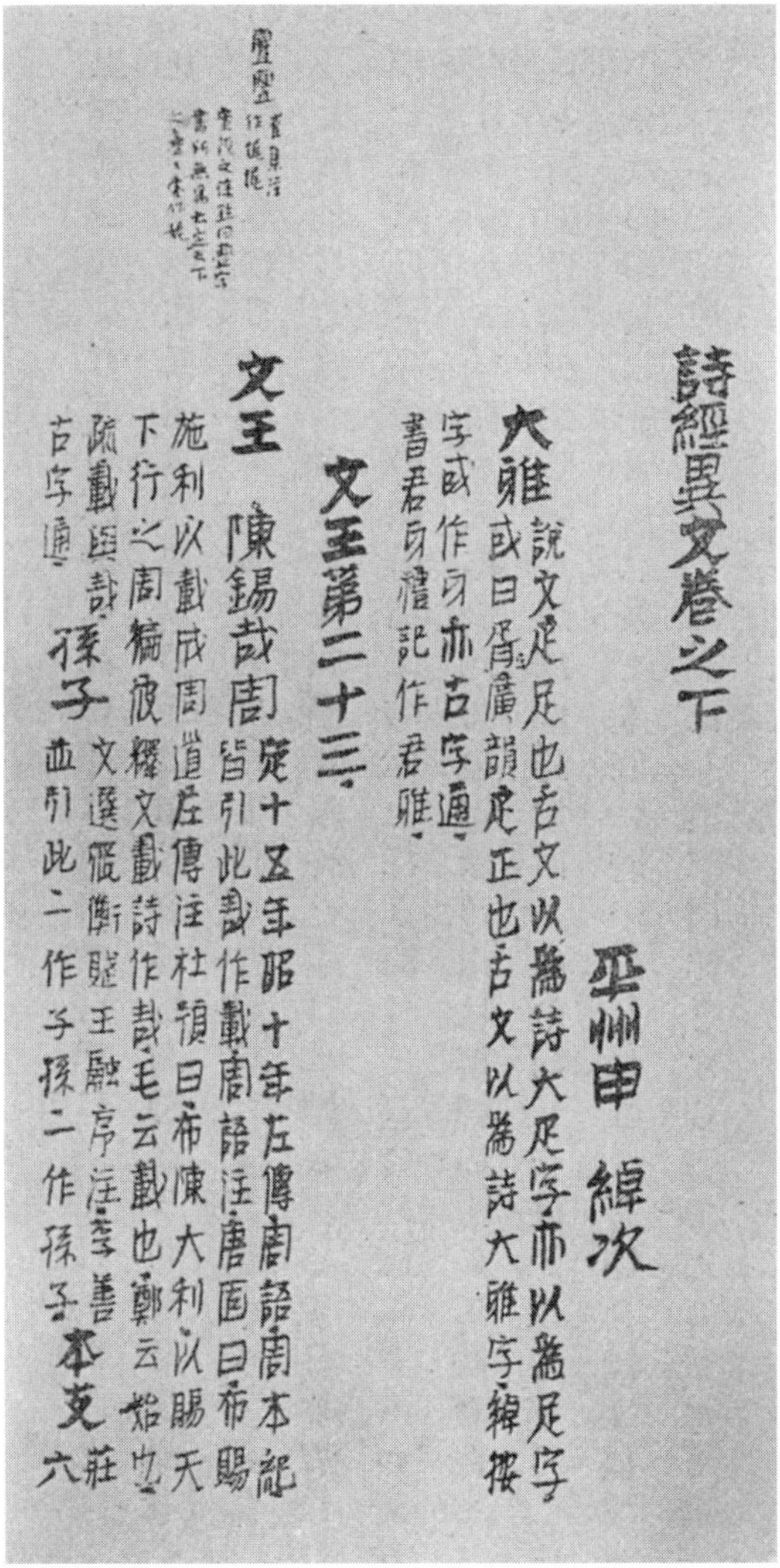

第 五 圖 詩次故異文篇「文王」

以上の考論によれば、申綽詩次故の學は、漢唐諸詩學に基づくは勿論であるが、寧ろ直接的には、宋代王氏詩攷、明代楊愼風雅逸篇、乃至は宋代歐陽脩刪詩篇章句説、及び晁説之「詩之序論」等の詩學の系統を享けて展生したるものであり、清朝詩學には未だ依據する所稀少だったるべく、且、申家の家學として傳えられた詩經學に培養せられた點も決して鮮少ではなかったと推せる。

而して、申綽氏は、「孔子の刪詩篇章句」説を採り、随ってそこに逸詩なるものが當然存し來ることを認めるのである。然も、此等の詩句の傳承乃至は解釋の上には、時を隔て、人を異にするにつれて、夫々異動異趣が生じ來るが故に、詩家四系統の如き分派が生じ來ること、及びかかる詩家系統の分岐の事實は、先秦代に於ても既に若干存したること、等を説く様である。

而して、毛傳の成作者に就いては、やはり毛亨の作とするのであるが、然も若干は毛萇の潤色點もあるとする調停的中間説を唱える様である。

殊に、申綽氏詩學の重心は、その詩經各篇句に就いて、今古文四家系統の分立論定を試みんとしている點、及び一般詩句訓説の妥當性に達せんとしている點、或は詩經句の異文を輯考している點、(第五圖參照)には、逸詩説に就いて詳究している點、等等の上に見出せようが、此等の諸點に就いては卓見もあり、又稍未成熟なる見識も存している様である。けれども、之を要するに、申氏と畧同時代に於ける清朝學者の此の方面に關する見解竝びに業績と比考すれば、多くの場合、申綽氏のそれに卓越點が見られるし、よし又、稍遜色あるものと雖も、史的意義に於て、やはり存在價値多分なるを覺えるものが多いのである。

かくて、申綽氏詩次故に於ける詩經學は、詩説史的にも、亦逸詩學的にも、更には又宋明詩學の朝鮮に及ぼせる影響竝びに展開という文化史的にも、特に意義ある存在なるを知るのである。

――昭和十一年四月二十八日――

あとがき

平成十一年（一九九九）七月、不肖「白壽紀念論文集刊行會」發足の爲めに、石坂叡志社長の「汲古書院」に、事務所を置かせて頂くことを請願し、御了解を得、早速準備の原稿を御預け頂くことになりまして、鳴謝して已まぬ所であります。

偖て此の原稿の取扱いに就て、多忙の中を、處理して下さる一人は、昭和二三年、東京文理科大學入學、二六年卒業、卒論「緯書の成立」を成している中村璋八君である。現在駒澤大學名譽教授・文學博士。而して博士は、卒業後も特別研究生として、「五行説」に關心し、「五行大義」の研究に一意邁進し、諸古本較定の難事に東奔西走、遂に昭和三四年「文理大紀念賞」が、「五行大義校註」（汲古書院）・「五行大義の基礎的研究」に就いて、授與されたのである。

尚更に、もう一人、日本大學文理學部中國文學科大學院博士課程修了者の女性碩學立石節子女史。女史は秦漢魏隋唐宋代の碑文・鏡銘・金石文の精究に沒頭、古・篆・隷・楷・異體字の文字學史的進化發展形相に關し、精深周緻、一世の賛歎する所、以て盛事と稱える所以。中村博士・立石女史の卑生の紀念文集に對する盡瘁無量を鳴謝して已まぬ次第である。云爾。

一九九九年七月吉日

内野能朗　頓首

内野熊一郎博士白壽紀念東洋学論文集

平成十二年六月十七日

著者　内野熊一郎
発行者　内野熊一郎博士白壽紀念東洋学論文集刊行委員会
印刷　モリモト印刷株式会社
発売　汲古書院
東京都千代田区飯田橋二―五―四
電話〇三(三二六五)九七六四
FAX〇三(三二二二)一八四五

ISBN 4-7629-9539-8　C3010